KB089229

세계 최고의 부자들은
어떻게 원하는 것을 이루었는가

HOW THE RICHEST IN THE WORLD ACHIEVED
WHAT THEY WANTED

세계 최고의 부자들은 어떻게 원하는 것을 이루었는가

HOW THE RICHEST IN THE WORLD ACHIEVED WHAT THEY WANTED

다니엘 킴 DANIEL KIM 지음

두드림미디어

프롤로그

너의 시작은 미약했으나, 끝은 창대하리라

YOUR BEGINNINGS WILL SEEM HUMBLE,
SO PROSPEROUS WILL YOUR FUTURE BE

마음에 드는 장난감 하나면 아무것도 바랄 것 없던 어린 시절을 기억하는가? 어느새 우리는 성인이 되어 자립과 생존이라는 과제를 수행하기 위해 일자리를 얻었고, 나에게 주어진 사회의 한 부분을 차지하게 되었다. 가족이라는 존재와 함께 섬세하게 만들어진 일과라는 바퀴는 매일같이 절묘하게 굴러가고 있으며, 그 안에서 크고 작은 고통과 행복이 우리를 어루만지고 있다.

그리고 우리는 꿈꾼다. 성공하자. 열심히 살아서 성공하자. 부와 성공을 바라지 않는 사람은 없다. 성공은 우리에게 더 많은 자유와 더 많은 여가 시간, 더 많은 즐거움, 더 대접받는 특별함을 약속한다. 그렇기에 우리는 하루를 충실히 보내고 난 뒤 잠자리에 누워 더 나은 다음 달이 되기를, 더 나은 다음 해가 되기를 꿈꾼다. 어제보다 나은 내일이 될 것이라는 희망이 우리를 살아 숨쉬게 만든다. '성공'이라는 단어는 마법과도 같아서 인종, 성별, 나이, 지역, 환경을 초월해서 모든 인간이 추구하는 가치가 되었다.

《자조론》, 《인격론》, 《검약론》, 《의무론》을 쓰며 자기계발서의 아버지라고 불리는 새무얼 스마일스 Samuel Smiles는 이렇게 말했다. "인간은 성공을 자기 마음대로 거둘 수 없다. 그러나 노력하면 성공할 자격을 갖출 수 있다." 그렇다면 우리는 성공할 자격을 갖추기 위해 어떤 노력을 해야 하는 것인가? 시대를 뛰어넘어 인간을 성공하게 만드는 원칙은 무엇일까? 더 나은 미래를 만들기 위해 우리는 과거로부터 무엇을 배워야 하는가? 세계 최고의 성공을 이루고 부자가 된 인물들은 누구이며, 그들이 가지고 있던 능력과 역량은 무엇이었을까?

삼성의 이병철, 현대의 정주영, 소프트뱅크의 손정의, 포드의 헨리 포드 Henry Ford, 크라이슬러의 리 아이아코카 Lee Iacocca, 아마존의 제프 베조스 Jeff Bezos, 나이키의 필 나이트 Phil Knight, 디즈니의 로버트 아이거 Robert Allen Iger, 넷플릭스의 마크 랜돌프 Marc Randolph, 파나소닉의 마쓰시타 고노스케 松下幸之助, 샤넬의 코코 샤넬 본명 Gabrielle Bonheur Chanel, 스타벅스의 하워드 슐츠 Howard Schultz, 월마트의 샘 월튼 Samuel Moore Walton, 파타고니아의 이본 쉬나드 Yvon Chouinard, 맥도날드의 레이 크록 Ray Kroc, 에어비앤비의 조 게비아 Joe Gebbia, 브라이언 체스키 Brian Chesky, 다이슨의 제임스 다이슨 James Dyson, 플레이보이의 휴 헤프너 Hugh Hefner.

우리의 삶 속에 너무나 깊이 들어와 이제 그 부재를 상상할 수 없는 거대한 제국을 만들어낸 세계 최고의 부자들은 모두 당대 최고의 세일즈맨들이었다. 이들의 역사에는 가르침, 노력, 극기, 근면, 인내심, 끈기, 용기,

냉철한 판단력이 있었다. 물론 시대와 환경이 변한 만큼, 맹목적으로 그들이 했던 일들을 따라 하며 같은 결과를 기대할 수는 없을 것이다. 하지만 당시 그들에게 주어졌던 환경을 이해하고, 어떤 신념과 철학을 갖고 순간의 선택을 내렸는지 알아보면서 그들의 성공 신화를 본질적으로 깊이 있게 바라볼 필요가 있다.

이 책에는 이들이 어떻게 성공과 부를 만들 수 있었는지에 대한 분석과 함께 나의 스토리가 담겨 있다. 그리고 나는 연구를 통해 스스로 세계 최고의 부자가 된 이 인물들이 공통적으로 가진 가장 중요한 원칙을 발견했다. 그것은 바로 '진실성^{Integrity}의 법칙'이다. 삼성 이건희 회장은 "호암 이병철의 경영 철학 가운데 지금 꼭 필요한 것이 무엇이라고 생각하십니까?"라는 질문에 "모든 국민이 정직했으면 좋겠습니다. 거짓말이 없는 세상이 되어야 하겠습니다"라고 답했다. 10년의 세일즈 경험과 수십 명의 성공 사례 연구를 통해 나는 진실성이야말로 세상을 움직이는, 그리고 사람들의 마음을 변화시키는 단 하나의 성공 원칙이라고 믿게 되었다. 독자들 역시 이 책을 통해 진실성은 언제나 승리한다는 것을 깨닫게 되기를 바란다. 진실성이 승리하는 이유는, 우리가 그것을 지켜내기 어렵기 때문이다.

존 F. 케네디^{John F. Kennedy} 대통령은 그의 가장 유명한 '달의 연설^{Moon speech}'에서 이렇게 말했다. "우리는 달에 가기로 선택했습니다. 그 이유는 그것이 쉽지 않고, 어렵기 때문입니다. 그리고 그 목적은 우리가 가진 기술과 에너지를 최고로 조직하고 측정하는 것에 도움이 될 것입니다." 그리고 전 세계는 그의 말에 환호했고, 비로소 인간은 우주로 진출할 수 있었다. 이러한 역사를 통해 우리는 인간이 스스로에게 어려운 일을 이루어낼 때 비로소 꿈꾸던 존재로 변화할 수 있다는 것을 깨달았다. 그리고 그 과정 속에서 우리가 무엇보다도 진실성을 우선으로 행동한다면, 단순히 경쟁에서 생존하는 것을 넘어 조금 더 나은 세상을 만들어나갈 수 있을 것이다. 책에 담겨 있는 세계 최고의 부자와 리더들의 놀랍고 매력적인 스토리들이 독자들의 흥미를 끌고, 또 다른 세계로 안내할 유익한 길잡이가 되기를 바란다.

다니엘 킴Daniel Kim

CONTENTS

3장

언어가 가진 놀라운 능력

4장

세계 최고의 부자들을 만들어낸 8가지 법칙

5장

세일즈 능력으로 당신이 원하는 것을 성취하라

1장

내가 원하던 모든 것을 얻기 위해

TO WIN EVERYTHING YOU EVER WANTED

당신이 하는 모든 일은 세일즈다
EVERYTHING YOU DO IS IN FACT, SALES

인간의 지식과 힘은 일치한다.
왜냐하면 원인을 모르면 결과를 만드는 것도 할 수 없기 때문이다.
자연을 관찰하고 원인을 발견하면, 인간이 행위를 할 때
하나의 법칙으로 활용할 수 있다.

— 프란시스 베이컨 Francis Bacon

인류가 만들어낸 모든 제품과 서비스에 세일즈가 반드시 필요하다는 것은 산업혁명 이후 자명하게 받아들여진 사실이다. 기술과 인터넷의 발전으로 제품 공급자의 숫자와 함께 구매자에게 주어지는 선택의 폭 역시 기하급수적으로 증가했다. 현대인의 일상에 가장 가까운 세일즈에는 보험, 자동차, 부동산, 제약, 화장품 등이 있을 것이다. 곰곰이 생각해보면, 인간이 만들어낸 모든 제품에는 세일즈가 존재한다. 제품을 제조했다면 판매를 해야 재화로서의 가치를 완성시킬 것이 아닌가. 내가 쓴 이 책 역시 누구에게도 세일즈가 이루어지지 않으면 추위에 사용할 불쏘시개만큼의 가치에 불과하듯, 아무리 훌륭한 품질의 제품이라도 세일즈가 이루어지지 않는다면 아무런 가치가 없다.

세일즈는 인간관계에 대한 심도 있는 학문이다. 모든 세일즈는 인간과

의 관계에서 시작되며, 타인과 어떠한 관계를 맺고 그 관계에서 어떠한 협의를 이루어내느냐가 그 결과로 이어지기 때문이다. 우리가 삶을 살아가며 타인과의 관계를 통해 만들어지는 모든 경제적 거래, 협의, 협상, 조정, 토론, 논의, 결정에는 세일즈가 그 바탕을 이루고 있다. '세일즈맨'이라는 단어는 자신의 관심사를 논리적인 방법으로 전달함으로써 사람들을 설득하거나 자기편으로 만드는 사람을 뜻한다. 어떤 서비스를 제공하든 어떠한 물건을 판매하든 우리 모두는 세일즈맨이거나 적어도 세일즈맨이 되어야 한다.

회사에 제안할 좋은 프로그램이 생각났다. 이 프로그램을 실행하면 정말 재미있을 것 같고 결과도 훌륭할 것 같다. 그렇다면 관련된 모든 이해관계자들에게 나의 아이디어를 팔아야 한다. 내가 사는 곳은 용인인데, 친구들이 저녁에 종로에서 모이자고 한다. 지난번 만남도 종로였는데, 이번에는 강남에서 만났으면 좋겠다. "좋아, 강남의 맛있는 고깃집을 제안해봐야겠다"는 생각이 든다. 그렇다면 친구들에게 진정성과 명분을 세워 나의 제안을 팔아야 한다.

내가 원하는 회사에 들어가기 위한 면접날이다. 할 수 있는 최대한의 준비를 마치고 면접장에 들어간다. 내가 할 수 있는 모든 언어적, 비언어적 요소를 이용해 '나'라는 제품을 그 회사에 팔아야만 나의 생존이 보장되는 중요한 세일즈다.

여섯 번의 소개팅 만에 마음에 드는 이성이 내 눈앞에 나타났다. 그녀의 마음을 얻기 위해 가장 마음에 드는 옷을 입고 나간다. 내가 평생을 보낼 배우자를 찾는 일에서만큼 우리가 최선을 다하는 세일즈가 또 있을까.

느껴지는가? 세일즈란 특별한 것이 아니다. 우리 일상에서 늘 있는 일이다. 나의 말과 행동으로 다른 사람의 생각과 행동을 변화시키는 것이 세일즈다. 즉, 우리가 매일매일 하고 있는 일인 것이다. 그렇기에 이 이야기는 결코 세일즈맨만을 위한 이야기가 아니라, 우리 모두를 위한 이야기다.

삶을 살면서 우리는 끊임없이 무언가를 원하고, 그것을 얻기 위해서 크고 작은 노력을 한다. 이를 세일즈라고 부르기에는 어쩌면 부담스러울 수 있겠지만, 결국 "세일즈가 무엇인가?"라는 질문에 대한 대답은 "삶 자체가 세일즈다"로 귀결될 것이다. 왜냐하면 우리는 혼자가 아니기 때문이다. 이 세상에 나 혼자뿐이라면 그 누구에게도 세일즈를 할 필요가 없을 것이다. 하지만 우리는 내가 원하든 원하지 않든, 수많은 사람들과 함께 이 세상을 살아가고 있다. 가족이 있고, 동네가 있고, 사회가 있고, 국가가 있다. 모든 재화는 교환을 통해서 이루어진다. 사람들로부터 우리는 '내가 원하는 것'을 더 좋은 형태(더 좋은 가격, 품질, 상태)로 획득해야 한다. 그래야만 이 세상에서 나와 내 가족의 생존이 보장된다. 즉, 세일즈를 성공시키는 능력Sales Capability은 당신의 생존Survival을 위한 것이다.

당신의 일상에도 세일즈가 있다. 새로운 스마트폰을 산다고 생각해보자. 동네 상가에 있는 휴대폰 대리점에 가서 새로운 갤럭시 노트를 갖고 싶다고 말하면, 직원은 판매조건을 말해줄 것이다. 그의 조건을 그대로 받아들이고 돈을 내고 스마트폰을 가져오면 세일즈가 필요 없다. 그저 '구매'일 뿐이다. 하지만 직원의 조건을 보고, 당신이 원하는 조건을 이야기한다면 이야기가 달라진다.

물론 직원은 처음에는 안 된다고 할 것이다. 이 가게에는 자신의 조건만이 있으며 다른 방법은 규칙에 어긋난다고 할 것이다. 하지만 사람이 정한 규칙인데 사람이 바꿀 수 있지 않은가? 그가 자신의 가족과 자기 자신이 스마트폰을 살 때도 같은 규칙을 적용할까? 아닐 것이다.

여기에서 '세일즈'가 등장한다. 대리점 직원과 친해진다. 가끔 수고가 많다면서 아메리카노 한 잔도 가져다주고, 일상 이야기도 나눈다. 모든 사람의 삶은 투쟁이다. 그의 삶도 힘든 점이 있을 것이고, 내 삶에도 힘든 점이 있다. 서로 삶의 힘든 것들을 이야기하며, 공감대를 쌓고, 함께 힘든 이 세상을 살아간다는 동료 의식을 만든다. 같이 밥도 먹고, 운동을 할 수도 있다. 그의 친구가 되는 것이다. 시간이 얼마나 걸릴지는 아무도 모른다. 이 세상에 나와 비슷한 사람은 있어도 똑같은 사람이 단 하나도 없듯이, 친해지기 위해 걸리는 시간은 모든 사람이 각자 다르다.

자 이제 드디어, 그와 친구가 되었다. 가게에 가도 어색하지 않고, 그가 반갑게 맞아준다. 최신 스마트폰 구입에 대해 한번 물어본다. 친한 사이가 되었으니 서로의 가족에 대해서도 이야기했을 것이다. 내가 사는 것이 아니라 '몸이 불편하신 우리 어머니'를 위한 것이라고 한다. 그가 어떤 조건을 제시하겠는가? 첫 만남 때와 동일한 조건은 아닐 것이다. 자신의 가족과 자기 자신이 살 때와 같은 조건을 제시해줄 확률이 높다. 그도 사람이기 때문이다. 그는 이제 당신 삶의 동반자이다. 새로운 스마트폰이 나올 때마다 그는 자신이 할 수 있는, 그에게도 좋고 나에게도 좋은 최고의 조건을 제시해줄 것이고 당신 역시 그의 노력에 보답할 것이다. 이것이 '세일즈'가 만들어낸 '관계'인 것이다.

물론 스마트폰 하나를 사기 위해 이런 노력을 하는 사람은 없을 것이다. 하지만 이건 예시일 뿐이다. 세일즈라는 것은 이렇게 이루어진다. 우리가 기억해야 할 점은 세일즈가 나와 관계없는, 먼 나라의 이야기가 아니라는 것이다. 당신이 어떤 일을 하든지, 세일즈는 당신의 삶을 더 풍요롭고 행복하게 만들어줄 것이다. 대학병원의 외과 의사에게 3억 원짜리 장비를 팔든, 초등학생 자녀를 일찍 잠자리에 들도록 가르치든, 세일즈의 힘으로 우리는 다른 사람의 행동을 변화시키며 살아가고 있다.

결국에 우리는 인류의 역사는 세일즈의 역사라는 이야기에 너무나 자연스럽게 동의하게 된다. 모든 위대한 일을 이룬 선구자들은 "그건 불가능해요"라고 말하는 사람들에게 '세일즈'를 통해 역사를 만들어냈다. 콜럼버스 Christopher Columbus가 그랬고, 조지 워싱턴 George Washington이 그랬다. 정주영이 그랬고, 이병철이 그랬다. 필 나이트가 그랬고, 하워드 슐츠가 그랬다. BMW의 전 경영진이었던 밥 루츠 Bob Lutz는 최근 큰 이슈가 되고 있는 테슬라의 CEO 일론 머스크 Elon Musk를 "전기자동차 하나로 엄청난 것을 달성한 최고의 세일즈맨"이라고 평가했다. 이 사람들은 모두 전 세계의 사람들에게 세일즈를 했고, 그들의 마음을 얻어냄으로써 인류의 역사를 진보시킨 위대한 커뮤니티를 만들어내는 데 성공했다.

이제는 내 이야기를 잠시 하고자 한다. 진실성을 최고의 가치로 보기에, 그 어떤 가감도 없이 진실만을 말하도록 하겠다. 많은 사람들이 그렇듯 나도 처음부터 세일즈를 하고 싶다는 꿈을 갖고 있지는 않았다. 수도권 4년제 대학에서 경영학을 전공했고, 평범한 학점에 모두가 가진 토익 점수를 가진 학생이었다. 성격이 워낙 낙천적이었기에 다른 사람들처럼 취업 준비를 열심히 하지 않았고, 비교적 경쟁이 낮은, 제약회사의 세일즈 인턴십에 들어가게 되었다. 면접 자리에서는 제약 시장에 큰 관심이 있는 척했지만 사실 취업이라는 것이 너무나 하고 싶었기에 떠오르는 대로 말하며 연기한 결과 다행히도 기회를 얻을 수 있었다. 그렇게 과거에 수능 점수에 맞춰 학교와 학과를 정했듯이, 이 회사가 나를 뽑아 주었기에 입사를 결심했다.

친구들은 전부 대기업, 은행, 증권회사의 신입사원으로 입사할 때 세일즈에서 시작한 건 나뿐이었다. 국내 제약회사가 아닌 미국계 제약회사였다는 것이 그나마 내 자존심을 지켜주었다. 그 부분은 분명히 운이 좋았다고 생각한다. 하지만 국적을 떠나 '제약회사 영업사원'이라는 데서 오는 선입견은 분명히 존재하기에 때로는 나에게 상처를 주기도 했다는 것을 말하고 싶다.

그리고 주위 사람들 말과 인식대로 세일즈는 쉽지 않았다. 처음부터 정규직으로 채용하지 않는 외국계 회사의 특성상, 인턴으로 시작하는 데서 오는 심적 부담이 분명히 있었고, 첫 3년은 정말 밥 먹고 잠자는 시간을 제외하고는 일하는 데 모든 에너지를 집중했다. 수많은 거절과 문전박대, 잡상인 취급의 경험치가 쌓이면서 나의 세일즈는 성장해나갔다. 2년 차에 처음으로 "내 힘으로 만들어낸 세일즈 실적"을 확인할 수 있었고, 4년 차에는 처음으로 올해의 세일즈맨 SALESMAN OF THE YEAR 상을 받았다. 그때부터는 일에 대한 자신감과 나만의 노하우가 생겼다. 멈추지 않고 계속해서 달렸다. 그렇게 스스로 만들어낸 '세일즈 능력'은 나를 5년 연속 올해의 세일즈맨, 2년 연속 글로벌 세일즈 성장률 1위를 기록하게 만들었다. 이제 나는 당당하게 제약 세일즈에서 최고가 어떤 것인지를 경험해보았다고 말할 수 있게 되었다.

나도 당신과 똑같았다. 좋은 학벌을 가지거나 특출난 이력 또는 자격을 갖고 있지 않은 평범한 사람 중 한 명이었다. 체력이 엄청 좋은 것도,

술을 잘 마시는 사람도 아니다. 아침 일찍 나온 날은 피곤하며 집에 일찍 들어가서 쉬고 싶고, 때로는 하루 종일 집에 처박혀 좋아하는 드라마와 유튜브만 보고 있을 정도로 게을러지는 날도 있었다.

내가 가진 것은 오로지 꾸준함과 성실함뿐이었다. 어차피 안 될 것이라고 포기하지 않는 것이 수천 명의 제약 세일즈 사원 중 나를 1등으로 만들었다. 처음부터 커다란 목표를 세우고 그에 매진한 것은 아니었지만, 주어진 자리에서 묵묵히 내 자신과 싸웠고, 고객에게 무엇이 최선인지 고민하고 그에 대한 좋은 결과를 만들어내기 위해 최선을 다해 노력했다. 그렇게 인생의 새로운 막을 쓰게 되었다. 그렇게 경험을 통해 배운 점과, 성공한 사람들의 이야기를 통해 발견해낸 '누구나 가질 수 있는 특별한 능력'을 이 책을 통해 독자들에게 전하고자 한다.

나는 이것을 세일즈 능력 Sales Capability 이라고 부른다. 세일즈 능력을 가장 간단하게 표현하자면 '내가 원하는 것을 가진 사람이 나를 필요로 하게 만드는 능력'을 말한다. 그리고 나는 나와 같은 시대를 살아가는 모든 사람들에게 세일즈 능력을 키울 것을 강력하게 추천한다. 세일즈 능력을 개발한다는 것은 가장 강력한 삶을 바꾸는 경험 Life Changing Experiecne 이기 때문이다. 세일즈 능력은 당신의 삶에 활력을 주고 더 크고 원대한 꿈을 갖게 해줄 것이다. 그리고 당신이 갖고 있는 현재의 무기력한 감정을 가장 긍정적으로 변화시켜줄 것이다. 일을 통한 충족과 만족, 삶의 행복은 결코 멀리 있지 않다. 자, 이제 여정을 시작하자. 만약 당신이 세일즈맨이 아니라면, 이제부터 나올 '고객'이라는 단어를 '내가 원하는 것을 가진 사람'이라고 이해하면 될 것이다.

내 운은 내가 만드는 것이다
I MAKE MY OWN LUCK

나는 운이라는 것이 존재한다고 깊게 믿는 사람이다.
그리고 나는 내가 열심히 일할수록, 운이 좋아진다는 사실을 발견했다.

– 토머스 제퍼슨 Thomas Jefferson

당신에게 1988년 올림픽은 어떤 의미인가? 6. 25 전쟁 이후 폐허만 남았던 대한민국에서 처음으로 개최된 국제적인 이벤트고, 한강의 기적을 전 세계에 보여준 경제 성장의 지표라는 것이 가장 대중적인 인식이다. 하지만 올림픽을 한국으로 가져오는 데 가장 중요한 역할을 수행한 사람이 현대의 정주영 회장이었다는 사실을 알게 된다면 또 다른 감정을 느끼기에 충분할 것이다.

올림픽을 유치하기로 결정했던 박정희 대통령은 1979년 10월 26일 시해당했고, 전두환 정부는 1981년 2월에 가서야 국제올림픽위원회IOC, International Olympic Committee에 공식개최 신청서를 제출했다. 당시 경쟁 상대는 일본의 나고야였는데, 서울은 나고야의 유치 활동에 비해 압도적인 열세였다. 이는 두 국가의 경제력의 차이에서 오는 매우 당연한 결과로

1981년 당시 한국의 1인당 GDP는 1,870달러로 일본 10,360달러의 1/5 수준이었다. 올림픽위원회에 모인 다양한 국적의 사람들은 하나같이 이번 올림픽은 나고야로 확정지어질 것이라고 생각했다. 한국 올림픽 유치위원회 대표단이 정부로부터 공식적으로 받은 훈령은 "IOC와의 미팅에서 창피만 당하지 말라"였다.

정주영 회장은 전경련 회장이라는 타이틀과 돈이 많다는 이유로 당시 문교부로부터 올림픽 유치추진위원장으로 임명받았다. "우리가 잘되는 것이 나라가 잘되는 것이며, 나라가 잘되는 것이 우리가 잘되는 것이다"라는 신념을 위해 평생을 살아온 그에게 있어, 올림픽 유치는 결코 형식적으로만 진행할 수는 없는 하나의 거대한 사명으로 느껴졌다. 그리고 그는 아무도 상상하지 않았던 일을 위한 분투를 시작한다.

정주영 회장은 독일 바덴바덴에서 열린 유치위원회 중, 밤낮을 가리지 않고 79명의 IOC 위원을 만나는 것은 물론, 위원들의 숙소에 현대 주재원 부인들의 봉사로 만든 생화 꽃바구니를 매일 보냈다. 또한 개인 비용으로 서울 홍보 영화를 제작해 배포하기도 했다. 그가 얼마나 노력했는지는 함께했던 이원홍 당시 문화공보부 장관의 회고담에서 느낄 수 있다.

"정주영 회장은 밤도 없고 낮도 없었다. 언제 잠을 자는지 알 수 없었다. 세계적인 사업가는 그렇게 뛰어야 하는 모양이다. 나도 하루 서너 시간 눈 붙이는 것이 고작이었는데, 내 눈에 보인 정 회장은 일하는 모습밖에 볼 수 없었다. 아침 7시면 회의를 주재하고 득표 상황을 점검하며, IOC 위원이 있는 곳이면 시간을 가리지 않고 달려나갔다."

결국 IOC는 정주영 회장의 노력에 화답했다. 1981년 9월 30일, IOC 총회 마지막 날 이루어진 공식 투표에서 서울 52표, 나고야 27표가 발표

되며 88올림픽이 결정된 것이다. 정주영 회장이 없었다면 우리가 과연 올림픽을 주최할 수 있었을까? 역사에 가정은 없다고 이야기하고는 하지만, 서울올림픽 유치를 통해 발생한 경제적, 정치적 효과를 생각해본다면, 정주영 회장의 노력에 경의를 표하지 않을 수 없다.

올림픽 유치를 위한 일련의 과정을 통해 그가 보여준 모습은 우리에게 큰 교훈을 남겼다. 아무리 어려운 환경, 즉 운이라고는 아무리 찾아봐도 없는 어려운 상황 속에서도 포기하지 않고, 그 상황에서 내가 할 수 있는 최선의 노력을 다한다면, 예상치 못한 결과를 가져오는 것이 가능하다는 교훈이다. 바덴바덴에서 정주영 회장은 대한민국은 물론 세계 역사에 길이 남을 최고의 세일즈를 해냈다.

세일즈는 운이 아니다. 노력이다. 그 어떤 환경에서도 포기하지 않고 도전하는 정신을 갖추는 것이 당신이 가져야 할 첫 번째 세일즈 능력The 1st Sales Capability 이다. 아무리 운이 없는 최악의 상황이 주어지더라도 내가 할 수 있는 일에 집중해 노력한다면 아무도 상상하지 못한 결과를 만들어 낼 수 있다. 이 능력은 누구에게나 공평하게 존재한다. 그리고 모두가 안 될 거라고 말하는 상황을 내 힘으로 역전시켰을 때 마음 깊은 곳에서 느껴지는 쾌감은 세일즈를 이루어낸 사람만이 느낄 수 있는 특권이다.

나 역시 모두가 안 될 거라고 말했던 어려운 환경을 극복했던 경험이 있다. 그전에 제약 세일즈가 어떻게 이루어지는지 설명하고자 한다.

제약회사의 세일즈는 전문의약품ETC, Ethical Drugs 과 일반의약품OTC, Over the Counter 으로 크게 두 가지로 나뉜다. 당신이 병원에서 의사를 만난 후에 처방받을 수 있는 제품을 ETC라고 하고, 미디어를 통해 보고 약국에서 당장 구입할 수 있는 아로나민, 이가탄, 타이레놀 등의 제품들을 OTC라고 칭한다. 짐작할 수 있겠지만 대규모의 글로벌 제약회사들의 대부분 매출은 ETC 제품에서 발생한다.

세일즈의 방식은 다음과 같다. 영업사원은 자신이 담당하는 지역의 병원에 방문해 의사와 면담을 한다. 의사가 그 영업사원이 담당하는 ETC 제품을 환자에게 처방하면 약국을 통해 매출이 발생한다. 매우 간단하다. 그렇기에 제약회사 영업사원에게는 '담당하는 의사와의 관계'가 자산처럼 여겨진다. 다양한 매체를 통해 비춰진 제약회사 영업사원의 곤경과 비참함은 이러한 시스템에서 만들어진 극심한 경쟁에서 기인한다. 이제 그 안에서 벌어지는 이야기를 통해 세일즈 능력에 대해 알아보도록 하자.

"담당 거래처가 좋아서 쉿복(금전운을 뜻하는 말) 터진 거지 뭐."

"그 사람 자기가 한 건 아무 것도 없어. 그 지역을 담당해서 운이 좋은 거지."

어느 회사에서나 흔하게 들을 수 있는 말이다. 특히 그 담당자가 어리거나, 경험이 부족하거나, 선배에게 자주 연락하지 않는 주변머리가 없는 사람일수록 이런 판단의 정도는 더 심해진다. 게다가 제약회사는 철저히 지역과 병원을 나누어서 실적을 평가받는다. 그렇기에 내 담당 지역이 과거에 어떤 역사를 갖고 있는지는 영업사원에게 아주 좋은 이야깃거리가 된다. 예를 들면 이렇다.

"안산은 외자사(외국계 제약회사)의 무덤이야. 외자사를 좋아하는 고객이 거의 없어."

"서울아산병원은 누구나 담당하고 싶어 하는 곳이야. 우리 회사와의 관계도 꾸준히 좋았고, 거기 교수님들도 인성이 참 좋으시거든."

안산과 아산병원이 실제로 그렇다는 것은 아니다. 떠오르기 쉽게 가정해서 말한 것이다. 이런 이야기들은 세일즈의 현장에서 참 쉽게 들을 수 있다. 그렇다 보니 자신의 회사와 오랫동안 좋은 관계를 유지해온 고객들이 있는 지역, 좋은 역사를 가진 지역을 누구나 맡고 싶어 한다. 당연한 일이다. 반대로, 오랜 기간 매출은커녕 고객과의 관계도 없던 지역이 있다. 영업사원을 힘들게 하는, 흔히 말하는 갑질을 자주 하는 고객이 많은 지역도 있다. 이렇게 '지역발'이라는 순전히 '운'으로 결정되는 사안을 결코 무시할 수는 없는 것이 제약 세일즈의 현실이다.

하지만 그 '운'을 뛰어넘는 것이 존재한다면 바로 '노력'이다. 만화 속에서나 나오는 말 같지만 진실이다. 운에 따라 좌절하게 될 수 있으나 노력으로 이를 극복해낸다면 그 안에서 또 새로운 기회를 만들어낼 수 있는 것이 인간이기 때문이다. 나는 그것을 직접 경험했다. 그리고 열심히 노력한다면 분명히 당신도 경험할 수 있다. 이 단순하면서도 자명한 원칙을 나의 이야기를 통해 예를 들고자 한다.

2015년 6월, 나는 한 외국계 제약회사의 세일즈 인턴으로 입사했다. 첫 담당지는 하남이었다. 회사의 주요 고객은 내과와 가정의 의원들이었고, 당뇨, 고지혈증, 고혈압 3종류의 만성질환 약제의 세일즈를 담당하게 되었다. 당신의 집 근처 상가에 자리한 내과를 방문해, 의사가 내가 담당하는 전문의약품을 처방하게 해 매출을 성장시키는 것이 내가 맡은 일이었다.

그렇게 나는 제약 세일즈를 시작했다. 누구나 그렇듯 처음에는 말을 버

벅이는 것은 물론, 똑같은 말을 계속하고, 생각 없이 민감한 질문을 해 고객에게 혼나기도 하는 등 어려움이 있었다. 고객 앞에 앉으면 무슨 말을 꺼내야 할지 몰라 머리가 새하얗게 변하곤 했다. 횡설수설하며 병원에 대해 이것저것 물어보자 "그걸 제가 왜 그쪽한테 말해야 하죠?"라고 응답하며 "불편하니 다음부터 방문하지 않으셨으면 좋겠습니다"라고 말했던 고객의 얼굴은 결코 잊을 수 없는 기억 중 하나다.

그러나 나는 참을성 하나는 좋은 편이었고, 팀원들로부터 하나하나 가르침을 받아가며 점차 담당 지역에 적응하기 시작했다. 모든 분야의 첫 경험이 그렇듯이, 업무의 하나부터 열까지를 처음 해보게 되는 인턴십 1년은 순식간에 지나갔다. 신제품 출시와 함께 성장 중이었던 회사는 관대하게도 나를 비롯한 10명의 인턴을 정규직으로 채용해주었다. 그렇게 배우고 적응하며 또 다시 1년 지난 뒤 이제 나는 더 이상 '횡설수설하는 영업 사원'은 아니었다. 나의 존재를 기억해주는 고객이 생겼고, 고객과의 식사 자리를 잡을 수 있게 되었고, 기존에 있던 매출을 문제없이 유지할 수 있게 되었다. 그리고 비로소 '세일즈 성장'을 꿈꿔보게 된다.

하지만 "일어날 수 있는 일은 실제로 일어나게 된다"는 머피의 법칙처럼, 전국의 모든 지역에서 가장 실적이 좋지 않은 인천으로 가줄 수 있겠냐는 회사 내 요청이 있었고, 팀원과 동기로부터 "너는 참 운도 없다. 지금 이 타이밍에 다른 데로 가다니. 다른 사람들은 이제 실적을 올리며 좋은 평가를 받고 있는데, 고과에 불리하겠는 걸"이라는 말을 들었다. 쉽게 지고 싶지 않았던 나는 팀장을 찾아가 읍소하기도 하고, 팀 미팅에서 부당함과 억울함을 토로했으나 나에게 주어진 선택지는 없었다.

인천은 나에게 완전히 새로운 도전이었다. 당시 인천은 전국에서 유일하게 우리 회사가 경쟁사보다 시장 점유율이 낮은 지역이었다. 하루아침에 그런 것이 아니라, 해당 약제가 출시되고 10년이 넘는 시간 동안 꾸준히 경쟁사의 제품이 더 많이 처방되어 왔던 것이다. 즉, 오랜 기간 동안 지역의 고객과 우리 회사의 관계가 그리 좋지 않았다고도 말할 수 있다. 고객들은 우리 회사의 이름을 들으면 "처방도 없는데 뭐 하러 왔나요?"라고 물어볼 정도였다. 병원에 들어가 접수대에 계신 분에게 회사 이름을 말하고 원장님을 뵙고 싶다고 하면 5분 뒤, "다음에 오라고 하시네요"라는 말을 듣는 게 100번이 넘어가자 더 이상 대단한 일이 아니게 되었다.

'갓 서른이 넘은 미숙한 영업사원인 내가 이런 시장에서 과연 변화를 만들 수 있을까?'라는 생각이 수없이 들었다. 나를 이런 곳에 보낸 것을 원망하기도 했다. 동기들은 다 나보다 편하게 일하는 듯했다. 내가 싸워야 하는 경쟁사의 영업사원들은 8년, 10년씩 이 지역을 담당하며 오랜 기간 고객의 신뢰를 받아온 사람들이었다. 회사 선배들은 어려운 지역을 맡았다며 격려의 말을 해주었지만 눈빛에는 '불쌍한 녀석'이라는 느낌이 가득했다. 모든 사람이 인천은 경쟁사의 텃밭이라고 했고, 나의 세일즈에 기대를 거는 사람은 없었다.

그 어떤 면에서 봐도 운은 내 편이 아니었다. 나는 인천과 인연이 없는 사람이었다. 평생을 서울에서 살았고, 회사 덕분에 처음 인천이라는 도시에 발을 들였다. 물론 이것보다도 더 큰 불운이 겹치는 사람들도 많다. 하지만 결코 세일즈에 있어 내가 운이 좋은 사람은 아니었다는 사실을 밝히고 싶다.

하지만 나는 결국 인천에서의 도전에 성공하며 전 세계 성장률 1위라는 타이틀과 함께 4년 연속 올해의 영업사원상을 받게 된다. 압도적인 실적을 만들며 팀은 물론 회사의 직원들 사이에서 유명세를 얻게 되었다. 싱가포르에 방문해서 아시아태평양 사장 Asia Pacific President 으로부터 표창을 받았고, 상상해보지도 못한 금액의 인센티브를 받았다. 무슨 일이 벌어진 것일까?

나는 운이 없는 것을 대수롭게 여기지 않았고, 남들보다 조금 느리게 시작하는 것이라고만 생각하기로 했다. 분명히 행운의 여신은 내 편이 아니었다. 하남에서 이제 자리 잡고 세일즈로 실적을 올리기 시작했는데 다른 지역으로, 그것도 회사 최악의 담당 지역으로 꼽는 인천으로 가게 되다니! 왜 하필 나일까 하는 생각도 들었다.

그러나 모든 세일즈가 그렇듯 고객의 관심과 신뢰를 얻기 위해서는 많은 시간이 필요하다. 특히 제약 세일즈는 새로운 지역에서 처음 1년 정도는 보통 탐색 기간으로 정하고 실적보다는 고객과 관계를 쌓는 데 중점을 둔다. 의사들은 그들이 받은 높은 교육 수준에 걸맞게 누구보다도 신중한 사람들이고, 자신의 의사와는 관계없이 교체되는 제약회사 영업사원들을 결코 쉽게 신뢰하지 않기 때문이다. 하지만 나는 그러한 불운에 몰입하지 않고, 현재의 상황에 집중해서 내가 할 수 있는 일을 찾았다.

인천을 담당하면서 나는 그 지역의 한가운데 있는 원룸으로 이사했다. 제약 세일즈는 고객을 만나는 것이 최우선이기에 사무실이 아닌 현지 출근이 기본이다. 나는 본가가 서울이었기에, 세일즈에 더 집중하기 위해 담당 지역의 한가운데 사는 것이 최선이었다. 나중에 알고 보니, 지역이 바뀐다고 해서 이사를 가는 영업사원은 많지 않다는 것을 알게 되었다. 일만이 나의 생존이라는 생각으로 그렇게 세일즈에 집중한 나의 노력은 예상하지 못했던 큰 성과를 만들어냈고, 나는 인천에서 빛을 발하며 글로벌 슈퍼스타가 될 수 있었다.

운이 없게 매출, 실적 등의 상황이 좋지 않은 지역, 제품, 브랜드를 담당하고, 매일같이 솔루션을 고민해야 하는 일은 지금 이 순간에도 수많은 사람에게 일어나는 일이다. 사실 새로울 것도 없다. 그저 좋지 않은 환경에 처하게 된 것뿐이다. 좋은 환경이 있으면 나쁜 환경이 있다. 당신도 지금은 아닐지 모르지만 인생의 한 시점에서 그럴 때가 있을 수 있고, 앞으로 올 수 있을 것이다. 하지만 아무리 나쁜 환경에서도 좋은 결과는 나올 수 있다는 사실을 반드시 명심해야 한다.

내가 하남을 떠날 때, 한 고객이 해준 말이 있다.

"그동안 고생했습니다. 새로운 지역에 가서도 환경 탓은 하지 말고 열심히 하십시오."

환경 탓을 하지 말라니, 당시에는 웬 훈계인가 별수롭지 않게 여기며 지나갔지만, 시간이 지나고 나니 참 많은 경험을 통해 나올 수 있는 말이었다는 것을 깨달았다. 당신도 지금 처한 환경이 너무나 힘들다고 느껴질 수 있다. 내가 얼마나 운이 없는지에 대해 비탄하고 있을지도 모르겠다. 하지만 기억하자. 노력만이 내 운을 높은 단계로 올려준다. 열심히 일할수록 당신의 운은 점점 좋아진다. 스스로의 운을 개척하고, 창조해내는 것은 지성을 가진 인간만이 가진 특권이다. 제임스 카메론 James Cameron 감독의 영화 〈타이타닉 Titanic〉에 나왔던 명언을 기억하자.

"내 운은 내가 만들어 I Make my own luck."

상대방의 마음을 얻는 가장 확실한 방법

THE ABSOLUTE WAY TO WIN PEOPLE'S HEART

미모의 아름다움은 눈만을 즐겁게 하나,
상냥한 태도는 영혼을 매료시킨다.

— 윌리엄 셰익스피어 William Shakespeare

사람의 마음을 움직여서 무언가를 사게 만들려면, 행동의 변화를 만들어내려면 어떻게 해야 할까? 생각해보면 의외로 간단하다. 어쩔 수 없이 그렇게 만들거나 아니면 정말 하고 싶어 그렇게 하게 만들거나, 둘 중 하나다. 즉, 조종 Manipulation 또는 감동 Inspiration 으로 나뉜다. 이 두 경우의 수가 어떤 행동을 하게 되는 가장 기본적인 원인이자 시작점이다. 어제 저녁 온라인에서 무언가를 샀다고 했을 때, 그 원인이 둘 중 어디에 더 가까웠는지 상상해보기를 바란다.

조종의 판매는 어떤 것일까? 조종의 방법은 다양하다. 첫 번째로 조종은 가격이다. 백화점 매대나 홈쇼핑 채널에서 쉽게 찾을 수 있다. "세상에 굴비 다섯 마리가 만 원이라니! 저 가격에 안 사면 바보지!" 가격에 으레 따라오는 것이 시간제한이다. "오로지 지금뿐! 지금 당장 사야 합니다! 이런 기회는 다시 오지 않습니다!" 물론 저렴한 가격에 좋은 제품을 사는 것은 소비자에게도 좋은 일이다. 이왕에 같은 양과 질의 제품이라면 저렴하게 사는 것이 가장 합리적이다. 하지만 가격으로 조종하는 것은 세일즈를 하는 우리가 지향해야 할 방향은 아니다. 실제로는 내가 회사의 소유주가 아닌 이상 가격을 조정하기도 힘들 뿐더러 할 수 있더라도 영업사원의 정신과 심리를 저하시키는 행위이기 때문에 지양해야 한다.

두 번째 조종은 두려움이다. 위험하다고 느낄 수 있는 상황을 연출해 대중의 공포심을 자극하는 것이다. "지금 당신의 혈관이 어떤 상태인지 아십니까? 이 제품을 당장 복용하셔야 합니다. 그렇지 않으면 당신의 삶에 크나큰 위험이 찾아옵니다." 제품을 구매하지 않음으로 인해 생겨날 결과에 대한 두려움을 심어주는 것이다. "모든 사람들이 이 제품을 사용하고 습니다. 아직도 주문하지 않으셨나요?"와 같은 또래 집단 문화로부터 뒤떨어지는 것에 대한 두려움 역시 유사하게 작용한다. 특히 이런 현상은 또래 문화가 강한 10대 청소년층에서 강하게 나타난다. 과거에 청소년들이 노스페이스라는 브랜드에 정말 강하게 애착을 느껴서 패딩이 유행한 것이었을까? 아니다. 활발하고 리더십을 가진 몇몇 아이들이 노스페이스 패딩을 입고 등교하기 시작했고, 따라 하지 않으면 준거 집단에서 소외될지 모른다는 두려움에 아이들은 부모의 '등골 브레이커'라고 불리는 미디어를 통한 시대적 현상을 만들어내었다.

그 외에도 분류하기에 따라 여러 조종 방법이 있지만, 이렇게 내가 진정으로 원해서가 아닌, 어쩔 수 없이 사게 되는 것이 조종이다. 제약 시장에도 조종이 존재한다. 그것은 독자가 많이 들어보았을 단어인 리베이트 Rebate 다. 리베이트가 무엇일까? 쉽게 이야기하면 내 매출의 일부를 고객에게 돌려주는 것이다. 100원짜리 제품을 팔고 그중에 내 이익이 40원이라면, 그중 20원은 고객에게 주는 것이다. 나 20원, 고객 20원 이렇게 나눠가지면 제품을 많이 팔면 팔수록 누이 좋고 매부 좋고 아닌가! 하지만 제약회사와 병원 간의 이런 모종의 관계가 국민건강에 나쁜 영향을 끼칠 것을 두려워한 정부는 2010년 리베이트 쌍벌제, 2017년 약사법 개정(경제적 이득 등의 제공 내역에 관한 지출보고서)을 통해 의료 리베이트 근절에 노력하고 있다.

그렇기에 현재 의료계에서 이루어지는 리베이트는 표면적으로는 거의 사라졌으며 음지에서만 이루어지고 있다. 여기서 우리가 반드시 이해해야 할 것은 이러한 세일즈 방식이다. 리베이트는 '매출의 일정 비율을 고객에게 돌려준다'는 아주 간단한 계약으로 이루어진 조종이다. 그 비율은 계약의 방식에 따라 다르다. 말 그대로 계약된 내용대로 고객을 조종하는 것이다! 이 얼마나 간단하고 쉬운 세일즈인가. 하지만 이런 방식의 세일즈는 사실 영업사원에게 큰 부담이 된다. 매출이 커지는 만큼 리베이트 금액도 커지기 때문이다. 매출이 커지는 것은 너무 좋지만, 결코 마음이 편하지만은 않게 된다. 매출의 크기만큼 고객의 목소리도 커지고, 요구사항도 많아지기 때문이다. 매출이 늘어날수록 스트레스를 느낀다. '아, 자꾸 금액이 늘어나네. 내가 더 해드릴 수가 없는데…'와 같은 상황이 발생하는 것이다. 이게 바로 조종의 폐해다. 조종으로 늘리는 매출은 결코 지속가능한 세일즈의 방식이 아니다. 수많은 영세 제약회사들이 이러한 리베이트로 사업을 시작했다가 비용 처리와 세금 문제로 문을 닫고 있는 것이 현실이다.

이러한 현상을 마케팅 용어로 이야기하면 브랜드 파워와 고객 충성도를 얻지 못했다고 할 수 있다. 생각해보라. 서로에 대한 인간적인 감정이 없는 숫자뿐인 계약에 충성 Loyralty 이 있을 리가 있는가? 저 고객은 나와 서로에게 이익이 되는 경제적인 계약으로 이어져 있다. 그 말인즉슨 나보다 더 나은 조건을 제시하는 경쟁자에 의해 얼마든지 대체될 수 있다는 뜻이다. 내가 10%의 리베이트를 주는데, 경쟁사 담당자가 와서 12%를 준다고 하면 당신이라면 거래처를 바꾸지 않겠는가? 이것이 조종의 한계다. 조종에서 인간적인 유대와 같은 감정적인 요소는 존재하지 않는다. 이러한 거래 앞에서 고객은 "당신의 조건은 무엇인가요?"를 묻는 거대한 강철 로봇이 된다.

그렇기에 우리는 인간적인 감동이라는 감정의 변화를 통해 고객이 기꺼이 우리의 제품을 구매하고 싶게 만드는 일에 집중해야 한다. 오로지 고객 감동만이 그 사람으로부터만 받을 수 있는 특별한 가치, 즉 세일즈맨의 브랜드 파워를 만들어낼 수 있으며 이는 곧 고객 충성으로 이어진다. 이것이야말로 인간 대 인간의 진정한 세일즈다.

그럼 이제 감동 Inspiration 이 무엇인지에 대해 자세히 이야기해보자. 누구나 애플 Apple 의 아름다운 제품을 사랑한다. 아이들이 가장 받고 싶어 하는 선물은 단연코 아이폰이다. 2022년 1월 28일 애플의 CEO 팀 쿡에 의하면, 현재 전 세계에 활성화된 애플의 기기는 18억 대이며, 이는 1년 전 같은 시기에 발표한 16.5억 대에 비해 1.5억 대가 증가한 수치다. 또한 애플 서비스를 사용하는 유료 사용자의 수가 7.85억 명을 돌파했다고 한다. 무엇이 애플을 이렇게 특별하게 만드는 것일까.

그것은 애플이 누구보다 다른 것을 생각해내고, 현실을 초월하는 아름다운 제품을 만들어내기 때문이다. 고객 충성도에 있어 애플 유저들은 말 그대로 절대적이다. 애플은 가장 이례적으로 높은 고객 충성도를 보여주 며 브랜딩 Branding에 있어 늘 새로운 역사를 써내려가고 있다. 전 세계 수 많은 기업 중 시가 총액 1위라는 타이틀 안에 모여 있는 거대한 자본은 애 플이라는 회사에 대해 우리가 갖고 있는 애정과 기대의 크기를 정확하게 보여준다.

우리는 조종당해서 애플의 제품을 구입하지 않는다. 우리가 애플의 제 품을 구입하는 이유는 가격이 저렴하기 때문이 아니고, 사지 않으면 나에 게 뭔가 문제가 생길까 두려워서도 아니다. 우리는 기존 질서로부터 벗어 나 현실을 재창조하려는 애플의 철학과 그 아름다운 제품으로부터 감동 을 받는다. 그리고 그 감동은 애플이라는 브랜드에 대한 애정으로 이어진 다. 애정! 세일즈를 하는 우리가 집중해야 할 것은 바로 이 애정이라는 감 정이다. 고객을 조종하지 않고, 감동을 주어 매출을 올리는 방법은 고객 으로부터 내가 애정을 받는 데서 시작되기 때문이다.

최고의 영업사원은 고객의 애정을 먹고 자란다. 영업사원에게 고객의 애정은 모든 식물에게 필요한 수분과 태양빛과 같고 모든 동물에게 필요 한 영양 공급원과 같다. "세일즈란 나를 파는 것이다"라는 말을 들어보았 을 것이다. 그게 무슨 말인지 잘 모르겠다고? 당연하다. 나를 팔라니 그게 대체 무슨 뜻이지? 가격표라도 붙이고 고객을 만나라는 이야기인가? 맥 도날드의 창업자 레이 크록은 종이컵을 팔던 회사의 세일즈 팀장 시절, 세 일즈맨들에게 이렇게 말했다.

"여러분들이 가장 먼저 팔아야 하는 것은 여러분들 자신입니다. 자신을 판 후라면 종이컵도 쉽게 팔 수 있습니다."

"나를 팔아야 한다"는 말은 고객을 찾아가 나에 대한 이야기를 하고, 고객에게 도움을 주어서, 고객이 나라는 사람에 대한 개인적 애착과 애정을 느끼게 해야 한다는 뜻이다. 세계 최고의 세일즈맨들은 고객에게 자신에 대한 스토리텔링을 솔직하게 하는 법을 알고 있었다. 그들은 가장 진솔한 자신의 꿈과 두려움에 대해 고객과 이야기하고, 고객의 스토리를 경청한다. 그리고 고객이 가지고 있는 문제와 고민을 해결하기 위해 여기저기 뛰어다니며 피와 땀을 흘렸다. 그렇기에 그에 대한 보답으로 고객의 애정을 받게 되는 것이다. 고객의 신뢰, 애착, 애정, 사랑. 세일즈는 바로 여기에서부터 시작된다. 제품을 파는 것은 그다음이다.

제약회사 세일즈가 왜 힘들다고 이야기하는지 아는가? 의사가 특별히 다른 고객보다 이상한 사람들이라서? 의사들은 공부를 많이 했기에 갑질도 잘할 것 같아서? 뉴스나 드라마를 보니까 제약회사 영업사원들이 의사들의 뒤치다꺼리를 엄청 하는 것 같아서?

그렇지 않다. 의사들도 우리와 똑같은 사람이다. 자기 일을 시키면 미안해하기도 하고, 영업사원의 도움에 얼마든지 감사함을 표시한다. 물론 영업사원을 힘들게 하는 고객도 있지만, 그런 고객은 어떤 분야에나 있기 마련이며 의사라는 집단이 더 심하다고 보여지지 않는다. 오히려 인간이 받을 수 있는 가장 높은 수준의 교육을 받은 집단이기에 대부분의 의사들은 양심적이고, 국민 건강에 봉사하겠다는 존경스러운 정신 역시 어렵지 않게 찾아볼 수 있다.

제약 세일즈가 쉽지 않은 이유는 모두가 동일한, 또는 품질의 차이가 미비한 제품을 취급하기 때문이다. 의약품은 특허 만료가 되면 누구나 동일한 성분의 제품을 제조하거나 유통할 수 있다. 지금 당장 우리도 의약품 도매업 회사를 차리고 제약 공장에 가서 제품을 사입해 시장에서 판매할 수 있다. 마음대로 약 이름을 만들 수도 있다. '고혈압 치료제 다니엘정' 이렇게 만들면 된다. 문제는 처방해줄 의사를 찾는 일이다. 모두가 동일한 품질의 제품을 팔기 때문에 고객들이 가진 선택의 폭이 넓어지고, 각 회사를 차별화하는 것은 오로지 영업사원의 노력으로 귀결된다. 그렇게 고객에 대한 영업사원의 노력을 서로 비교·평가하는 업계 특유의 생태계가 만들어졌기에 제약회사의 영업사원들은 살아남기 위해 점점 더 절박해졌다. 자동차 세차, 가족 픽업, 주말 등산, 자녀 교육 등 고객의 개인적인 심부름을 하는 것은 그들의 절박함을 보여주는 사회의 한 단면이다.

판매하는 제품이 유사할수록, 품질의 차이가 적을수록 제품보다는 고객의 마음을 얻는 것이 중요해진다. 꼭 기억해야 한다. 고객으로부터 애정을 받는, 사랑받는 영업사원이 되는 것, 그것이 나를 파는 방법이다. 그럼 고객에게 사랑받기 위해서 우리는 무엇을 해야 할까? 고객이 원하는 것은 무엇일까? 고객은 어떤 기분을 느끼고 싶어 할까? 어떻게 하면 고객이 나를 애정할까?

답은 간단하다. 인간이 느낄 수 있는 감정은 쉽게 두 가지로 구분할 수 있다. 이는 고통 Pain 과 즐거움 Pleasure 이다. 우리가 고객에게 주어야 할 감정은 오로지 즐거움, 즐거움뿐이다. 세계 최고의 부자들은 그들과 교류하는 모든 사람들에게 인간으로서 가능한 최고 수준의 긍정적인 감정을 불러일으킨다. 나의 존재가 상대방에게 친절, 기쁨, 감동, 위안, 행복, 만족, 감사, 감격, 충만, 존경, 명랑함, 편안함, 자유로움, 다정함, 따뜻함, 달콤함, 애틋함, 온화함, 포근함, 훈훈함과 같은 긍정적인 감정을 느끼게 한다면 그는 자연스럽게 나를 즐거움과 연결시켜 애정을 느끼게 될 것이다.

전동 드릴을 사는 사람은 많지만, 사람들이 사는 건 드릴이 아니라 드릴로 구멍을 뚫고 가족사진을 걸어놓은 뒤 힘들 때마다 그 사진을 볼 수 있는 기쁨이라는 감정이다. 부동산을 사는 것이 아니라 그 집에서 내가 사랑하는 사람들과 함께 지내며 느낄 행복을 구입한다. 우리가 원하는 것을 상대방에게서 얻어내는 방법은 제품이나 서비스가 아니라, 상대방이 나를 통해 느끼게 되는 감정에서 시작되는 것이다.

세계 최고의 뉴스 회사 CNN의 창립자 테드 터너 Ted Turner 는 대학 시절 아버지 에드 터너 Edward Turner 의 빌보드 광고 회사 터너 애드버타이징 Turner Advertising 에서 일하며 세일즈를 배웠다. 그가 맡은 일은 빌보드 임차 담당자로서 지역을 돌아다니며 새로운 빌보드를 설치하고 좋은 자리를 찾아다니는 것이었다. 우리가 도시에서 흔히 볼 수 있는 광고판을 생각하면 된다. 교통량이 많고, 눈에 잘 띄는 자리를 찾은 뒤, 1년에 25달러 정도의 임대료를 내고 빌보드 설치를 토지 주인에게 요청하는 방식이었다. 그는 주차장 한가운데에 사는 한 부인을 설득했던 일을 가장 힘들었다고 회상한다.

"여러 해 동안 빌보드 광고 회사 두 곳이 이 연세 지긋한 부인을 집요하게 설득하고 있었다. 상당한 현금 보상에 집을 팔라는 제안을 몇 년 동안 거절해온 그녀는 강하고 완고한 여성이었다. 그런 큰 금액을 거절한 그녀가 집의 한쪽 유리창을 모두 덮는 광고판을 빌보드 회사가 제시하는 몇 푼 안 되는 돈으로 승낙할 거라곤 생각하기 매우 어려운 상황이었다."

테드는 타고난 세일즈맨이었다. 그는 무엇보다도 그녀와 친해지는 것부터 시작했다. 그녀의 집에 자주 방문해 다과를 즐기고, 자질구레한 집안일을 도왔다. 그녀의 집에 항상 있는 테드를 보고 사람들은 그녀의 양아들로 생각할 정도였다. 테드는 광고판에 대해 종종 이야기를 꺼내보았지만, 그녀의 마음은 쉽게 움직이지 않았다. 테드는 다른 방법을 찾기 시작했다. 시간을 보내며 그녀의 집을 살펴보니, 오래된 집이라 환기가 잘 되지 않는다는 점과 아스팔트로 된 주차장으로 인해 여름에는 더위가 무척이나 심하다는 사실을 알게 되었다. 사장인 아버지와 상의한 끝에 빌보드 임대료에 추가로 에어컨 설치 비용과 전기료를 내주기로 했고, 그의 세심한 배려에 감동한 그녀로부터 승낙을 받아낼 수 있었다.

세계 최고의 부자들은 제품을 팔지 않는다. 그들은 감정을 통해 사람들의 마음을 산다. 자신이 가진 모든 역량을 이용해서 고객에게 긍정적인 감정, 즐거움을 느끼게 해주는 것이 우리가 가져야 할 두 번째 세일즈 능력 The 2nd Sales Capability 이다. 세일즈맨에게 있어 최고의 미덕은 고객의 마음을 나의 것으로 만드는 일이다. 지금 당장 주위에 있는 단 한 명의 고객의 마음을 얻는 것에서부터 시작해보라.

물론 그 과정에는 고난이 따를 것이다. 어릴 적, 이성을 알게 되고 첫 연애를 하는 것이 쉬웠던가? 세상에서 가장 얻기 쉬운 것도, 가장 얻기 어려운 것도 사람의 마음이다. 게다가 고객은 바보가 아니다. 고객은 수많은 영업사원을 만나보았다. 당신이 가면을 쓰고 다가가면 절대로 마음을 열지 않는 것이 고객이다. 하지만 당신이 먼저 가슴을 열어 진심을 보여주고, 고객의 즐거움을 위해 땀을 흘린다면, 고객이 감동해 애정으로 보답할 것이고, 그 보상은 결코 작지 않을 것이다. 개인 사업에 오래 종사한 사람들이 입버릇처럼 하는 말이 있다.

"결국 남는 것은 사람뿐이다."

당신이 진정으로 고객의 마음을 얻어보면, 그 뜻이 이해될 것이다. 마음을 얻으면, 사람이 남는다. 사람이야 말로 최고의 자산이다. 세일즈의 세계에서, 세일즈맨을 너무나 신뢰해 그가 무엇을 팔든 구매하는 고객을 '팬Fan 고객'이라고 부른다. 당신을 위해 언제나 기꺼이 지갑을 여는 팬 고객은 진정한 당신의 편이다. 팬 고객은 진심으로 당신을 사랑하고, 당신의 미래가 아름답기를 바란다.

세계 최고의 부자들은 궁극적으로 수백만의 팬을 만들었기에 자신의 부를 이룩할 수 있었다. 그들의 부는 그들이 가진 팬의 숫자와 정확하게 일치했다. 한 인간의 성공 척도는 그가 얼마나 많은 팬을 가졌느냐로 귀결된다는 사실을 당신은 반드시 깨달아야 한다.

당신의 팬을 하나씩 늘려가는 여정을 시작하라. 팬은 당신을 부자로 만들어줄 것이다. 사람들이 왜 팔로워 수, 구독자 수에 집착하는가? 소셜미디어는 그 완벽한 예시다. 당신의 모든 시간과 에너지를 집중해서 '사람의 마음'을 얻고, 그들을 나의 팬으로 만드는 여정을 시작하라. 환경은 중요하지 않다. 중요한 건 행동뿐이다.

작은 친절이 주는 커다란 선물

BUTTERFLY EFFECT OF SMALL KINDNESS

친절하라. 당신이 만나는 사람은 모두 격심한 전쟁을 치르고 있다.

— 플라톤 Platon

필 콜린스 Phill Collins 는 영국의 드러머이자 팝가수, 싱어송라이터다. 그는 전 세계에서 1억 5,000만 장 이상의 음반 판매량을 기록했다. 이러한 그의 데뷔가 한 사람의 작은 친절의 산물이라고 하면 믿겠는가? 버진그룹 Virgin Group 의 창업자인 리처드 브랜슨 Richard Branson 은 런던에서 중요한 미팅에 늦어 급히 택시에 올라탔다. 관련 자료를 읽으며 가려던 그의 마음과는 다르게, 그를 알아본 택시기사는 성가시게 수다를 떨었고, 자신의 밴드 음악을 들어달라고 부탁했다. 냉정하게 거절하고픈 마음을 억누르고 마지못해 그의 노래를 들었는데, 그가 필 콜린스였던 것이다. 당시 음반 회사를 소유한 리처드에게 음반을 내달라며 테이프를 보내는 사람들은 많았다. 하지만 리처드가 순간적으로 친절을 지키지 않고 그의 요청을 거절했다면, 최고의 가수를 놓치고 말았을 것이다.

세 번째 세일즈 능력은 바로 '친절의 무한한 가능성'이다. 이번 이야기를 통해 당신은 사소한 친절이 당신에게 큰 기회를 가져다줄 수도 있다는 사실을 깨닫게 될 것이다. 당신이 원하는 것을 이루는 데 친절함은 가장 큰 무기가 되어 당신을 도와줄 것이다.

우리가 삶을 살아가며 "어떤 사람이 누구에게나 사랑받는가?"라는 질문을 던졌을 때 가장 먼저 떠오르는 단어가 '친절한 사람'이라는 데 이견이 없을 것이다. 우리는 모두 나에게 따뜻하고, 정겹고, 고분고분하게 대해주는 사람을 사랑한다. 그렇지 않은가? 친구나 친척 등 내 주위 사람을 떠올려보자. 힘들 때 어떤 사람과 함께 하고 싶은가? 입만 열면 불평만 하는 '툴툴이'인가? 항상 밝은 면을 보며 당신에게 시간을 내서 필요한 도움을 주는 '상큼이'인가? 나의 인생은 내가 스스로 만드는 것이다. 세상을 밝고 명랑하게 보는 사람은 아름다운 세상을 만들고, 어둡고 우울한 사람은 암흑과 같은 세상을 만든다.

우리는 모두 친절한 사람을 좋아한다. 고객도 마찬가지다. 그렇기에 우리는 '고객이 모든 경로를 통해서 만나는 모든 사람들 중 가장 친절한 사람'이 되어야 한다. 친절은 세일즈맨에게 있어 숨쉴 때 필요한 공기만큼이나 필수적인 요소다. 그리고 고객에게 '내가 만나는 사람 중 가장 친절한 사람'으로 기억될 때 세일즈가 비로소 시작된다.

어떻게 그렇게 친절할 수가 있냐고? 그것은 친절함이야말로 우리가 가장 쉽게 할 수 있는 일 중에서 우리에게 가장 큰 이익을 안겨주는 일이기 때문이다. 사람을 밝게 대하고, 친절하게 대하는 것은 결코 어려운 일이 아니다. 순간의 번거로움을 이겨내고 한 번만 더 움직이고, 한 번만 더 웃음을 머금고 이야기하면 된다.

우리는 누구에게나 열린 귀와 열린 마음을 가져야 하며, 결코 다른 사람을 무시하거나 차별해서는 안 된다. 인류의 수많은 문화, 종교, 도덕, 철학에서 발견되는 원칙 중 하나인 '황금률 Golden Rule'은 자신이 대접받고 싶은 대로 남을 대접하라는 원칙임을 기억하자. 내가 존중받고 싶은 만큼 다른 사람을 존중해야 한다.

특히 세일즈맨에게 있어 다른 사람의 범위는 절대 내가 좋은 인상을 남기고 싶은 특정인에게 한정되어서는 안 된다. 한 외국인 기자가 인도의 호텔 로비에서 만난 값싼 정장을 입은 남성을 자신의 운전기사로 착각해 가볍게 대했는데, 알고 보니 그 남성은 호텔의 소유주였다는 이야기가 있다. 이러한 기회를 통해 인연이 맺어지는 것은 누구에게나 일어날 수 있는 일이다. 그렇기에 고객뿐 아니라 그 주위 사람들에게도 친절해야 한다. 그리고 세상의 수많은 이야기들은 그러한 친절이 언젠가 예상하지 못한 큰 선물로 돌아온다는 것을 보여준다.

사람의 관계는 인간의 의지나 희망을 초월한 것이라는 말이 있다. 이 넓은 우주에 지구가 있고, 그중 한 대륙의 끄트머리에 있는 대한민국이라는 나라에서 우리가 만났다. 이런 신기한 인연이 있는가? 한국에만 5,000만 명의 사람이 산다는데, 고객과 내가 만날 확률은 얼마일까? 이렇게 생각해보면 우리는 살아가며 맺게 되는 사람과의 관계를 더 소중하게 느낄 필요가 있지 않을까. 당장 미약하게 보일지라도 사람들과의 만남과 관계를 한 단계 더 높은 차원의 사고방식으로 소중한 것이라고 생각하기 시작하라. 친절은 그곳에서 시작된다.

나는 당신이 가족의 품 밖에서 사회생활을 하며 만나는 모든 사람에게 친절했으면 좋겠다. 그 친절은 몇 배로 당신에게 돌아올 것이다. 제약회사 영업사원들이 가장 하기 쉽지만 또 절대 안 하는 것이 무엇인지 아는가? 병원의 간호사들에게 친절하게 안부를 묻는 일이다. 고객인 의사와의 면담을 위해 병원에 오면, 가장 먼저 만나게 되는 것은 다름 아닌 병원의 간호사다. 하지만 대부분의 영업사원들은 오로지 의사만이 고객이라고 생각하기에, 간호사들에게는 인사를 하는 둥 마는 둥 하고, 더 이상의 대화 없이 대기실로 들어가 평소 습관대로 스마트폰을 본다.

만약 당신이 현재의 위치에서 제자리걸음만 하고 싶다면 아무런 문제가 없다. 하지만 전 세계 1위의 성장률을 기록하며 '올해의 세일즈맨'을 수상하고, 세일즈를 뛰어넘는 당신의 삶을 그리고 싶은가? 그렇다면 고객의 주위 사람들에게 친절하게 안부를 묻고 관계를 만드는 일을 지금부터 시작하라. 당신의 작은 친절로 그는 기꺼이 당신의 눈과 귀가 되어줄 것이다. 고객이 어떤 기분인지, 최근 어떤 일에 스트레스를 받거나 어려움을 느끼는지, 지금 가장 필요로 하는 정보는 무엇인지, 어떤 이야기를 해주면 기분 좋아할지 그가 당신에게 줄 수 있는 도움은 무궁무진하다. '친절의 무한한 가능성'을 깨닫고, 꼭 친절하게 대해야만 하는 사람뿐만 아니라 일하며 만나는 모든 사람에게 친절하게 대하는 태도를 지니는 것이 세 번째 세일즈 능력 The 3rd Sales Capability 이다.

고객이 아닌 사람에게 무슨 이야기를 할까? 사람은 다 똑같다. 다가가서 이야기하라. "별일 없으세요? 요새 좀 어떠신가요? 많이 바쁘세요?" 그리고 가볍게 감사 인사를 하라. "항상 친절하게 대해주셔서 감사해요." 서로를 헤아리는 마음에서 나오는 "늘 신세지고 있습니다"라는 사소하지만 따뜻한 말은 모든 훌륭한 인간관계를 만들어가는 첫걸음이다.

나는 간호사분에게 내 담당 제품인 "○○○이 잘 처방되게 도와주셔서 감사해요"라고 말하곤 한다. 그러면서 세일즈 비용으로 구입한 스타벅스 기프티콘 하나를 드린다. 이렇게 하면 그 간호사분은 당신의 방문 때마다 조금이라도 더 편의를 봐주기 위해 노력해주게 된다. 이제 나에게는 항상 고객의 바로 옆에서 그의 일거수일투족을 관찰하고 있는 훌륭한 아군이 생긴 것이다. 작은 친절이 큰 도움으로 돌아온다는 진실을 직접 느껴보기를 바란다. 나에게는 작게 요구되는 일이 다른 이에게는 매우 거대할 수 있다는 사실을 기억하자. 아주 좋은 사례를 소개한다.

셀트리온의 서정진 회장은 그의 첫 제품 바이오시밀러 램시마를 미국과 유럽에서 직접 세일즈했다. 제약사 오너가 찾아와서 의사를 만나는 일은 없기 때문에 다들 신기하게 여겼다. 제약회사의 직원과 만나지 않기로 유명한 의사들도 CEO라니까 호기심에 만나주기도 했다. 그 역시 의사를 만나지 못하면 간호사를 공략했다. 간호사에게 도와줄 것은 없는지 묻고 뭐라도 거들었다. 유럽의 대형 병원에서는 우락부락하고 덩치 큰 동양인이 간호사 뒤를 쫄쫄 따라다니며 링거 거치대를 끌어주는 모습이 종종 목격되었다. 청소부나 잡상인인줄 알았는데 제약회사의 사장이라니 반전효과도 있었다. 사람의 마음을 얻는 방법에는 국경이 없는 법이다.

서정진 회장도 중요하게 여긴 것이 간호사들과의 관계 형성이었다. 나역시 압도적인 실적을 만들어낸 병원에서 항상 그 병원 직원들이 가장 좋아하는 제약회사 담당자였다. 그들은 나의 방문을 누구보다 반갑게 맞이해주었고, 그날 병원의 이슈와 고객의 상태를 귀뜸해주었다. 그들은 알게 모르게 고객에게 나에 대한 칭찬을 해주었고, 경쟁사의 활동 정보, 예를 들면 "요새 ○○○제약회사가 자주 오던데요?", "요새 ○○○○제품의 처방이 늘었던데요?" 등 나의 세일즈에 도움이 되는 귀중한 정보를 많이 주었다. 지금 되돌아보면, 그분들의 도움이 없었다면 내가 그렇게 좋은 실적을 만들어내지 못했을 것이라고 생각된다.

다시 한 번 말한다. 당신이 비지니스를 하며 만나는 모든 사람에게 친절하라. 심지어 그 사람이 당신이 원하는 것을 가지고 있지 않더라도 말이다. 친절의 힘을 기억하고, 항상 신세지고 있다고 말하며 감사를 표하라. 이런 식의 감사 인사는 새롭게 누가 만들어낸 것도 아니고, 먼 옛날부터 사람 사이의 관계에서 윤활유처럼 작용해온 말이다.

"오늘 정말 춥지요?"라고 묻는다고 해서 날씨가 따뜻해지는 것은 아니지만 사람의 마음은 훈훈해지지 않는가. 감사한 일이 없더라도 감사하다고 친절하게 말해주자. 세계적인 문학가 톨스토이 Tolstoy 는 "친절은 세상을 아름답게 한다. 친절은 모든 비난을 해결한다. 친절은 얽힌 것을 풀어 헤치고, 곤란한 일을 수월하게 만들며, 암담함을 즐거움으로 바꾼다"라고 했다. 따뜻한 마음으로 사람들을 당신의 편으로 만들고, 주위 사람들을 도와주기 시작한다면 당신은 성공에 더욱 빠르게 가까워질 것이다.

신뢰는 모든 비즈니스의 기본이다

TRUST IS THE FUNDAMENTAL OF
ANY BUSINESS IN THE WORLD

고객이 자신의 인생 전부를 맡기고 싶을 만큼
커다란 신뢰를 주어라.

— 브라이언 트레이시 **Brian Tracy**

영국의 대문호 윌리엄 셰익스피어의 〈소네트 Sonet 〉에는 "모든 사람을 사랑하되, 소수를 믿어라 Love all, Trust few "라는 소절이 있다. 아니 대체 이게 무슨 이야기인가? 많은 사람을 사랑하는 것은 좋다. 사랑은 널리 퍼질수록 좋은 것이라고 했으니까. 근데 소수의 사람만 믿으라니? 그만큼 사람을 신뢰하는 것이 어렵다는 뜻이 아닐까? 생각해보자. 지금 당신의 삶 속에서 진정으로 신뢰하는 사람이 몇이나 있는가? 가족을 제외하면 많지 않을 것이다. 내가 아무리 자주 만나고, 좋아하는 사람이라도 신뢰는 또 다른 문제다. 나의 고민을 이야기하고, 도움을 청할 수 있는 사람은 많지 않다. 10년 지기 친구라도 정말 어려움이 왔을 때 나의 바람대로 그가 행동하지 않아 실망한 적이 있을 것이다. 평소에 형님, 언니라고 부르며 친하게 지내던 회사 동료도 누군가 직장을 잃어야 하는 상황이 오고 자기 밥

그릇이 위험해지면 기대기 힘든 것이 사람이다. 한정된 자원을 놓고 서로 경쟁해야 하는 현대 사회의 직장 생활에서 누군가를 온전히 믿기는 더욱 어렵다. 자신의 생존이 앞에 놓여 있을 때 신의와 신뢰를 위해 그것을 희생할 사람은 드물기 때문이다.

그렇기에 신뢰할 수 있는 인간관계를 가진다는 것이 얼마나 드문 일이고 또 운이 좋은 일인지 우리는 살아가며 배우게 된다. 게다가 우리나라는 경제 활동의 대부분이 수도권에 집중되면서 "오랫동안 서로를 알아온 지역사회"라는 것이 점차 사라졌다. 국민의 대부분이 아파트에 사는 대한민국이지만 바로 옆집에 사는 이웃과 인사하는 사람은 참 보기 힘들다. 나도 옆집에 사는 사람과 제대로 된 대화를 해본 적이 없다. 2년의 전세 계약이라는 한계 속에서 '어차피 오래 볼 사이도 아닌데'라는 생각이 들지 않았다면 거짓말일 것이다. 오래 볼 일이 없는 사이면 어떤 일이 생기는지 아는가? '어떻게 하면 이 사람을 통해 내가 경제적 이익을 볼까? 어떻게 하면 이 사람 때문에 내가 손해를 보지 않을까?' 바로 이 궁리로 가득 차게 된다! 왜 그러냐고? 오래 안 볼 사이니까! 금방 헤어질 건데 잘해줘서 뭐하는가? 이러한 사회 풍조 속에서 알게 된 지 얼마 되지 않은 사람을 신뢰하기란 참 어려우며 세일즈에서도 비슷한 현상이 생기기도 한다.

비즈니스의 세계에서, 고객들이 가장 싫어하는 것이 무엇일까? 그것은 바로 담당이라고 와서 조금 일하는 척하다가, 갑자기 말도 없이 사라지는 영업사원이다. 고객의 입장이 되어보자. 영업사원이 처음 와서 인사를 했고, 일주일에 한 번씩 나를 방문했다. 성격도 싹싹하고, 무언가를 부탁하면 신속하게 처리한다. 가끔 점심도 같이 나가서 먹었다. 착하고 믿을 만한 사람인 것 같다. 그렇게 6개월이 지나고, 이제는 그를 조금 도와주어야겠다는 생각이 든다. 그의 담당 제품을 주문했다. 실적에 어느 정도 도움이 되었을 것이다. 그러던 어느 날부터 그가 잘 보이지 않는다. 매주 찾아오던 사람이 이제 2주, 한 달에 한 번씩 온다. 배가 부른 것이다! 사람은 참으로 간사해서 너무나 절실할 때는 고객을 매주 찾아오지만, 절실함이 사라지고 나면 자신의 편안함을 찾게 된다. 고객 방문은 반드시 해야 하는 일에서 큰 번거로움으로 바뀌게 되고, 방문 빈도가 줄어들게 된다.

문제는 상황이 이렇게 되면 고객은 배신감이 든다는 것이다. '도와달라고 할 때는 언제고 이제는 나 몰라 하네?'라고 느낄 것이다. 고객도 똑같은 사람이다. 자주 오던 사람이 안 오면 서운하다. 비즈니스 관계를 떠나 자신의 존재가 무시당하거나 타인에게 잊혀져간다는 사실에 기분이 좋을 사람은 아무도 없다. 결국 그 영업사원은 자신의 몫을 챙기고는 고객을 떠났다. 지역을 옮겼을 수도 있고, 다른 회사로 이직했을 수도 있다. 결국 남은 것은 상처받은 고객뿐이다.

정도의 차이는 있겠지만 모든 고객들은 유사한 경험을 겪어보았다. 그리고 우리는 그런 고객의 마음과 입장을 이해해야 한다. 그래야 고객이 영업사원에게 경계심을 보이며 신뢰를 쉽게 주지 않으려는 심리를 이해할 수 있다. 고객들은 영업사원에게 너무 많이 '데었기' 때문이다. '너도 결국 그들처럼 나를 이용하려는 거잖아'라는 두려움이 고객의 마음 깊은 곳에 자리한다. 최고의 세일즈맨인 우리가 해야 할 일은 그 두려움을 없애는 것이다! 방법은 의외로 단순하다.

앞의 사례에서, 저 영업사원에게 무엇이 빠져 있는지 눈치 챘는가? '이것'만 있었어도 앞과 같은 일은 생기지 않았을 것이고, 영업사원은 단기적인 이익뿐만 아니라 고객을 인생의 동반자로 만들 수 있었을 것이다.

이것이 바로 네 번째 세일즈 능력인 일관성 Consistency 이다. 나는 프롤로그에서 내가 발견한 인간관계의 가장 중요한 원칙은 '진실성'이라고 했다. 진실성을 행하는 첫 번째 방법이 바로 일관성을 지키는 것이다. 인류의 역사와 함께한 최고의 세일즈맨들은 모두 그들이 일과 관련된 모든 시간 Professional life 에서 일관성을 보여주며 고객과 파트너, 시장의 신뢰를 얻는 데 성공했다. 항상 한결같은 마음으로 어떤 일을 한다는 것이 얼마나 힘든 일인지 알고 있을 것이다. 하지만 일관성이 없다면, 어쩌다 요행으로 한두 번의 좋은 실적을 낼 수 있겠지만 진정으로 고객은 물론 그 어떤 인간관계에서도 장기적인 신뢰의 관계를 만들어내지 못한다.

내가 인천을 담당하며 고객의 신뢰를 얻을 수 있었던 것은 지난 4년 동안 누구보다 일관성 있게 고객을 방문했기 때문이다. 좋은 팁을 주자면, 마음속에서 가장 중요한 고객을 정하라는 것이다. 중요한 고객을 정하는 방법은 여러 가지 있지만, 파레토 법칙에 따라 당신의 제품을 가장 많이 주문할 수 있는 즉, 캐파 Capability 가 크다고 표현하는 이런 고객을 꼭 넣는 것이 좋다. 그리고 그 중요한 고객은 반드시 일주일에 한 번, 시간을 정해놓고 만나라! 이것은 권고가 아니라, 반드시 해야 하는 일로 이해하기를 바란다.

내가 많이 쓰던 방법은 병원이 가장 바쁜 월요일은 제외하고 화, 수, 목, 금요일에 각 4개의 병원을 정해놓고, 매일 오후 4시에는 반드시 그 4개의 병원에 가는 것이었다. 당신이 일하는 업계만이 갖고 있는 가장 일하기 좋은 시간, 고객이 담당자와의 면담을 가장 편하게 생각하는 시간을 찾아라. 골든아워를 절대 놓쳐서는 안 된다. 당신의 생존이 걸려 있다고 생각하고 그 시간에는 반드시 고객을 만나라.

이렇게 3개월만 해보라. 신기한 일이 생긴다. 고객이 그날 그 시간이 되면, 나의 방문을 기대하고 나의 존재를 기다리게 될 것이다. 그렇게 나에 대해 한 번 더 생각하게 되고 관심을 가지게 된다. 생각해보라. 매주 같은 날 같은 시간에 나를 찾아오는 사람이 있다. 와서 재밌는 이야기도 해주고 커피도 사다주고 이런저런 사는 이야기를 나눈다. 그러다 보니 어느 정도 편해져서 내 이야기와 고민도 나누게 된다. 그렇게 몇 달이 지나고 나면 이제는 같은 시간에 그 사람이 오지 않으면 이상하다! 일주일 정도 안 오면 그런가 보다 하겠지만 계속 안 보이면 무슨 일이 생긴 건가 하는 생각도 든다. 이제는 내가 먼저 그 사람을 찾게 된다!

　이것이 일관성의 힘이다. 물론 이렇게 매주 계획적으로 움직이는 것은 생각보다 힘들다. 우리의 직장 생활이라는 것이 계속해서 새로운 일들이 생기고, 회사 일정이 생기고, 개인 일정도 생기기 때문이다. 하지만 적어도 노력은 해볼 만하지 않은가? 일관성이야말로 세계 최고의 부자들이 자신이 원하는 것을 얻기 위해 사용하는 가장 빠르고 안전한 도구다! 그들은 자신의 파트너와 고객, 시장에 자신의 비전을 늘 일관성 있게 보여주는 데 성공하였기에 지금의 자리에 오를 수 있었던 것이다.

　명심하라. 당신이 원하는 것을 얻기 위해서는 상대방이 당신의 도덕성과 정직성을 신뢰할 수 있게 만들어야 한다. 쉽게 이야기하면, 당신이 믿을 만한 사람이라는 것을 그에게 보여주어야 한다는 것이다. 이러한 신뢰는 순식간에 쌓이는 것이 아니다. 오랜 시간 동안 이루어진 일관성 있는 행동만이 사람들의 신뢰를 얻을 수 있는 법이다. 그리고 세계 최고의 부자들 중 이러한 시간을 거치지 않은 사람은 없었다.

　마지막으로, 신뢰할 수 있는 '복장'에 대해 이야기하고 싶다. 인간의 본성은 나보다 잘난 사람을 존경하고, 나와 비슷한 사람을 좋아하게 만들어져 있다. 특히 생활 수준에서 그렇다. 월등히 부자인 사람은 상대적으로 나를 비참하게 만들고, 너무 못 사는 사람은 도와주어야 할 것 같아 부담스럽기 때문이다. 우리가 직장 동료와 때로는 티격태격하더라도, 기본적으로 어느 정도 신뢰가 있는 것은 서로의 처지가 비슷하기 때문이다. 나와 비슷한 고민을 하고, 나와 비슷한 문제점 역시 갖고 있다. 한 동네의 학부모들이 어떻게 그렇게 똘똘 뭉칠 수 있는지 아는가? 수준이 비슷한 지역에서 자녀 교육이라는 같은 고민을 갖고 서로 정보를 나누기 때문이다. 서로가 비슷하다고 느낄수록, 우리는 그 사람에게 더 큰 친근감을 느끼게 된다.

그렇기에 나는 흔히 영업사원들에게 유행하는 말 중 하나인 "당신이 살 수 있는 최고의 정장을 사라", "지금 당장 롤렉스 시계를 사라"와 같은 이야기에 크게 공감하지 못한다. 물론 그러한 성공 철학이 나쁘다는 것은 아니다. 하지만 확실한 것은 그러한 패션은 고객의 신뢰를 얻는 데 결코 도움을 주지 못한다는 점이다.

셀트리온의 서정진 회장은 "제가 신고 있는 구두가 12년 된 겁니다. 한국 브랜드 금강에서 만든 건데 비싼 것도 아니에요. 저는 명품도 없고 외제차도 없습니다. 저는 우리 직원들과 회사를 위해 일하지 저를 위해 일하지 않습니다. 이거 하나는 자신 있게 말할 수 있습니다"라고 말하며 고객을 만났다. 그의 그런 수수함과 올곧음이 셀트리온의 성공 요인 중 하나였음은 그 누구도 부정할 수 없을 것이다.

영업사원이 최고급 정장과 시계를 차고 다가온다고 생각해보자. 머리에 기름이 번지르르하고 가슴에는 행커치프까지 꽂았다. 딱 보아도 엄청 멋을 부리는 사람이다. 고객의 입장에서 무슨 생각이 들겠는가? '이 사람은 나한테서 한몫 잡으려고 하겠구나', '비싼 옷을 사기 위해 나에게 무리해서 팔려고 하겠구나' 하는 생각이 떠오르지 않겠는가?

화려한 독일차를 타고 이탈리아제 정장을 입고 고객을 만날 수도 있다. 그러면 고객이 '정말 성공한 영업사원이군! 믿을 수 있겠어'라고 생각하겠는가? '허세가 가득하군. 나를 통해 한몫 차지하려는 속셈이 아닐까?'라고 생각할 확률이 높다.

누구나 그렇듯 나도 훌륭한 품질의 제품을 좋아한다. 이름 없는 브랜드보다는 백화점 브랜드가 좋고, 해외 명품 정장도 한번 맞춰보고 싶다는 생각이 있다. 멋진 제품, 럭셔리한 제품, 뛰어난 장인 정신이 깃든 제품에 대한 욕망은 모든 인간이 가지고 있는 강렬한 의지다. 하지만 일을 할 때만큼은 참아라! 값비싼 정장은 피해라. 30만 원 짜리 정장을 입고 열심히 일하는 소박한 모습을 보여라. 자신을 위한 소비가 아닌 고객을 위해 무엇이 최선인지를 항상 고민하는 모습을 보여라. 만약 당신이 대한민국 상위 1%를 상대로 세일즈를 한다면 휴고 보스의 비싼 정장을 입는 것도 나쁘지 않다. 그 사람들은 그런 옷에 익숙할 것이고, 당신을 자신들의 커뮤니티에 자연스럽게 받아줄 것이다.

하지만 내가 만나본 수백 명의 의사 중에는 그렇게 높은 수준의 소비를 하는 사람은 많지 않았다. 그분들도 우리 부모님과 같았다. 자식을 미국이나 호주에 있는 대학에 보내기 위해 많은 것을 희생하고, 자신은 벤츠보다는 도요타 자동차를 타고, 프라다가 아닌 유니클로 셔츠를 입었다. 그런 고객 앞에서 당신의 명품을 자랑하면 되겠는가? 당신은 카멜레

온이 되어야 한다. 당신이 원하는 것을 가진 사람과 가장 비슷한 사람이 되어라. 그의 라이프스타일을 고스란히 복제하라. 그가 입는 옷을 입고, 그가 먹는 음식을 먹어라. 항상 몸을 청결하게 하고, 나의 성공에 행여나 방해가 될 수 있는 주위의 오해를 사지 않을 단정하고 수수한 복장을 선택하라.

세계 최고의 부자들은 모두 세상이 갖고 있는 당신에 대한 인식 Perception 이 '낯선 사람 Stranger'에서 '믿을 수 있는 사람 Trustwothy'으로 변화하는 여정을 거쳐왔다. 신뢰를 얻게 되면 성공은 자연스럽게 따라오기 때문이다. 그리고 그 방법은 지극히 기초적이다. 말이 아닌 행동으로 보여주어야 한다. 이성과의 관계에서 "내가 앞으로 잘할게"라는 말만으로 상대방이 나를 신뢰했던가? 그렇지 않았을 것이다. 실제로 잘하는 모습을 하루이틀, 일주일, 한 달처럼 오랜 기간 보여주어야 했던 것을 기억하라. 나를 믿어달라고 말만 하지 말고 믿을 만한 행동을 하라. 당신의 행동이 당신에 대한 신뢰의 정도를 결정한다. 당신이 할 수 있는 가장 믿음직한 행동을 세상에 보여주기 시작할 때, 세계 최고의 부자가 되기 위한 첫걸음을 떼게 될 것이다.

내가 원하는 것을 당당하게 말하는 법

HOW TO CONFIDENTLY SAY
WHAT I WANT EXACTLY

어느 정도 깊이 괴로워하느냐가 결국 인간의 지위를 결정한다.

— 니체| Friedrich Wilhelm Nietzsche

당신이 원하는 것을 가진 사람의 애정과 신뢰를 얻는 것에 성공했다면, 축하한다. 이제 그에 대한 보상을 받을 시간이다. 그와 함께 대화를 나누고, 그에게 투자한 시간과 노력은 이 과정에서 자연스럽게 느껴질 두려움과 민망함, 부끄러움을 없애는 데 도움을 줄 것이다.

이번에 이야기할 내용은 모든 영업사원의 필수덕목 중 하나인 판매 성사, 즉 클로징 Closing 에 대한 것이다. 세계 최고의 부자들은 이 능력을 킬러 무브 Killer Move 라고 부른다. 오랜 시간을 들여 상대방을 파악하고, 조사한 뒤에 내가 원하는 것을 말하는 순간만큼 중요한 것은 없기 때문이다. 세일즈의 시작 단계인 제품 특장점의 설명만 놓고 보면, 대부분의 영업사원들은 수준급이다. 이 부분은 너무나 쉽고, 간단하다. 고등학생도 시키면 문제 없이 잘해낼 것이다. 인간관계가 아닌 혼자 연습만 하면 되는 것이기 때문이다. 그렇기에 대본을 그대로 외워버리는 제품 프레젠테이션을 잘하는 사람은 정말 많다. 하지만 프레젠테이션을 잘하는 영업사원이 실제 세일즈 결과를 가져오느냐는 완전히 다른 이야기이다. 거절의 대한 두려움과 자신감의 부재로, 가장 중요한 판매 성사 단계에서는 고객이 자리에서 일어나게 내버려두는 영업사원이 정말 많다. 클로징을 하지 못하는 영업사원들은 "여기에 사인만 하시면 됩니다"라는 말을 할 만큼의 배짱도 없고 준비 역시 되어 있지 않다.

제약 세일즈에서는 세일즈 클로징을 애스킹 Asking 이라고 한다. 물어본다는 뜻의 단어이지만 애스킹은 제품의 처방에 대한 권유와 부탁을 내포하는 행위이다. 고객을 만나 내가 담당하는 약제의 장점에 대해 열심히 설명한다. "고지혈증에 아주 좋은 효과를 가진 약제입니다." 고객의 반응은 시큰둥하다. 효과가 좋다지만 고객은 자신의 경험으로 다른 약제와 큰 차이가 없다는 것을 이미 알고 있다. 애스킹을 하지 못하는 영업사원은 여기서 끝이다. 고객은 정중하게 영업사원의 제안을 거부한다. "아, 그래요? 알겠어요. 생각해볼게요." 그 자리에서 행동의 변화가 이루어지지 않고 보류했다는 것은 거절과 같은 뜻이다. 영업사원은 고객의 미온적인 반응에 주눅이 들어 "시간을 내주셔서 감사합니다"라고 말하고 나온다. 이렇게 애스킹이 없는 방문은 실적을 올리지 못한다.

세계 최고의 부자들은 모두 자신의 카드를 보여주며 상대방에게 결정을 내릴 것을 요청하는, 즉 나의 세일즈를 종결해야 할 심리학적 시간이 언제인지를 명확하게 알아차린다. 누구나 세일즈를 종결해야 할 심리학적 시간이 언제인지를 알아차린다. 이는 고객이 그렇게 말을 해서가 아니라 마음의 화학 작용으로 그렇게 느끼거나 해석했기 때문이다. 상대방 앞에 앉아서 표정과 보디랭귀지를 살피면 자연스럽게 느껴지는 타이밍이 있다. 나의 활동으로 진심으로 고마워하는 눈빛과 함께 "이건 정말 좋은 정보네요", "이 선물은 정말 고마워요", "저번에 도와준 일 너무 고마웠어요"라고 한다면 이제 당신의 시간이 도래한 것이다.

상대방의 눈을 바라보고, 손을 잡아도 좋다. 신체 접촉은 호감을 올린다는 연구 결과가 있다. "잘 부탁드립니다", "꼭 도와주십시오", "선생님밖에 없습니다"라고 자신 있게 말해야 한다. 이런 행동이 되냐고 묻겠지만 그럴 수 있는 관계를 만드는 것이 세일즈라는 일이다. 이러한 충격적이면서 인간적인 한 방이 애스킹이다. 이것을 하지 못하는 영업사원은 맨날 그저 그런, 평균의 실적만을 유지할 뿐이다. 고객을 당당히 마주하고 '요청'을 할 수 있는 용기와 배짱이 있는 영업사원만이 압도적인 실적을 만들 수 있다. 그리고 이 법칙은 세일즈 직무뿐 아니라 모든 비즈니스에서 통용된다.

그렇다면 어떤 사람이 이와 같이 자신이 원하는 것을 강력하게 요청할 수 있는 용기와 배짱을 갖게 될까? 해답은 생각보다 단순하다. 절실한 사람이다. 상대방의 마음을 움직이는 애스킹을 해내는 가장 중요한 원동력에는 담당자의 절실함만한 것이 없다.

기네스북에 등재된 세계 최고의 자동차 세일즈맨 조 지라드 Joe Girad 는 그의 저서 《판매에 불가능은 없다 How to sell Anything to Anybody 》에서 첫 자동차 판매를 이렇게 기억한다.

"그날의 나는 아이들에게 먹일 식료품을 사야 한다는 일념으로 머릿속이 가득 차 있었다. 나에게는 고객이 한 부대의 식료품으로 보여져서, 얼굴조차 기억에 남지 않았다. 그래서 어떠한 식으로 대화를 진행시켜 계약을 이루었던 것인지 전혀 기억이 없다.

그 사람이 만약 "아내와 상의해야 해서요…"라고 말하면서 미루려 했다면 나는 그에게 전화기를 억지로 쥐어주며 당장 전화를 걸도록 하거나, 차를 태워 그의 집까지 데리고 갔었을 것이다. 어쨌든 내가 알고 있었던 사실은 그 사람에게 어떻게 해서든 차를 사도록 해야만 나는 오늘 저녁 당장 나의 가족을 먹여 살릴 수 있다는 것이었다. 요컨대, 식료품을 구입할 돈을 마련하지 않으면 안 된다는 나의 절실함 이외에는 그 사람에게 차를 팔 수 있는 필요한 방법은 하나도 없었다."

우리에게 가장 먼저 필요한 것은 이러한 절실함이다. 이 세상에서 무의미한 삶에서 벗어나 성공하고, 나만의 흔적을 남기고 싶다면 그게 무엇이든지 내가 원하는 바를 명확히 갖고 있어야 한다. 그리고 무엇보다도 절실하게 그것을 원해야 한다. 그렇다고 해서 지금 당장 밥을 굶는 가족을 갖고 있어야 한다는 이야기가 아니다. 하지만 그와 비슷한 강력한 동기가 우리에게도 절대적으로 필요하다. 부모님을 위한 집이어도 좋고, 동생에게 내줘야 할 학자금이라도 좋다. 아니면 가족이 다함께 하고 싶은 크루즈 여행이어도 좋다.

절실하게 이루고 싶은 것을 찾아라. 너무나 절실하게 이루고 싶은 것이 있다면, 그 바람은 매일매일 당신의 크고 작은 행동에 영향을 준다. 고객의 얼굴을 볼 때마다, '이 고객이 나를 도와주면, 내가 원하는 것에 더욱 가까워지게 된다'라고 생각하게 되고, 그 생각은 내가 고객을 대하는 태도를 무의식적으로 바꾸게 된다. 이 사소한 차이가 쌓이고 쌓여, 고객이 나에게서 남다른 가치를 느끼게 되는 것이고, 이는 곧 남다른 실적으로 이어지는 것이다.

나에게도 절실함이 있었다. 그것은 '정규직'에 대한 것이었다. 2015년 6월, 입사 당시 나의 신분은 '계약직 직원'이었다. 나의 타이틀에는 '계약직 Contract'이라는 단어가 따라다녔다. 1년 동안 계속된 취업 활동에서 생긴 불안감은 나에게 '계약직이라도 붙잡자'라는 생각을 하게 만들었고, 어떻게든 잘될 거라는 조금 무모한 생각으로 입사를 결심했다. 부모님께는 그냥 정규직이라고 말했던 것으로 기억한다. 지금 되돌아보니, 너무나 계획이 없었던 것 같다. 당시 나는 29살이었다. 2년 뒤에 계약 만료로 다시 백수가 되었다면 어떻게 되었을지 상상만 해도 무섭다.

그렇기에 나는 2년 내로 어떻게든 나의 가치를 증명하고 실적을 만들어야 한다는 절실함이 있었다. 내 주위의 사람들을 실망시키고 싶지 않았다. 멀쩡한 대학교를 나와, 미국계 회사에 들어갔다고 동네방네 이야기해 놓고 2년 뒤에 "아, 나는 사실 계약직이었는데 계약이 이제 끝났네? 다시 구직하려고 해"라고 말하면 너무 창피하지 않은가! 그리고 무엇보다도 여기서 정규직이 되지 못하면 부모님께 너무나도 죄송스러웠다.

그렇기에 회사에서 나에게 인천을 담당하라고 했을 때, 결심했다. 방을 얻어서 인천에서 살아야겠다고 말이다. 당시 우리 가족은 서울 강동구에 살고 있었다. 일주일 정도 출퇴근을 해보니 왕복 4시간이 걸렸다. 이렇게 차 안에 갇혀 살 수는 없다는 생각이 들었다. 삶의 질도 그렇거니와 하루 4시간 이상을 도로에서 쓰면 그 어떤 일에도 집중할 수 없을 것 같았다. 그래서 방을 얻었다. 보증금 얼마짜리였냐고? 사회초년생에게 무슨 돈이 있었겠는가? 부모님께 손을 벌릴 상황도 아니었다. 그래서 인천에 있는 한 달에 45만 원 하는 고시원에 들어갔다. 생각해보니 입사 계약서를 들고 은행을 찾아가 대출을 받았을 수도 있었겠지만 당시에는 그런 생각은 해보지 못했다. 머릿속에는 '어떻게 하면 빨리 실적을 올려서 정규직이 될 수 있을까'라는 생각으로 가득했다.

그렇게 나는 계속해서 세일즈에 집중하기 위해 담당 지역에 살 집을 구하는 것을 고집했다. 부모님과 동생이 서울에 있었지만, 월요일에 인천으로 출근해서 금요일 밤 서울 집으로 퇴근하는 생활을 6년 동안 지속했다. 2년 뒤에는 사정이 조금 나아져서 내가 모은 돈 2,000만 원과 부모님께 2,000만 원을 빌려 전세보증금 4,000만 원에 투룸을 얻을 수 있었다. 화장실 옆에 딱 붙어 있던 고시원에 비하면 얼마나 집이 으리으리하던지!

생각하는 것이 일뿐인데, 일이 안 될 리가 있는가? 미안하지만 지금 일이 잘 안 되고 있다면 그 이유는 당신이 절실하게 일에 매달리고 있지 않기 때문이다. 만약 하루 종일 어떻게 하면 일이 더 잘될까라는 생각만 하고, 그에 따라 행동한다면 당신의 일은 잘될 수밖에 없다. 우리가 어떤 특정 업무에 실패하는 이유는 중간에 포기하거나, 우리의 집중과 주의를 너무 쉽게 다른 곳으로 돌리기 때문이다.

그렇게 해서 나는 회사의 첫 연말 평가에서, 계약직으로 입사한 12명의 회사 동기 중 압도적인 1위의 세일즈 실적을 만들게 된다. 그 원인은 누구보다도 나의 절실함의 크기가 가장 컸기 때문이었다. 그걸 어떻게 아냐고? 동기들 중에서는 누가 봐도 내가 가장 열심히 일했으니까! 아무도 자기 담당 지역에 자기 돈을 주고 집을 구해서 살며 세일즈를 한 사람은 없었다. 그 사실 하나만으로도 나는 자신 있게 말할 수 있다. 12명 중 내가 가장 열심히 일했노라고!

인천에 있던 한 고객에 대한 또렷한 기억이 있다. 내가 그분을 10번째쯤 찾아갔을 때였을 것이다. 서로를 알게 된 지 두 달이 조금 넘었으니, 사실 제약업계에서는 실적이 나올 수가 없는 시기였다. 서로를 신뢰하게 되는 데 최소한 6개월은 걸리기 때문이다. 그런데 그날, 나는 제품 이야기를 하면서 무언가 씌었는지 평소보다 강하게 부탁했다.

"제가 사실 계약직인데요. 원장님, 꼭 정규직이 되고 싶어요. ○○○의 처방을 꼭 좀 부탁드리겠습니다."

그분은 나를 슬쩍 보시더니 "아, 그랬어? ○○○이란 말이지? 알겠어"라고 하셨고, 정확히 한 달 뒤에, 나는 입사 후 처음으로 그 누구의 도움 없이 오로지 내가 만든 세일즈 실적을 볼 수 있었다. 너무나 신기했다. 무엇이 고객의 마음을 움직였을까? 과거에 우리 회사의 제품을 자주 처방하던 고객이 아니었고, 절대로 마음이 약하거나 동정심이 강한 사람도 아니었다.

다만, 신입사원이고 자주 찾아와 밝게 이야기하던 나를 기특하게 보았던 것 같다. 그리고 무엇보다도 나는 확신한다. 내가 계약직이라고 이야기한 바로 그 순간, 고객은 정규직이 되고 싶었던 나의 절실함을 느낀 것이다. 그렇지 않으면 그 자리에서 바로 나를 도와줘야겠다는 생각이 들지 않았을 것이다. 그리고 당시 고객의 표정이 기억난다. 그분은 마음속으로 이렇게 말하고 있었다. "당신은 참 절실한 상황에 처해 있군요. 내가 도와줄게요."

나는 이날 절실함은 통한다는 사실을 처음으로 깨달았다. 그렇게 세일즈 실적을 받아 들고, 흰 종이에 적혀 있는 검은 숫자를 보았을 때의 쾌감이란! 그 누구의 덕을 본 것도 아니었다. 오롯이 나의 힘만으로 성과를 올린 숫자였다. 성인이 되어 사회에 나와 무언가를 처음으로 스스로 만들어본 경험을 기억하는가? 그 카타르시스는 결코 잊지 못할 경험이다.

어떠한 이유라도 좋다. 아픈 부모가 있을 수도 있고 사기를 당해서 큰 빚을 지고 있을 수도 있다. 이유는 각자 다르더라도 이 세일즈에 성공해야만 한다는 절실한 마음은 같을 것이다. 누구보다 절실한 마음으로 고객과 대화하고, 절실한 마음으로 내가 고객을 위해 무엇을 할 수 있는지 고민한다면 당신은 이미 세계 최고의 세일즈맨이다.

세상에서 가장 절실한 마음가짐을 갖고 마치 지금 내 눈앞의 고객이 나의 모든 희망이자 미래인 것처럼 지극한 마음으로 대할 줄 아는 것, 이것이 다섯 번째 세일즈 능력이다.

클로징을 못하면 당신이 원하는 것을 얻는 일은 결코 일어나지 않는다. 열심히 고객에게 쌓은 신뢰와 애정을 실적으로 보답받아야 하지 않겠는가. 결국 우리는 고객에게 결정을 내릴 것을 강력하게 요청해야 한다. 지금 당장 나의 제품을 선택해달라고, 결단을 내려달라고 말해야 한다. 클로징, 애스킹 등 무엇이라고 부르든지 고객의 즉각적인 행동의 변화를 이끌어내는 일에는 많은 에너지가 필요하다. 수많은 영업사원들이 마지막 한 단어를 내뱉지 못해 제자리걸음을 하고 있다. '절실함'이 없고, 클로징을 할 '결단'을 내리지 못하기 때문이다. 결단을 내려라. 고객을 위해 피와 땀을 흘려 노력해라. 그리고 나를 도와달라고 당당하게 요청하라.

내 분야에서 최고의 세일즈맨이 되어라
BE THE BEST SALESPERSON
IN YOUR FIELD

나를 지켜보아라. 만약 평생 단 한 가지만 이루려고
노력하는 사람이 있다면 그는 분명 성공할 것이다.
나 역시 한 가지만 바라고 있다.
그것은 대통령이 되어 국민들에게 도움이 되는 것이다.

— 호르스트 쾰러 Horst Köhler

당신이 바라는, 그리고 꼭 이루고 싶은 것은 무엇인가? 그림을 하나 그려주겠다.

12월 14일 저녁. 회사의 연례 행사 Annual Meeting 가 있는 날이다. 올해 장소는 인천 파라다이스시티 호텔의 연회장이다. 드레스코드는 레드이고, 연회장은 휘황찬란하다. 모든 직원들이 마치 연예인이 된 것처럼 멋을 냈다. 외국인 사장은 고급스러운 펭귄 턱시도를 입었고, 항상 끼가 넘치는 재무팀 리더 Finance Director 조슈아는 어디선가 새빨간 정장을 구해서 입고 너스레를 떨고 있다. 청룡영화제에서나 볼 법한 화려한 드레스를 입은 여직원들도 보인다. 더 이상의 자기 치장에 관심이 없는 남자 팀장들을 제외하고는 모두 놀랄 정도로 최선을 다한 것 같다. 포토존에서는 셀카와 인스타그램의 향연이 펼쳐진다. 회사의 전체 구성원 중 51%가 여성인 회사

답게, 연말 행사는 매년 더욱 화려하고 다채로워진다. 칵테일과 핑거푸드를 먹은 뒤, 시간을 보내기 위한 유치한 게임을 하며 즐거운 시간을 보내고 6시가 되었다. 연례 행사의 꽃인 연회 Banquet 가 시작된다. 사장 Managing Director 이 서투른 한국말로 "아녕하쎄요"로 시작해 "캄사합니다"로 끝나는 오프닝을 한다. 각 부서장들 Business Unit Director 은 무대 위로 올라와 지난 한 해의 성과를 발표한다. 1년 동안 이루어진 직원들의 노력은, 숫자와 그래프, 이미지, 동영상이나 때로는 기괴한 도식으로 표현되는데, 이때만큼은 모두 스스로를 잠시 잊고 회사의 일원으로서 서로의 노고에 진심으로 박수를 보낸다.

자 이제 기다리던 수상 Award 이 이루어질 시간이다. 모든 상이 그렇듯이, 작은 상부터 수여한다. 3등상, 2등상이 주어진 다음 대망의 '올해의 영업사원상'이다. 올해는 누구일까? 두두두두둥~ "다니엘 킴!"이렇게 이름이 불리고, 최고의 실적을 만들어낸 영업사원은 단상에 올라가 미국인 사장과 악수를 하고 사진을 찍는다. 이 상은 훌륭한 양분이 되어 인생에 자신감을 심어줄 것이고, 이후 어떤 자리에서도 자신의 가치를 부각시키는 데 이용할 수 있을 것이다.

생생하게 상상이 되었는가? 부럽다는 느낌이 드는가? 내가 내 이름을 외칠 때 당신도 당신의 이름을 외쳤는가? 훌륭하다. 절대로 남의 일이라고 생각해서는 안 된다. 당신도 할 수 있기 때문이다. 세계에서 제일 가는 성공학 코치 중 한 명으로 한 시간 강연료가 3억 원에 달한다는 브라이언 트레이시 Brian Tracy 는 입버릇처럼 말한다.

"그 누구도 당신보다 똑똑하지 않고, 그 누구도 당신보다 낫지 않습니다 Nobody is smarter than you, Nobody is better than you ."

앞에서 그려본 무대는 올해 당신의 것이 될 수도 있다. 누구나 슈퍼스타가 되길 원한다. 그저 그렇게 평범하고 조용히 살고 싶은가? 그랬다면이 책을 펴지도 않았을 것이다! 대부분의 사람들이 결코 목표를 이루지못하는 이유는 그들은 목표를 정의하지 않거나, 단 한 번도 진지하게 그목표가 이룰 수 있는 것이라고 생각해보지 않았기 때문이다. '저 무대는나의 무대다', '올해의 영업사원상은 그 누구도 아닌 나의 것이다', '남들과는 비교되지 않는 최고의 영업사원이 될 것이다', 이렇게 스스로 할 수 있다는 확신에서부터 시작해야 한다. 너무나 많은 사람이 "나는 세일즈를못해. 나는 뛰어난 영업사원이 아니야. 내가 저렇게 상을 받는 것은 불가능해. 세일즈를 잘하는 사람들은 나와는 달라"라고 말하며 스스로의 날개를 꺾어버린다. 이런 생각은 지금 당장 쓰레기통에 던져버려라. 그 누구나 자신의 분야에서 최고의 성과를 거둘 수 있다.

뇌성마비 영업사원 빌 포터 Bill Porter 의 이야기를 꺼내지 않더라도, 재능과 환경을 뛰어넘은 영업사원들의 사례는 수없이 많다. 당신이 '아직' 그일부가 되지 않은 이유는 당신이 '아직' 그렇게 되기로 마음먹지 않았기때문이다.

그렇다면 세일즈에 과연 '재능'이라는 것이 존재할까? 분명히 세일즈에도움이 되는 재능은 일부 존재한다. 어렸을 때부터 남들보다 좋은 환경에서 자란 사람들은 사람을 대하는 데 자신감을 갖고 있고, 리더십과 포용력, 그리고 친근함으로 처음부터 세일즈에 두각을 나타내는 경우가 있다.IQ나 머리가 좋은 것도 세일즈에는 유리하다. 남들이 생각하지 못한 방법을 떠올리기 때문이다.

하지만 이런 사례들은 극히 일부일 뿐이다. 재능이 있더라도, 그만큼의 노력이 따라오지 않으면 결코 압도적인 실적을 만들 수 없다. 세계 최고의 세일즈맨을 만드는 것은 재능이 아닌 훈련이다. 결국 타고난 영업사원이 란 없다. 아무리 다양한 재능을 보여도, 근성과 목표의식이 없는 영업사원 들은 중간에 나가떨어지거나 그저 그렇게 시간만 보내는 사람이 되고 만 다. 자신이 최고의 영업사원이 되겠다는 마음을 먹고, 그 방향을 향해 일 관성 있는 선택을 한 사람만이 최고가 되어 무대 위를 차지하게 된다.

'나는 세일즈에는 소질이 없어', '나는 세일즈에는 재능이 없는 것 같아' 라고 생각할 수도 있다. 정말 그럴 수도 있다. 아마 당신이 맞을 것이다. 당신을 누구보다 잘 아는 것은 당신이 아닌가! 하지만 재능이 없더라도, 지금 당장 가능성이 없어 보이더라도 당신이 진정으로 노력한다면 세계 최고의 세일즈맨이 될 수 있다. 우리는 모두 '무한한 가능성'을 가지고 있 기 때문이다. 그 무엇이든 당신은 '아직' 되지 못했을 뿐이다.

특히 세일즈는 더욱 그렇다. 세일즈를 통해 성공의 아이콘이 된 사람들 은 대부분 MBA학위를 받은 최상의 교육을 받은 사람들이 아니었다. 고 등학교 졸업 이력 하나만으로 수십억 원의 자산을 만들어낸 케이스가 비 일비재한 분야가 세일즈다. 그렇기에 교육의 기회가 충분하지 않았다는 이유로 시작점이 다르다는 관점을 갖고 세일즈를 지레 포기하는 것은 매 우 어리석은 행동이다.

세일즈에는 정답이 없다. 당신만의 세일즈가 있을 뿐이다. 재능이 없고, 소질이 없더라도 당신만의 방식으로 고객의 마음을 얻으면 그 또한 새로 운 세일즈의 기회가 될 수 있다. 기존에 존재하던 방식에 얽매일 필요는 없다. 나는 고객들에게 매주 월요일 아침 지난 한 주의 중요한 의학 뉴스를 정리해서 카카오톡으로 보내는 기행을 시도하기도 했다. 이는 제약 세일즈의 역사에 존재하지 않던 방법론이었다. 세일즈는 수학이 아니다. 공식 따위는 없다. 사람 사이에 생기는 일이다. 그만큼 오묘하고 신비스럽다. 당신이 부족하다고 생각할 이유가 전혀 없다. 가장 말을 못하고 가장 자신감 없어 보이는 조용한 사람이 해당 지역의 1등의 실적을 가진 영업사원인 경우는 수도 없이 많다. 우리는 각자에게 최고의 세일즈 방식을 찾기만 하면 된다.

세일즈를 하는 사람들이 가장 많이 듣는 말이 무엇인지 아는가? "세일즈를 하신다면 술 잘 드시겠네요"다. 세일즈는 곧 접대라는 과거의 패러다임이 아직 만연하고, 이것이 세일즈에 대한 사회적인 인식이다. 하지만 내가 만약 술을 전혀 먹지 않고도 압도적인 실적을 내는 수많은 세일즈맨들이 있다고 한다면 믿겠는가?

한 제약회사의 영업사원이 있었다. 그리고 고객으로부터 그의 이야기를 들을 수 있었다. 그의 세일즈 전략은 솔직했다. 처음 의사를 만나면 명함 대신 자신의 이력서와 자기소개서를 전했다. 이력서에는 학력, 가족사항 등이 빼곡히 들어가 있고, 자기소개서에는 어떻게 정직한 세일즈를 할 것인지를 써넣었다. 그리고 고객에게 "모든 것을 숨김없이 보여드리고 싶습니다. 저에게는 거짓도 과장도 없습니다. 오로지 진심뿐입니다"라고 말했다. 또한 그는 자기 제품이 최고라고 말하지 않았고, 질환에 따른 타사 제품의 리스트까지 함께 정리해서 알려주었다.

그는 종교관으로 인해 술을 마시지 않는 신학대 출신의 영업사원이었다. 하지만 일을 저렇게 솔직하게 하는데 접대 자리가 대수일까? 그는 승승장구했다. 지금은 더욱 큰 제약회사로 옮겨 팀장이 되었다고 들었다. 제약 **세일즈**에서 성공하려면 술을 잘 마셔야 한다는 문장은 거짓이자 도시 전설이다. 술 한 방울 마시지 않아도 최고의 세일즈맨이 될 수 있다

영업사원들이 고객과 술을 먹는 이유가 무엇일까? 술이 좋아서? 고객이 술을 좋아해서? 그럴 수도 있겠지만 술자리를 통해 진솔한 이야기를 해 고객의 신뢰와 애정을 얻는 것에 그 목적이 있다. 술은 관계의 윤활유와 같아서 긴장을 풀어주고 동지애를 만들어준다. 그 안에서 피어나는 인간적인 대화는 금상첨화다. 또 처음 어색하던 사이도 술 한 잔이면 금방 형, 누나, 언니, 동생 사이로 발전하는 것이 또 대한민국의 문화 아니겠는가.

하지만 당신이 다른 방식으로, 술자리를 통하지 않고서도 고객의 신뢰와 애정을 얻을 수 있다면 감히 누가 당신에게 술을 먹으라고 하겠는가! 술을 잘 마시지 못하는 그대여 절대 세일즈를 두려워하지 말라. 술을 안 먹고도 세일즈를 잘할 수 있고, 세일즈로 1등을 할 수 있다.

사실 나는 천성적으로 고객과의 술자리를 즐기고 술도 즐기기에, 내가 그런 사례라고 말하지는 않겠다. 하지만 우리 회사의 인천 팀에는 술을 먹지 않고 1등을 하는 선배가 있었다. 그는 술자리를 먼저 제안하지 못하는 자신의 단점을 훨씬 뛰어넘는, 다양한 세일즈 전략을 스스로의 연구와 노력으로 만들어냈다. 그리고 고객들은 자기 병원의 부흥을 위해 노력하는 그의 진가를 알아주었고, 그 선배는 계속해서 팀에서 탁월한 실적을 보여주고 있다. 술자리를 통해서 영업을 하는 영업사원들은 잦은 음주로 인한 고혈압, 고지혈증 등 건강 문제가 시간이 지남에 따라 생기는데, 이 선배는 그러한 문제로부터 역시 자유로웠다.

세일즈, 누구나 잘할 수 있다. 느낌이 오는가? 세일즈에는 재능도, 천성도, 말술(?)도 없다. 오로지 고객을 위한 마음과 노력만이 있을 뿐이다. 다 똑같은 스타트 라인에서 시작한다. 앞서 달려가는 마음가짐을 가지자. 잘할 수 있다고 생각하는 사람만이 잘하게 된다. 이제 나를 따라 외쳐라.

"세일즈, 누구나 잘할 수 있다! 세일즈, 나도 잘할 수 있다!"

2장

세일즈 능력은 우리 안에 존재한다
SALES CAPABILITY IS WITHIN US

누가 초경쟁 사회에서 살아남는가

WHO SURVIVES IN THIS
HYPER-COMPETITIVE SOCIETY

산을 움직이려 하는 이는 작은 돌을 들어내는 일로 시작한다.

– 공자 孔子

영업사원들에게 전설처럼 내려오는 말이 있다.

"고객은 모든 것을 알고 있다."

오랫동안 영업사원을 만나온 고객일수록, 시장은 물론 영업사원들의 생각을 꿰뚫어 보게 된다. 고객은 지금 이 영업사원이 진심으로 자기를 생각하며 말을 하고 있는지, 아니면 그냥 매뉴얼대로 회사에서 시키는 것을 어쩔 수 없이 내뱉고 있는지 모두 알고 있다. 꼭 세일즈가 아니더라도, 우리도 일상에서 느낄 수 있지 않은가? 지금 내 눈 앞에 있는 사람이 나를 위해 말해주고 있는지, 아니면 나로부터 어떤 이득을 보려고 하는지 말이다. 그 차이를 느껴본 경험은 누구나 있을 것이다. 우리는 타인으로부터 이용당하지 않기 위해 그의 태도에서 진심을 느끼는 방법을 깨우쳐왔고, 냉철한 비즈니스 세계에서 성공을 거둔 사람일수록 그 '감'은 더욱 발달되어 왔다. 슬픈 사실이지만 그 방법을 잘 모르는 사람일수록 타인에게 이용당하기 쉬울 것이다.

그렇기에 당신이 고객에 대해 어떤 마음가짐을 가지고 있느냐가 중요하다. 고객과 시장은 그 모든 것을 다 꿰뚫어 보기 때문이다. 세계 최고의 부자들이 추구하는 것은 단기적으로 실적을 올려주는 고객이 아니라 이 어지러운 세상을 함께 살아가는 삶의 동반자인 사람들과의 장기적인 관계다. 물론 만남이 있으면 이별이 있을 것이다. 언젠가 지금 함께하는 고객과 헤어질 수도 있다. 하지만 어떤 마음가짐으로 고객을 만나느냐가 당신의 말과 행동을 바꾼다. '어쩌면 나중에 헤어지더라도, 내가 할 수 있는 한 이 고객과 최대한 오래 함께하고 싶다'라는 당신의 마음이 고객에게 보이지 않으리라고 생각하는가? 다시 한 번 말한다. 사람들, 즉 시장과 고객은 모든 것을 알고 있다!

질문을 하나 해보겠다.

"세일즈가 '누구에게' 하는 것인가, 아니면 '누구를 위해서' 하는 것인가?"

주위의 영업사원이 있다면 그 사람이 평소에 고객에 대해 어떤 식으로 말하는지 잘 살펴보라. 만약 그가 "아, 그 사람은 고객 세일즈가 잘 안 되네. 내가 작업을 들어간 지 꽤 되었는데 잘 넘어오지를 않아. 참 나쁜 사람이야"라고 고객에 대해 뒤에서 험담을 한다면, 그는 결코 세계 최고의 영업사원은 되지 못할 것이다.

고객을 위해 세일즈하는 것이 아니라, 고객을 세일즈해야 하는 대상으로 보기 때문이다. 나는 8년간 일하며 수많은 제약회사의 영업사원을 만

낳지만 이렇게 고객을 세일즈해야 하는 대상으로 보는 사람이 그 회사의 1등을 차지하거나 특정 병원에서 압도적인 실적을 만드는 것을 보지 못했다.

세계 최고의 부자들은 고객을 위해서 세일즈한다. 그리고 이것은 내가 인천에서 실적을 올릴 수 있었던 원동력이다. 나는 진정으로 고객을 위해서 하루하루를 사용했다. 나의 시간과 노력은 모두 '어떻게 하면 나와 나의 제품을 통해 고객의 비즈니스가 더 나아질 수 있을까? 어떻게 하면 내가 고객의 삶을 더 행복하고 즐겁게 만들 수 있을까?'에 집중되어 있었다. 이 질문에 대한 해답을 얻기 위해 아침 7시부터 저녁 10시까지 매달렸다.

동네 병원에서 정장을 입고 대기실에 앉아 있는 아저씨를 본 적 있는가? 나의 동료들이다. 제약회사에서 일하는 흔히 말하는 '약밥'을 먹고 있는 사람들이다. 제약회사 영업사원들은 정해진 담당 지역에서 스스로 스케줄을 정하고, 반복적으로 고객과 면담을 가진다. 일주일에 한 번부터 두세 달에 한 번까지 특정 고객을 얼마나 자주 만나는지는 전적으로 영업사원의 판단과 선택이다.

모두에게 주어진 환경은 동일하다. 하지만 영업사원 모두가 고객의 신뢰를 얻어낼까? 결코 아니다. 회사에서의 발령이 오랜 기간 없었기에 서로 7년을 만나고도 어색하고 형식적인 관계를 유지하는 사람이 있고, 7개월 만에 고객의 마음을 얻어서 누구보다 빠르게 세일즈 성장을 보여주는 사람이 있다. 나는 그 차이는 고객을 어떤 대상으로 바라보느냐는 관점이 결정한다는 사실을 발견할 수 있었다.

인천에는 이길여 여사가 만든 길병원이 있다. 나는 이길여 여사야말로

'고객을 위해서'라는 마음가짐이 어떤 결과를 만들어내는지에 대한 최고의 사례라고 생각한다. 이길여 여사의 저서 《간절히 꿈꾸고 뜨겁게 도전하라》에서 그녀의 이야기를 들어보자.

"어떤 사람들은 나를 가리켜 마케팅이나 경영에 뛰어난 사람이라고 말한다. 그러나 그건 나를 잘 몰라서 하는 말이다. 나는 마케팅 기법이나 경영 능력이 남달라서 이런 일을 한 게 아니다. 오직 환자들을 이해하고 사랑하는 마음을 가지고 정성을 다한 것뿐이다. 나는 마케팅이 뭔지 경영이 뭔지 잘 모른다. 내가 확실하게 아는 것은 병원은 의사가 아니라 환자를 위해 존재해야 한다는 사실이다."

사람들은 의사로서 입지전적인 업적을 만들어낸 그녀를 수완이 대단한 사람이라고 칭한다. 저렇게 대단한 사람은 뭔가 뒷배경이 있거나 원래 엄청난 부자였을 거라는 시샘어린 말들도 심심치 않게 한다. 하지만 내 생각은 다르다. 그리고 그녀의 책을 읽어보면 당신도 그렇게 생각하게 될 것이다.

그녀는 그저 "고객인 환자를 위하는 마음"으로 자신의 병원을 운영하고, 환자를 위하는 마음으로 계속해서 병원을 발전시켜나갔을 뿐이다. 그리고 그 안에는 엄청난 자기희생이 있었다. 맞선 볼 시간에 환자 한 명을 더 보겠다는 마음으로 결혼을 하지 않았고, 환자를 일으킬 때는 한 번이라도 더 환자의 상태를 직접 몸으로 느껴보기 위해 얼싸안아 일으켰다. 나는 의사이고, 환자를 위해 존재한다는 믿음으로 의료취약 지역 적자병원 설립 전문가가 되어 자신의 돈과 시간을 기꺼이 희생했다.

이러한 그녀의 마음가짐이 종합병원이 없던 인천에 길병원이라는 수

많은 사람들에게 삶과 건강을 되돌려준 커뮤니티를 탄생시킨 것이다. 생명을 살리게 된 환자뿐만 아니라 그녀가 만든 일자리로 인한 경제적 효과 역시 엄청나다. 나는 이런 사람들이 많아져야 대한민국이 더욱 발전할 수 있게 된다고 생각한다. 물론 그녀는 지금 상상도 하지 못한 부자일 것이다. 하지만 우리가 기억해야 할 것은 그녀가 진정으로 고객, 환자를 위했다는 점이다. 그녀는 결코 환자들을 세일즈, 즉 진료를 해야 할 대상으로만 바라보지 않았다. 고객을 위하는 마음으로 살아온 평생의 세월이 그녀를 역사에 기억될 위대한 의사로 만들었다.

그렇다면 어떻게 '고객을 위해서' 세일즈를 할 수 있을까? 그것은 바로 영업사원이 자신의 이익과는 무관한 일로 고객을 위해 무언가를 하는 데서 시작된다. 고객을 위해 당신이 할 수 있는 어떤 일이 있다. 이 일을 해도 내 실적은 오르지 않는다. 적어도 당장은 말이다. 그리고 이 일을 하는 데 어느 정도의 시간과 돈, 그리고 노력이 필요하다. 당신의 선택은 무엇인가? 실적도 안 올라가는데 돈과 시간과 노력이 든다니? "내가 해야 할 일이 아니네" 하고 지나갈 것인가?

고객이 영업사원에게 부탁을 해서 주어지는 일은 기본적으로 누구보다 탁월하게 수행해야 한다. 부탁의 크기에 따라 사회적 이슈 중 하나인 갑질에 들어갈 수도 있겠지만, 포화된 제약 시장에서 고객의 부탁을 받는 것은 마치 '고객으로부터 간택'되어진 것과 같다.

제약 시장에서 한 명의 고객을 만나는 영업사원은 최소 30명이 넘는다. 당신이 고객이라면 30명의 영업사원 중 누구에게 부탁할 것인가? 내가 진정으로 믿을 수 있고, 나에 대해 잘 알고 있는 편안한 마음을 주는 영업사원을 선택해서 부탁할 내용을 이야기하게 된다. 부탁은 신뢰의 표시이다. 즉 무언가를 부탁받았다는 것은, 고객이 나에게 준 신뢰와 애정에 보답할 수 있는 최고의 기회가 되는 것이다. 그렇기에 고객의 부탁이 나의 직접적인 이익과는 무관하더라도, 최상의 상태로 이루어지도록 노력해야 한다.

하지만 시대가 변하면서 영업사원에게 무언가를 부탁하는 고객의 숫자는 점점 줄어들고 있다. 갑질의 횡포에 대한 사회적 이슈가 제기됨에 따라, 제약회사 영업사원에게 자신의 뒤치다꺼리를 시키던 시대는 끝났다는 인식이 널리 퍼졌다. 권위주의에서 탈피한 깨어 있는 젊은 고객들의 등장 역시 영향이 있다. 그들은 제약회사 영업사원에게 개인적인 부탁을 결코 하지 않는다. 또한 지역의 커뮤니티가 다양해지며 소문에 민감해진 것도 있다. 그리고 결정적으로 김영란법, 경제적 이익 제공에 따른 지출보고서법 등 투명한 의료사회를 만들려는 정부의 노력에 따라 리베이트로 보일 수 있는 대가성 행위 자체에 민감해지게 되었다.

이렇듯 다양한 이유로 인해 고객은 영업사원에게 부탁을 하지 않게 되었고 고객을 위해서 무언가 할 수 있는 일을 찾는 것은 오로지 영업사원의 몫이 되어버렸다. 과거에는 고객을 찾아가서 "제가 도와드릴 일이 있을까요?"라고 물어보는 것이 거의 전부였다. 그러면 고객은 항상 무언가를 부탁했고 그걸 완수해내면 실적은 따라오는 시대였다.

하지만 이제는 달라졌다. 고객을 위해 영업사원은 스스로 역량을 키워야 하는 시대가 온 것이다. 한 제약회사의 세일즈 본부장은 김영란법이 통과될 당시 이렇게 말했다. "이제는 술과 접대, 지연, 학연으로 하는 세일즈는 끝났다. 고객이 신뢰할 수 있는 세일즈 역량이 있는 영업사원들의 세상이 올 것이다"라고. 맞는 말이다. 세일즈 역량! 자신에게 어떤 것이 필요한 지 모르는 고객을 위해 할 수 있는 일을 찾는 것! 그것이 바로 세일즈 능력이다.

고객을 위해서 일하다 보면 고객에게 이용만 당하고, 결국 버려질 것이라고 생각할 수도 있다. 하지만 인간 행동의 근본 동기를 이기심이라고 보는 철학은 짧은 생각이다. 모든 민족의 역사와 많은 영웅과 성자가 출현하는 것은 이기심 때문이 아니었다. 이길여 여사와 같이 진정으로 위대한 일들을 이룬 사람들은 '다른 사람들을 위해' 행동했고, 그랬기에 시대로부터 사랑받았다. 이타심을 가져야 좋은 일을 할 수 있다. 이타심을 가지는 영업사원만이 압도적인 실적을 만들 수 있다.

석가모니가 왕궁을 떠나고, 스파르타의 300명 용사가 용기를 잃지 않고, 슈바이처 박사가 아프리카의 랑바레네에 나환자촌을 만들고, 간디가 390km의 사티아그라하 소금평원을 행진하고, 김구 선생님이 김일성을 만나러 평양에 올라가고, 이 어느 하나도 이기심에서 나온 일이 아니었다.

이타심을 가져라. 고객에게 세일즈하지 말고 고객을 위해 세일즈하라. 로마의 한 시인은 "사람은 자기를 좋아하는 사람을 좋아한다"고 말했다. 고객을 좋아하라. 고객을 위해 살고, 고객을 위해 땀을 흘려라. 그 보상은 무엇보다도 값질 것이다.

스펙을 뛰어넘는 세일즈 능력의 힘

BEYOND YOUR EDUCATION AND BACKGROUND

무언가를 받는다는 것은, 주는 것 안에 있습니다.

— 성 프란치스코 Francesco d'Assisi

세일즈가 정말 아름다운 이유가 무엇일까? 그것은 세일즈가 공평하다는 데 있다. 세일즈는 마치 인생과 같다. 불평을 하기 시작하면 끝도 없지만, 기회를 찾아서 노력하면 얼마든지 더 멋진 결과를 만들 수 있다. 동의하는가? 동의해야만 한다. 그래야 당신의 인생을 바꿀 수 있다.

세일즈가 공정한 이유는 모두가 같은 출발선에서 시작하기 때문이다. 세일즈를 하는 데 있어 당신이 지금 갖고 있는 스펙은 전혀 중요하지 않다. 건강한 신체와 정신만 있다면 누구나 세일즈를 잘할 수 있다. 당신이 "듣도 보도 못한" 지방대 출신이어도 상관없다. 이름도 들어보지 못한 대학 출신의 영업사원도 수없이 올해의 영업사원상을 받아왔다는 사실이 세일즈의 역사에 생생히 쓰여 있다. 일단 세일즈를 시작하면 당신이 어느 대학을 나왔고, 어떤 스펙을 가지고 있느냐는 아무 상관이 없다. 그리고 아무도 신경 쓰지 않는다!

　제약업계는 어떨까? 어떤 대학을 나왔느냐가 세일즈 실적에 과연 관계가 있을까? 정답은 절대 아니다 Never 이다!

　미국계 제약회사의 특징 중 하나는 약사들이 많이 들어온다는 점이다. 약사들도 글로벌 제약회사에 대한 환상과 큰 기대를 가지고 들어오는 듯하다. 그럴 만도 하다. 그들이 교과서에서 배운 약제와 성분을 최초로 만든 회사가 유구한 역사를 가진 글로벌 제약회사들이기 때문이다. 교과서에 나온 회사에 대한 호기심이 분명히 있을 것이다.

　하지만 그들은 결코 세일즈에서 오래가지 못한다. 2년 이상 견디지 못하고 다들 다른 부서로 옮기거나 다른 회사의 비(非) 세일즈직으로 이직한다. 정확하게 왜 그런지는 알 수 없었다. 물론 개개인의 이유는 다를 것이다.

　하지만 약사라는 자격증이 있기에, 그들에게는 선택의 기회가 있어 보였다. 그들은 세일즈를 하다가 힘이 들거나, 영업사원을 무시하는 너무 벅찬 고객을 만나거나, 자신과 맞지 않는다는 생각이 들으면 약사 자격증을 이용해 다른 일자리를 구하거나 약국에서 일하는 것을 택했다. 돌아갈 곳이 있으면 마음이 느슨해지는 법이다. 아쉽게도 나는 아직 세일즈로 성공하는 약사는 보지 못했다. 물론 제약회사에서 성공한 커리어를 가진 약사들도 많지만, 세일즈에서 압도적인 실적을 보이는 케이스는 정말 드물다.

　나와 함께 우리 회사에서 세일즈 커리어를 시작했던 약사들은 모두 제 갈 길을 찾아 세일즈를 떠났다. 물론 그 친구들도 지금 각자의 자리에서 최선을 다하며 의료계의 발전을 위해 멋진 일을 하고 있으리라 믿는다. 다만 약사라는 스펙이 세일즈에 큰 도움이 되지 않는다는 사실을 말하는 것이다.

좋은 대학교를 나온 친구들 역시 마찬가지다. 미국계 회사라는 그럴듯한 타이틀에 이끌려 들어온 동기들 중에는 명문대 출신도 있었다. 하지만 그들 역시 약사들과 비슷했다. '내가 이렇게 세일즈를 하려고 그 공부를 했나'라는 생각이 들었는지도 모른다. 그들이 어떠한 마음이었든 내 동기들은 물론 회사 전체적으로 보았을 때 학력과 세일즈 실적은 결코 비례하지 않았다. 오히려 학력이 낮을수록 생존을 위해 남들보다 더욱 분투하는 경우가 많았다.

그렇다고 해서 공부를 많이 한 친구들이 세일즈를 못한다는 것은 절대 아니다. 내가 말하고 싶은 것은 대학시절을 어떻게 보냈는지, 얼마나 높은 어학 점수와 다양한 자격증을 갖고 있는지에 대해 세일즈라는 녀석은 전혀 신경 쓰지 않는다는 점이다. 세일즈에 중요한 것은 스펙이 아닌 태도와 노력뿐이다.

학창 시절 공부를 하지 않아서 좋은 대학에 가지 못했다는 사실 때문에 주눅 들지 마라. 좋은 학점을 받지 못했다고 해 자신감을 잃지 마라. 세일즈에 스펙은 없다. 약사보다 훨씬 압도적인 실적을 만들고, "아, 저는 올해 110%로 마무리할 것 같네요. 그쪽은 요즘 어떠세요?"라는 표정으로 다리를 꼬고 앉을 수 있는 것이 세일즈다. 오로지 실적만이 당신의 명함이자 얼굴이다. 세일즈를 1년만 하면 영업사원들 사이에서는 저 사람이 어느 대학을 나오고 무슨 자격증이 있는지에 대해선 아무런 관심이 없어진다.

세일즈의 세계에서 모두의 관심사는 저 사람이 어떻게 일하느냐, 자신의 고객을 얼마나 잘 알고 있느냐, 고객이 저 사람을 얼마나 신뢰하느냐 즉 세일즈를 잘하느냐 하는 사실에만 관심이 있을 뿐이다. 스펙이 없어도 1등 영

업사원이 될 수 있다는 말에 이제 공감하겠는가? 당신이 어떤 스펙을 가지고 있던, 스스로 세일즈를 잘할 수 있다고 믿기를 바랄 뿐이다.

자, 우리는 지금까지 영업사원이 가져야 할 마음가짐에 대해 이야기했다. 이제는 '어떻게 How'를 이야기할 차례이다. 내가 이번 이야기에서 성 프란치스코의 말을 인용한 것은 이유가 있다. 어떻게 세일즈를 할 것인가의 첫 번째 원칙은 고객에게 '먼저 주는 것'이기 때문이다.

당신은 누군가에게 감동을 받아본 적이 있는가? 언제였는가? 어떤 일로 감동받았는가? 우리는 아쉽게도, 쉽게 감동받지 않는다. 그럴 일이 흔치 않기 때문이다. 일반적으로 가족이나 친구 그리고 배우자, 또는 남자친구나 여자친구 등 진정으로 나를 생각해주고 사랑해주는 사람들이 나에게 감동을 준다. 그 외의 사람들이 나에게 감동을 주는 것은 사실 흔하지 않은 일이다. 오랜 친구들에게서도 느끼기 힘든 감정이다. 만약 당신이 가족 외의 사람들로부터 감동을 받은 적이 있다면 당신은 정말 운이 좋은 것이다. 당신 주위에 참 좋은 사람들이 있다는 이야기이기 때문이다.

왜 내가 감동을 주는 것에 대해 이야기하는지 감이 오는가? 세계 최고의 세일즈맨들은 고객에게 '잊지 못할 감동'을 주는 사람들이기 때문이다. 그리고 감동을 주는 좋은 방법 중 하나는 오로지 그 사람만을 위한 특별한 선물이다.

최고의 영업사원이 되는 첫 번째 방법은 선물을 이용하는 것이다. 선물을 이용하지 못하면 고객에게 감동을 주기 힘들다. 우리가 사람의 마음을 어떻게 아는가? 그 사람이 자신의 마음을 표현해야 알지 않는가? 선물은 진솔한 마음의 표현이다. 영업사원이 표현해야 고객이 영업사원의 마음을 안다. 영업사원의 마음을 알아야 고객은 그에게 신뢰와 애정을 줄지 말지 알 것 아닌가? 좋아하는 사람에게 구애를 하는 것과 다르지 않다.

감동을 주는 선물의 원칙은 간단하다. 남들이 하지 않는 선물, 평생 기억에 남을 특별한 경험을 선물해야 한다는 것이다. 선물은 씨를 뿌리는 것과 같다. 아무것도 하지 않으면 아무것도 열리지 않지만, 씨를 뿌리면 언젠가 열매를 맺는다.

선물을 주는 행위는 우리가 생각하는 것보다 훨씬 강력하다. 당신이 CEO이든, 회사원이든, 카페에서 커피를 판매하는 사람이든 상관없다. 지위를 떠나 타인에 대한 진정한 관심과 배려, 그리고 감사가 담긴 선물은 결국 두 사람 사이에 진정한 관계를 이끌어내는 투자가 된다는 것을 알게 될 것이다. 특별한 선물이 만든 특별한 관계에 대한 재미있는 이야기가 있다.

《선물의 힘 Giftology》의 저자 짐 콜린스 Jim Collins 는 전설적인 경영자 캐머런 헤럴드 Cameron Herald 와의 친분 관계를 만들고 싶었다. 그는 한 강연 자리에서 캐머런을 만났고 그를 저녁식사와 농구 경기에 초대했다. 그러면서 짐은 캐머런이 의류 브랜드 브룩스 브라더스 Brooks Brothers 를 좋아한다는 사실을 알아냈다.

그들이 만나기로 한 날, 짐은 캐머런을 만나기 전, 가장 가까운 브룩스 브라더스 매장을 찾아갔다. 그는 단 한 번 만나본 남자를 위해 옷을 살 작정이었다. 잘하는 일일까 스스로 의구심이 들었지만, 짐은 그의 감을 믿기로 했다. 그는 브룩스 브라더스 매장에서 700만 원이 넘는 옷을 결제했다! 당신이라면 할 수 있겠는가? 700만 원을 돌려받으리라는 보장은 어디에도 없었다!

그리고 짐은 캐머런이 머무는 리츠 칼튼 호텔에 가서, 지배인의 도움을 받아 캐머런의 방을 마치 브룩스 브라더스 매장처럼 꾸며 놓았다. 수많은 강의와 비행으로 지친 캐머런을 위한 선물이었다. 캐머런은 비행기 연착으로 예상보다 두 시간이 지나서야 호텔에 도착했고, 방에 올라가 짐의 선물을 열어보게 된다. 그리고 로비에 내려와 짐에게 "당신이 하고 싶은 이야기가 있다면 무엇이든 하라. 다 들어주겠다"라고 말했다. 8년이 지난 지금, 캐머런은 짐의 훌륭한 비즈니스 파트너이자 멘토, 지지자, 그리고 친구가 되었다.

대단하면서도 과연 저렇게 할 배짱이 생길까 하는 생각이 드는 이야기지만, 이와 같은 규모의 선물이 아니어도 좋다. 우리가 반드시 이해해야 할 점은 선물의 임팩트가 중요하다는 것이다. 내가 세일즈를 하며 가장 먼저 조사했던 정보는 고객의 생일과 결혼기념일이었다. 나는 '내 마음'이 담긴 선물이 '고객의 마음'을 움직인다는 사실을 발견했고, 선물을 줄 수 있는 가장 좋은 타이밍은 생일과 결혼기념일이라고 생각했다. 그리고 그 날짜가 다가오면 고객에게 줄 선물을 고민하고 구입하는 데 많은 시간을 투자했다.

또한 나는 한 달에 한 명의 고객을 정해 개인적인 메시지를 담아 5만 원 상당의 것을 선물했다. 회사의 법인카드로 결제한 것이 아닌, 내가 직접 사비로 구입해 준비한 선물이었다. 마음 편하게 인센티브의 일부를 미리 투자한다고 생각했다. 한 달에 5만 원은 크다면 큰 돈이지만 친구들과 술 한 번 먹지 않으면 아낄 수 있는 돈이 아닌가?

선물의 종류는 최대한 사람마다 다르게 정했다. 고객이 관심 있는 것, 좋아하는 것, 가족들이 필요한 것, 병원에서 필요한 것 등 카테고리는 다양했다. 가장 중요한 점은 가게에서든, 온라인마켓에서든 선물을 찾으며 해당 고객을 떠올려야 한다는 점이었다. 고객의 얼굴을 생각하며 내가 알고 있는, 그리고 주위에서 수소문한 모든 정보를 통해 '무엇을 주면 이 고객이 가장 행복해할까'를 고민하며 선물을 구입했다. 크리스마스를 맞아 아주 우스꽝스럽게 생긴 엘프 인형을 사기도 하고 독실한 신앙을 가진 고객을 위해 고급 목재 십자가를 구입하기도 했다. 이렇게 개인화 Personalized 된 선물은 항상 큰 임팩트가 있었다. 당신도 해볼 것을 권한다. 한 달에 5만 원 이상의 가치가 있는 일이다. 내가 약속한다.

고객에게 선물할 때 반드시 기억해야 할 점은 선물에 절대 자기 회사의 로고를 새겨 넣지 말아야 한다는 사실이다. 그것은 선물의 가치를 떨어뜨리는 일이나 다름없다. 회사의 로고가 찍혀 있는 선물을 받는 고객들은 영업사원에게 전혀 고맙지 않다. 왜냐고? 보아하니 회사에서 나온 것을 그대로 전달해주는 것 같은데 고마울 게 무엇인가? 그저 당신은 당신의 일을 하고 있을 뿐인데? 그런 선물에 '나를 생각해준 마음'은 없다. 영업사원이 고객을 생각해서 특별히 하나 더 챙겨주었다고 해도 그 말을 믿을 수 있는가? 나 말고 다른 고객한테도 똑같은 말을 할 것 아닌가? 로고가 적혀 있는 것은 절대 선물이 아니다. 회사에서 판촉을 위해 나온 도구라면 자연스럽게 고객에게 전달하면 된다. 하지만 결코 그것을 고객을 위한 선물이라고 여겨서는 안 된다.

마지막 선물의 원칙은, 가장 최고급 제품을 살 수 있는 카테고리를 정하는 것이다. 예를 들어 요새 유행하는 10만 원짜리 패션 시계 선물을 고민하고 있는데 고객은 3,000만 원 짜리 고급 시계를 차고 있다. 이게 무슨 바보 같은 짓인가! 차라리 백화점에 가서 고급스러운 머그컵을 선물하는 게 훨씬 나을 것이다. 아니면 최고급 마우스? 스피커? 키보드? 고객이 좋아하는 양장본의 책이라도 좋다. 카테고리를 바꾸면 작은 돈으로도 최고급의 제품을 살 수 있는 것들을 찾을 수 있다.

세일즈는 '투자'이다. 영업사원들 사이에서 오랫동안 전해져 내려오는 말이 있다.

"내 돈 쓰면서 세일즈하지 마라."

나는 이 말은 잘못되었다고 생각한다. 고객을 위해 자기 돈을 쓰기 싫어하는 영업사원이 잘되는 것을 단 한 번도 본 적이 없기 때문이다. 실적을 내지 못하는 영업사원들이 자기 돈을 쓰는 것이 아까워서 지어낸 말이라고 생각한다.

모든 투자가 그렇듯이 리스크^{Risk} 를 안지 않으면 이익^{Profit} 도 없다. 당신이 선물을 위해 쓰는 돈은 투자이다. 어떤 투자 상품에 돈을 쓰느냐는 전적으로 당신의 판단이다. 하지만 이것저것 투자를 해보아야 한다. 투자를 해보아야 이익이 나는 상품인지 판단을 할 수 있을 것 아닌가! 투자하지 않으면 돈을 벌지 못한다. 자기의 돈을 투자하지 않고, 침대 밑에 모아두기만 하면서 부자가 되는 사람은 21세기에 존재하지 않는다.

요즘 세상에서 금융을 모르면 바보가 되듯이, 세일즈에서는 선물을 하지 않으면 바보가 된다. 과감하게 투자하라. 해보고 안 되면 그에 대한 수업료를 치렀다고 생각하라. 절대적으로 확실한 사실은 해보지 않으면 성공도 없다는 것이다. 지금 당장 당신의 고객을 위한 선물을 사라. 당신의 힘으로 어떻게 하면 고객을 최고의 기분으로 만들지 고민해보라.

사람을 행복하게 만드는 방법
HOW TO MAKE PEOPLE HAPPY

행복은 나비다. 당신이 쫓아다니면 늘 잡을 수 없는 곳에 있지만,
조용히 앉아 있으면 당신에게 내려앉을지도 모른다.

— 너새니얼 호손 Nathaniel Hawthorne

매혹적인 입술을 가지고 싶다면 친절한 말을 하라.

사랑스런 눈을 가지고 싶다면 사람들의 선한 점을 보아라.

날씬한 몸매를 가지고 싶다면 그대의 음식을 배고픈 자와 나누어라.

예쁜 머릿결을 가지고 싶다면 하루에 한 번, 어린이가 그 손가락으로 그대의 머리카락을 쓰다듬게 하라.

아름다운 자세를 가지고 싶다면 결코 그대 혼자 걸어가는 것이 아님을 알도록 하라.

사람들이야말로 회복되어야 하고, 새로워져야 하며, 활기를 얻고, 깨우쳐지고, 구원받고 또 구원받아야 한다.

그 누구도 내버리지 말라. 이 사실을 기억하라, 도움의 손길이 필요할 때 그대는 그것을 그대의 손 끝에서 찾을 수 있으리라.

나이가 들어감에 따라 그대는 손이 두 개인 이유가 하나는 자신을 돕기 위해서, 하나는 다른 이를 돕기 위해서임을 알게 되리라.

샘 레벤슨 Sam Levenson 의 〈시간이 일러주는 아름다움의 비결 Time Tested Beauty Tips 〉이라는 제목의 시다. 배우 오드리 헵번 Audrey Hepburn 의 유언이라고 종종 이야기되는 이 시는, 실제로는 그녀가 굉장히 좋아했던 시 중 하나로 그녀가 숨을 거두기 1년 전 크리스마스 이브에 자식들에게 들려주었다고 한다.

시의 마지막 어구가 너무나 아름답다. "다른 사람을 돕기 위해 살아라." 나는 당신이 이런 마음으로 세일즈를 했으면 좋겠다. 내가 그렇게 해 세계 최고의 세일즈 성장을 만들어냈기 때문이다. 앞에서 난 고객에게 "먼저 주라"고 했다. 고객에게 내가 먼저 주면 고객도 반드시 나에게 준다. 그렇게 간단하다. 만약 고객이 주지 않으면 어떻게 하냐고? 놀랍게도 그런 일은 거의 생기지 않는다. 나를 믿고 인간의 역사를 믿고 인간의 본성을 믿어라. "내가 받는 만큼 상대방에게 주어라"라는 호혜의 원칙 Reciprocity Principle 은 신기할 정도로 우리의 본성에 각인되어 있다. 당신도 누군가로부터 무언가를 받으면, 그와 상응하는 크기의 무언가를 돌려주어야 한다는 생각이 들지 않는가?

그렇게 고객에게 선물을 주고, 회사에서 나오는 샘플을 주고, 고객에 삶에 도움이 되는 다양한 정보를 주었다. 이 과정 속에서 중요한 것이 있다. 절대 아무 생각 없이 주어서는 안 된다. 이 모든 것은 결국 고객을 '행복하게' 만들기 위해서라는 사실을 우리는 명심해야 한다. 행복한 고객만이 우리가 원하는 것을 기꺼이 제공하기 때문이다. 당신의 행동과 언어는 언제나 고객의 행복에 집중해 있어야 한다. 그렇지 않으면 항상 무언가 아쉬움이 생긴다. 심지어는 안 해주지만도 못한, 무언가를 해주고도 고객이 불만족하는 상황이 생길 수도 있다!

세계 최고의 부자들은 절대 아쉬움을 만들지 않는다. 세계 최고의 부자들은 주어진 환경에서 항상 '최상의 고객 만족과 행복'을 만들어낸다. 더할 나위 없이 행복한 고객들만이 기꺼이 자신이 가진 것을 담당자에게 보상해주었다. 나는 그것을 받아보았다. 그리고 지금 말한다. 당신도 할 수있다. 당신이 원하는 것을 가진 사람을 그 누구보다도 행복하게 만들어야한다.

세계 최고의 자동차 세일즈맨 조 지라드는 "사람과의 관계는 평균 250명 정도로 네트워크되어 있다. 즉, 한 사람의 호감을 얻는 것은 250명에게 호감을 얻는 것과 같다. 반대로 한 사람을 잃는 것은 250명을 잃는 것과같다"라는 250명의 법칙을 주장했다. 그렇게 그는 우리에게 단 한 명의고객의 중요성을 이야기했는데, 그가 실제로 잠재고객을 어떻게 대했는지에 대한 일화가 있다. 당시 조는 쉐보레 자동차의 영업사원이었다.

한 중년 부인이 반대편에 있는 포드 자동차 매장에서 나와 조의 쉐보레 매장에 들어왔다. 그녀는 흰색 포드 자동차를 사러 왔는데, 영업사원이 1시간 뒤에 다시 오라고 해서 잠시 둘러보러 왔다고 솔직히 이야기했다.

"어서오세요. 편하게 둘러보세요."

조가 미소를 지으며 말하자, 부인은 오늘이 자신의 생일이라면서, 자동차를 사서 자신에게 선물을 주려고 한다고 했다.

"부인, 생일 축하드립니다."

조는 축하의 말을 하고 자기 옆에 있던 직원에게 뭐라고 속삭였다. 그리고 부인을 안내해 매장에 있는 차들을 둘러보면서 이것저것 설명해주었다. 조금 뒤, 지라드가 귓속말을 했던 직원이 매장에 들어왔다. 그의 손에는 커다란 장미 꽃다발이 들려 있었다. 조는 꽃다발을 부인에게 건네며 다시 한 번 생일을 축하해주었다.

부인은 눈물까지 글썽이며 감격에 겨워 말했다.

"정말 고마워요. 오랫동안 누구한테 선물이라는 걸 받아본 적이 없었네요. 방금 전 들어갔던 포드 매장에서는 제가 자동차를 살 만한 사람으로 보이지 않았나 봐요. 차를 구경하려고 했더니 잠시 나가봐야 한다고 핑계를 대기에 어쩔 수 없이 여기서 기다리려고 했던 거예요. 원래 포드 자동차를 사려고 했지만, 지금 생각해보니 꼭 그럴 필요는 없겠네요."

부인은 조에게서 흰색 쉐보레 자동차를 구입했다.

꽃다발, 케이크, 상대의 눈을 바라보며 "생일 축하드려요"라는 말 한마디는 어찌 보면 정말 별 것 아닌 일이라고 볼 수도 있지만 중요한 점은 "당신의 생일을 내가 진심으로 축하해주고 싶습니다"라는 영업사원의 진정성이 고객에게 전달될 때, 마법 같은 일이 생겨난다.

생일은 그 누구에게나 가장 소중하고 사적인 날이다. 이날 하루만큼은 주위 사람들의 가장 많은 관심을 받고 싶고, 사랑받고 싶다. 연락이 오면 반갑고, 누구든 좋으니 나를 챙겨줬으면 좋겠다. 그렇기에 처음 만난 사람의 축하마저 사심 없이 받아들이게 된다. 여러 기업과 레스토랑 등에서 상품 판매에 생일 할인을 넣기 위해 노력하는 이유는 고객에게 남다르게 특별한 감정을 주고 싶기 때문이다.

이제 당신은 고객을 행복하게 만드는 방법의 첫 번째가 무엇인지 짐작이 될 것이다. 맞았다. 고객의 생일을 챙겨주라는 것이다. 영업사원은 반드시 중요한 고객의 생일을 챙겨야 한다. 그 이유는 우리가 할 수 있는 일 중, 고객이 감동받는 정도가 가장 크기 때문이다! 내 가족이 아닌 사람이 내 생일을 챙겨주다니! 내 자식들도 아무런 말없이 아침에 나가던데 말이야!

당신은 고객의 생일을 기록해야 한다. 고객이 아니더라도 당신의 비즈니스에 중요한 사람 역시 마찬가지다. 신뢰를 얻고 관계를 만드는 일은 상대방의 호감을 얻는 데서 시작된다는 것을 기억하라. 호감을 얻는 데는 진심을 담은 축하 인사와 함께 "생일 축하드립니다. 사랑하는 가족과 함께 드시며 즐거운 저녁 시간을 보내십시오"라는 쪽지가 적힌 달콤한 케이크만한 것이 없다.

내가 태어난 날은 이 세상, 이 우주에서 나에게 '가장 중요한 날'이다. 이날만큼은 사람들에게 사랑받고 싶고 나의 존재감을 마음껏 느끼고 싶은 것이 모든 인간의 바람이다. 저 사람과 최고의 관계를 만들고 싶다면서 그에게 가장 중요한 날을 그냥 넘어갈 것인가? 꼭 기억하라. 생일은 고객을 행복하게 만들면서 좋은 관계를 시작할 수 있는 최고의 기회다. 나역시 나의 실적을 많이 올려준 고마운 고객들 가운데 내가 생일을 챙기지 않은 사람은 없었다. 그리고 나는 항상 다른 영업사원과는 다르게 생일을 축하해드리려 노력했다. 이왕 하는 것, 파리바게트가 아닌 수제 과자점에서 맞춤 케이크를 주문했고, 노란 편지지에 감사와 축하의 마음을 담아 꼭 손 편지를 썼다. 대단하다고? 이 정도는 해야 한다. 고객을 행복하게 만드는 일은 절대 공짜가 아니다!

고객을 행복하게 만드는 방법 두 번째는 고객의 가족을 챙겨라는 것이다. 존 룰린은 부엌칼을 파는 회사의 영업사원이었다. 그는 어느 날, 자신에게서 칼 세트 3개를 주문한 한 변호사의 질문을 받았다.

"존, 자네가 하는 일을 더 도와주고 싶네. 혹시 내가 더 구입할 만한 제품이 있을까?"

그의 넉넉한 아량에 놀라며 존은 그에게 고객의 이름을 새긴 주머니칼을 하나씩 선물하는 것이 어떻겠냐고 말했다. 그의 고객들은 대부분 건장한 블루칼라 종사자들이기에 주머니칼을 좋아할 것이라는 생각이었다. 하지만 폴의 생각은 달랐다.

"아니야 존. 주머니칼 말고 과도를 선물하고 싶네. 과도에 이름을 새겨줄 수 있겠나?"

존이 그 이유를 묻자 변호사가 말했다.

"내 고객들은 전부 결혼한 사람들이네 존. 고객 자신도 중요하지만, 고객의 가족을 챙기는 것이 더 중요하다는 걸 난 깨달았다네."

고객의 가족을 행복하게 만드는 일이 바로 고객을 행복하게 만드는 일이다. 행복한 가족은 행복한 가장을 만든다. 가족이 행복해야 고객도 행복하다. 고객에게 빵을 몇 조각 사가더라도 이렇게 말해보자. 내가 항상 애용하는 멘트이기도 하다.

"사모님과 자녀분들이 좋아하실 것 같아 사왔습니다. 전에 아드님이 여기 마늘빵을 좋아한다고 하신 것이 생각나서요. 선생님께서 사왔다고 말하시고 저녁에 슬쩍 식탁에 올려두시죠."

"허허, 이 친구 센스가 있구먼"이라고 말하며 밝아지는 고객의 얼굴, 그리고 함께 올라가는 당신의 세일즈 실적을 그려볼 수 있을 것이다.

고객을 행복하게 만들어라. 어떻게 하는지 잘 모르겠다면 고객의 가족을 떠올리는 일부터 시작하라. 누구에게나 부모님이 있고 자녀가 있고 배우자가 있다. 그들을 위해 내가 할 수 있는 일이 무엇이 있을까 단 5분만 앉아서 고민하고 실제로 행동을 취하는 것이 그 시작이다. 나이 많은 노모를 모시는 고객이라면 엄청난 기회이다. 나는 고객의 아버지가 건강이 좋지 않으시다는 이야기를 듣고 쾌차를 기원하는 행운목과 함께 홍삼 한 팩을 선물해드렸더니 바로 그 병원의 세일즈가 2배로 뛰었던 적이 있다.

고객의 가족사항을 체크하고 고객이 중요하게 생각하는 날이 언제인지를 파악하라. 내 고객에게 중요한 것은 나에게도 중요하다는 생각으로 하나씩 준비하면 된다. 그 누구에게도 느껴보지 못한 고마움을 느끼게 만들어라. 영업사원에게 감동받은 고객이 어떻게 보답을 하는지 알게 되는 날, 당신은 세계 최고의 부자로 올라가는 코스에 안착할 수 있을 것이다.

"너무 비싼데요"의 장벽을 뛰어넘어라

OVERCOME THE "PRICE" BARRIER

> 건달 같은 사람들이 언제나 사랑스러운 여자와 함께 있는 것은
> 그들이 여성에게 거절당하더라도 전혀 마음에 두지 않고
> 거듭 되풀이해 닥치는 대로 말을 걸기 때문이다.
>
> — 재클린 앤드루스 Jacqueline Andrews

"좋은 것은 다 알겠는데, 너무 비싸네요."

"가격 문제로 사용하는 데 어려움이 있네요. 가격을 조정할 계획은 없나요?"

나에게 주어진 시련이었다. 다들 약제 가격이 경쟁제품에 비해 비싸다고 했다. 가격 때문에 내 담당 제품을 처방하기 어렵다고 했다. 환자들이 싫어한다고 했다. 전문의약품의 가격이 높을 경우 환자 부담금이 늘어나게 되고 고혈압, 고지혈증, 당뇨와 같이 평생 먹어야 하는 만성질환 약제의 경우 한 달 약값이 얼마 나오는지에 대해 환자들이 민감해질 수밖에 없는 구조이다. 약제의 가격은 내가 정한 것이 아니고 내가 어떻게 요령을 부릴 수 있는 방법도 없었다. '왜 이렇게 처음부터 비싸게 책정한 거지?' 하며 회사를 원망한 적도 있었다.

내가 담당하던 고지혈증 약제는 국내에서 가장 비싼 약이었다. 고지혈증 약제 스타틴 Statin 은 이상지질혈증 및 고지혈증에 광범위하게 사용되는 약물로서, 심혈관계 이상 증상과 사망률을 유의하게 낮추는 것으로 알려져 있다. 즉 콜레스테롤이 높아서 심근경색이나 뇌경색 등 심혈관질환 위험이 높은 사람들이 복용하는 약제라고 생각하면 된다. 사실 스타틴의 효과는 심혈관계 질환이 없는 위험군 환자에서의 예방적 치료에서도 입증되어서, 일반인도 꼭 먹는 것이 좋다거나 모든 국민이 마시는 물에 조금씩 타야 한다는(?) 흥미로운 주장을 하는 사람도 있는 약제이다.

스타틴이라는 약제 안에는 다양한 성분이 있고, 각각의 제약회사들이 성분마다 다른 제품을 판매하고 있다. 내가 다니던 외국계 제약회사의 스타틴이 가장 비싼 이유는 간단했다. 오랜 역사를 가진 글로벌 회사의 약제답게 가장 많은 임상 자료를 가지고 있었기 때문이다. 임상 자료란 제약회사와 의료진이 협력해 약제의 효과와 부작용에 대해 실험한 기록이다. 신약 출시를 위한 임상 진행에는 천문학적인 돈과 시간이 들기에 규모가 큰 회사가 아니라면 쉽게 신약 개발을 시도하기 어렵다. 모든 전문의 약품은 임상을 통해서 인체에 대한 효과와 안전성을 입증해야만 하고 정부 기관에서는 약제의 임상을 확인한 뒤 "이 약은 안전한 약이니 안심하고 처방하십시오"라며 허가를 내주기 때문에 글로벌 제약회사들은 지금도 임상에 성공하기 위해 노력하고 있다.

그렇게 가장 많은 임상 자료가 있기 때문에 가격이 비싼 약제, 그것이 내가 담당하는 약제였다! 문제는 임상 자료가 많다고 해 효과가 더 좋은 것은 아니라는 점이다. 임상 자료가 상대적으로 적은 약제 역시 실제적인 효과는 유사할 수 있다. 오랜 기간 복용했을 때 장기적으로 인체에 미치는 영향이 미세하게 다를 수는 있더라도 통계적으로 유의미한 차이를 만들어내지 못하며 약제 자체의 효과에는 큰 차이가 없다. 게다가 물질 특허가 만료된 복제약 Generic 의 경우 생동성 실험을 통해 오리지날 약제와 효과가 동등함을 입증한 뒤 낮은 가격으로 출시된다.

게다가 제약 시장에서의 제품 판매에는 그만의 특수성이 존재한다. 생각해보자. 제약회사가 약제를 판매한다. 약제를 처방하는 것은 의사이다. 하지만 의사가 약제를 복용하는가? 아니다. 약제는 환자가 복용한다. 그리고 의사는 환자가 그 약을 복용하게 만들어야 한다. 의사는 환자에게 이게 어떤 약인지, 왜 이 약을 복용해야 하는지, 무슨 성분이고 무슨 효과와 부작용이 있는지 설명해야 한다. 자본주의 사회에서 모든 것에는 가격표가 붙어 있다. 인간의 생명을 위한 약제 역시 마찬가지다. 환자를 위한 약제는 무상 제공이 아니며 의사는 환자에게 약제를 판매해야 한다. 최종 단계에서 비용을 지불하고 약제를 복용하는 것은 환자이기 때문이다.

그렇다면 영업사원은 어떻게 해야 할까? 의사한테 가서 제품이 환자에 주는 이점에 대해 이야기해야 하는 것이다. 그래야 의사가 환자에게 "이 약을 드셔야 합니다"라고 설득하게 된다. 이것이 제약 세일즈의 '디테일 Detail '이라고 부르는 프로세스이다.

자 그럼 약제의 가격이 상대적으로 비싸다면 어떻게 될까? 저렴한 약제는 환자 부담이 적기에 환자의 저항 역시 적다. 약제의 필요성에 대해 이야기하면 대부분의 환자들이 군말 없이 약제를 처방받는다. 그리고 그 약에 대해 굳이 물어보지 않는다. 그런데 만약 환자의 처방전에 비싼 약제가 포함되어 약을 처방받는 데 평소보다 뭔가 금액이 비싸진 것 같다. 그러면 이제 환자는 의사에게 물어보게 된다.

"약이 비싸졌네요? 왜 그런거죠?"

이런 상황 자체가 의사에게는 번거로운 스트레스이다! 누구나 그렇듯이 의사도 아무런 문제 없이 조용하고 평화롭게 자기 일을 하고 싶어 한다. 약값이 비싸다며 따지거나, 심지어 약국에 갔다가 다시 올라오는 환자들로 인해 병원의 평화가 깨지는 것을 그 어떤 의사도 원치 않는다.

이것이 높은 가격의 약제를 담당하는 제약회사와 영업사원이 넘어야 할 높은 산이다. 그리고 당시 나에게는 정규직이 걸려 있는 문제이기도 했다. 계약직이었던 당시에 나는 오로지 이 제품 하나만 담당했기 때문이다.

제품의 가격으로 인한 수많은 좌절의 순간이 있었다. 열심히 관계를 만들었지만 도저히 환자들을 설득할 자신이 없다며 미안해하는 고객, 애초에 환자에게 이런 비싼 약제를 처방할 이유가 없다며 찾아오지 말라는 고객, 소수의 케이스를 처방해보았는데 약제 가격에 대해 컴플레인하는 환자가 늘어나서 다시 원래 처방하던 저렴한 약제로 돌아가겠다는 고객까지. 반응은 다양했으나 확실히 가격은 내가 넘어야 할 거대한 장벽이었다.

나는 약제의 가격으로 인한 환자의 저항보다 임상 자료와 영업사원과의 관계를 중요하게 생각하는 고객을 찾아야만 했다. 약제 가격이 비싸더라도 그만큼의 임상 자료가 있으니 그만큼의 가치가 있다고 믿는 의사들이 분명히 있을 것이라 생각했다. 그리고 인간관계와 그 안에서 오는 즐거움을 중요시하는 고객들은 자신이 인간적인 매력을 느끼는 영업사원을 위해 환자들을 설득하는 수고를 충분히 해주려고 할 것이었다. 그들을 찾아야만 했다.

시간이 걸렸다. 내가 담당하는 지역에서 이와 같은 성향을 가진 고객들을 찾아야만 실적을 올릴 수 있고 실적을 올려야 정규직이 될 수 있었다. 그리고 정말 다행히도, 나는 내 제품을 판매할 수 있는 고객을 찾을 수 있었다. 약제가 왜 이렇게 비싸냐고 불평하는 환자에게 "오랜 기간 다양한 임상 자료를 보유한 약제라서 그렇습니다. 글로벌 제약회사의 오리지널 약제입니다. 이 약제를 복용하시는 것이 환자분께 최선입니다"라고 기꺼이 말해주는 고객을 말이다. 하지만 그만큼의 노력 역시 필요했다. 고객이 환자를 설득할 수 있는 근거 자료를 만들어 가는 것 또한 나의 몫이었다. 나는 이 약제가 환자에게 비싼 만큼의 가치가 있음을 보여주는 자료를 만들기 시작했다. 많은 공부를 해야 했다. 게다가 나는 경영학과 전공으로 약물학이나 약동학, 생물학에 대한 지식이 전혀 없었다. 고객이 제품의 기전이나 특정 질환에 대해 나에게 물어보아도 대답할 수 있는 기본 지식이 부족했다. 그렇기에 누구보다 많은 시간을 들일 수밖에 없었다. 궁금한 점이 생기면 고객에게 묻고 선배에게 묻고 동료들에게 물어가며 퇴근 후 밤늦게까지 약제에 대해 연구하고 고객을 위한 자료를 제작했다.

그러고 나니 자연스레 제품에 대해 많이 알게 되었다. 당시 제품에 대한 디테일 자료의 준비만큼은 우리 회사의 영업사원 중에서 내가 최고였다고 자랑스럽게 이야기할 수 있다. 담당 Product Manager 과 가장 많이 통화한 사람도 나였을 것이다. 고객이 환자를 설득할 수 있도록 나는 최선을 다했다. 그리고 다행히도, 고객들은 나의 노력이 담긴 자료들을 잘 활용해주었다.

글로벌 세일즈 1위라는 타이틀에는 이러한 비하인드 스토리가 있었다. 오늘날의 사람들은 무턱대고 낮은 가격만을 바라지 않는다. 사람들은 각자의 경험을 통해 "가격이 저렴한 것에는 이유가 있다", "싼 게 비지떡이다"라는 말이 진실이란 것을 매우 잘 알고 있다. 가격이 지나치게 싸면 제품의 품질도 형편없으며 실제 사용하는 시점에는 이득보다 문제를 더 많이 일으킨다는 사실을 알고 있는 것이다.

중요한 것은 가격이 아니다. 그로부터 얻게 되는 가치를 말할 수 있다면 당신의 세일즈는 성공할 수 있다. 내가 고객에게 부탁한 것도 "이 제품이 비싼 이유는 임상 자료가 많기 때문이고, 그만큼 효과와 안전성의 가치가 상대적으로 크기 때문입니다. 환자분들에게 꼭 말해주세요"라는 사실의 전달이었다. 이는 사람들이 저렴한 복제약품보다 오랜 경험을 가진 오리지널 약품을 사는 이유, 공짜채널이 얼마든지 있는데도 한 달에 2만 원씩 더 내며 많은 채널을 보는 이유, 날이 하나 있는 천 원짜리 면도기를 사용하지 않는 이유와 동일하다. 사람들은 가격만큼 가치가 있다고 생각되면 돈을 낸다.

대신 고객들은 적절한 가격, 공정한 가격, 좋은 거래, 득이 되는 거래를 원한다. 가격이 실제로 비싸다고 생각하든 아니든, 사람들은 대부분 처음에 무조건 비싸다고 반응한다는 것을 기억해야 한다. 그렇게 말함으로써 더 싸게 살 수 있지 않을까라는 생각을 하기 때문이다.

세일즈 분야의 베스트셀러 《세일즈 클로징》의 저자 지그 지글러 Zig Ziglar 는 고객의 너무 비싸다는 말에 이렇게 대답했다.

"저도 그 말에 동의합니다. 고객님, 좋은 것은 싸지 않고 싼 것은 좋은 법은 없습니다. 저희 회사는 결정을 내렸습니다. 가급적 기능을 단순하게 설계해서 싸게 팔든지 아니면 최대한 많은 기능을 갖추어서 장기적으로 고객님의 비용을 대폭 낮추던지 이 두 선택 중, 저희는 후자를 선택했습니다. 저희 회사가 고객님께 최고의 상품을 만들겠다는 결정을 내렸을 때, 저희는 정말 고객님의 입장에서 무엇이 최선인지 찾아내려고 노력했습니다. 그렇기 때문에 이 제품을 권해드리는 것입니다. 비싼 것은 분명합니다. 하지만 품질이 주는 장기적인 혜택을 더하고, 싼 제품이 주는 실망은 빼십시오. 늘어나는 사용 기간만큼 비용을 나누시면 결론은 고객님에게 유리하게 나올 것입니다.”

"너무 비싼데요"라고 말하는 고객의 진심은 "이 제품을 내가 살 수 있게 만드는 이유와 명분을 주세요"라는 뜻이다. 당신의 제품이 다소 비싸다면, 비싼 이유가 있을 것이다. 비싼 것은 모두 이유가 있다. 우리 모두 알고 있지 않은가? 제품이 비싼 것은 만드는 원가가 비싸기 때문이다. 원가가 비싸다는 것은 제품을 만드는 데 더 많은 시간과 노력이 들어갔다는 것인데, 그러면 어떻게든 다른 제품보다 차별화된 장점이 생길 것이다.

"이 제품의 가격이 높은 이유는 ○○○입니다. 그렇기에 ○○○만큼의 가치가 있습니다. 그만큼의 가치를 지불하지 못하면 이 제품을 사용할 수 없습니다"라고 자신 있게 말하라. 모든 비즈니스맨의 가장 큰 숙제 중 하나인 가격의 장벽을 뛰어넘는 유일한 그리고 아주 간단한 멋진 방법이다.

거절은 더 나은 명분을 달라는 뜻이다
"NO" ACTUALLY MEANS
I NEED A BETTER JUSTIFICATION

당신은 규정을 깬 사람으로 기억되어야 한다.

— 더글라스 맥아더 Douglas MacArthur

　나쁜 소문은 빠르게 퍼진다. 공포 마케팅이라고도 한다. 특히 코로나 19와 같은 전대미문의 불확실성 속에서, 우리는 부정적인 소문을 많이 접하게 되었다. 경기 침체가 4~5년마다 한 번씩은 온다고 말하는 사람들이 있다. 특히 최근에는 우크라이나 전쟁과 금리 인상이 겹치면서 수많은 사람들이 서로 지지 않겠다는 듯 지금까지 오지 않았던 대규모 불황을 예상하고 있다. 실제로 미국 언론은 2012년에서 2019년까지 18번의 세계 경기 침체가 올 것이라고 예측했다. 미디어는 너도나도 "불황이 오고 있다"고 헤드라인을 장식했다. 시청률의 영향도 있었을 것이다. 공포심을 불러일으키는 심각한 이야기는 시청률을 높이기 때문이다. 당신도 뉴스채널을 언뜻 지나치다 정말 심각해 보이는 내용을 직감하고 채널을 멈춘 적이 있을 것이다. 하지만 해당 기간 동안 실제 경기 침체는 단 두 번 발생했다.

나쁜 소문은 빠르게 퍼진다는 법칙은 우리의 삶에서도 동일하게 적용된다. 어떤 사람이나 단체에 나쁜 이야기는 엄청나게 빨리 퍼진다. 가장 기발하고 기괴한 방법으로 법을 위배한 사람들에 대한 뉴스는 언제나 미디어를 통해 엄청난 이슈가 된다. 세일즈에서도 마찬가지다. 고객에 대한 나쁜 소문, 거래처에 대한 나쁜 소문은 너무나도 빠르고 쉽게 퍼진다. 그리고 그런 소문은 영업사원들의 도전 정신과 사기를 위축시킨다. 당신이 세일즈에 종사한다면 세일즈의 의지를 약화시키는 소문을 쉽게 들어보았을 것이다.

미국의 SMEI Sales & Marketing Executives International 라는 단체에서 실시한 연구에 따르면 영업사원들이 실패하는 가장 큰 이유는 "고객에 대해 미리 판단을 내려서 세일즈가 되지 않을 수도 있다는, 또는 심지어 세일즈가 절대로 되지 않을 것"이라고 단정 짓는 경향 때문이라고 한다. 즉, 고객에게 거절 당하기도 전에 영업사원이 스스로 이번 일은 어려울 것이라 생각하면서 면담을 들어갔기 때문이라는 것이다! 진짜 안 되는 게 아니고 안 될 거라고 생각해서 실패하는 영업사원이 대부분이라는 사실은 우리에게 많은 교훈을 남긴다.

제약 업계에도 비슷한 사례는 많다. 대한민국 어디에 가도 그런 병원이 있다. 절대로 세일즈를 할 수 없다는 병원. 이 병원이 쓰는 약제는 모두 정해져 있다. 정해진 약제는 정해진 제약회사에서 공급된다. 그 회사를 제외한 그 어떤 제약회사의 제품도, 영업사원도 비집고 틀어갈 틈이 없다고 알려져 있다. 내가 담당한 지역에도 그와 같은 병원이 있었다. 주위에서는 그 병원에서는 세일즈 실적을 올릴 수 없으니 존재하지 않는 병원이라고 생각하라고 했다. 전임자는 물론 돌아다니며 만난 경쟁사 영업사원들도 비슷한 의견을 보였다.

하지만 나는 호기심이 있었다. 내 자신을 증명해보이겠다는 호승심이나 '흥, 뭔데 다들 그러는 거야. 난 내가 하고 싶은 대로 할 거야'라는 반항심도 아니었다. 그저 인수인계 당시 고객의 인상이 좋았고 친해질 것 같다는 단순한 생각이 들었기 때문이다. 그래서 자연스레 몇 번 다 찾아가게 되었고 그분으로부터 시작된 관계를 통해 세일즈 증대의 기회를 찾기 시작했다. 물론 평판만큼이나 세일즈의 난이도는 최상급이었다. 내가 담당하는 약제를 병원에서 처방이 가능하게 만들기 위해 랜딩 Landing 또는 코딩 Coding 이라고 하는데, 총 12명의 이해관계자를 만나서 나의 케이스를 설득해야 했고, 그 개개인들에게도 지속적인 관심과 성의 표현을 해야만 했다. 일반적인 병원이 1~2명의 의사 결정자를 만나면 약제를 랜딩할 수 있는 것과 비교하면 너무나 큰 차이를 보였다. 12명의 병원 관계자들은 서로 다른 이유를 들어 나의 세일즈를 거절했다.

그들 모두에게서 한 번씩은 확실하게 "어렵겠다"는 말을 들었지만 갈 수 있는 길이 보이기 시작한 이상 멈출 수 없었다. 그러기에는 너무 많은 시간과 노력, 투자가 있었다. 이를 악물고 포기하지 않았다. 아침 일찍 병원에 도착해서 담당자들을 만나 커피를 마시고 관계자를 한 번이라도 더 만나기 위해 저녁 7시까지 병원에 남았다. 그렇게 6개월을 동분서주한 결과, 나는 이 '세일즈를 절대 만들 수 없는 병원'에서의 내 세일즈를 5배 이상 끌어올리는 데 성공하게 되었다. 지금 돌이켜보면 굉장히 순진한 인간적인 마음에서 시작해 모두가 안 된다고 말하는 병원을 되게 만들었던 것 같다. 확실한 것은 나는 세일즈에 있어서만큼은 내가 직접 부딪혀보고, 직접 고객을 만나보고, 직접 병원 안에서 뛰어다니기 전에 그 어떤 판단도 내리지 않았다. 고객에 대한 어떤 소문이 있더라도 참고할 객관적 정보만을 받아들이고 결코 맹신하지 않았다.

미국의 성공학자 나폴레온 힐 Napoleon Hill 은 이렇게 말했다.

"사람들이 인생에서 실패하는 가장 큰 이유는 친구, 가족, 이웃들의 말을 듣기 때문이다."

물론 나의 가족, 친구, 이웃들이 그렇게 말하는 데는 이유가 있다. 그들은 무엇보다도 나의 안전을 바란다. 그들은 내가 위험에 처하거나 실패해 무너지는 모습을 바라지 않는다. 하지만 도전으로 가득찬 세상에서 안전하기만 할 수 있는가? 세상은 공평하다. 안전만 추구하면 돈을 벌지 못한다. 안전만 추구하는 사람은 그 무엇도 이룰 수 없다.

나는 세일즈에도 비슷한 일들이 벌어진다고 생각한다. 더 이상 할 수 없는 것이 없어질 때까지 도전하지 않고, 짐짓 포기하는 영업사원들이 많다. 그리고 그 옆에는 어차피 안 될 것이라고 말하는 직장 동료, 상사, 다른 제약회사 영업사원들이 있다.

각기 다른 제약회사의 영업사원들은 일을 하며 종종 만나게 된다. 함께 담당하는 병원 대기실에서 마주치기도 하고, 고객의 경조사나 식사 등 행사가 생기면 함께 참석하기도 한다. 그러다가 대화가 잘 이어지면 서로 연락처를 교환하고, 점심도 먹고 커피도 한잔하는 친한 사이가 되기도 한다.

영업사원들이 삼삼오오 모여서 하는 대화는 거의 비슷하다. "어디 병원 원장님이 어떻다더라", "그 고객은 어디 회사 약만 쓴다더라", "그 병원은 매출 관리하기가 너무 힘들다", "그 고객은 영업사원에게 요구하는 것이 너무 많다" 등등. 주로 서로의 세일즈에 대한 부정적인 이야기다. 어쩔 수 없다. 사람은 자신이 겪는 어려움을 누구에게든 토로하고 싶고, 위로받고 싶어 하는 존재기 때문이다.

하지만 그런 이야기에 완전히 매몰되어서 '그래 어차피 뭘 해도 안 되는 거야. 그냥 회사에서 시키는 일이나 하고 6시 땡 하면 집에나 들어가서 치킨이나 시켜먹자'라는 생각에 빠져서는 안 된다. 그것은 스스로 만든 덫에 빠지는 일이다. 세상에는 우리가 상상하는 것 이상의 무궁무진한 기회가 있다는 걸 기억하자. 허나 그 기회를 이용할 줄 아는 것은 극소수의 영업사원뿐이다. 우리는 다른 사람보다 빠르게 손을 뻗어 기회를 잡아야 한다. 나중은 없을 것이다. 나중은 너무 늦을 것이다.

내가 만약 주위 영업사원들의 이야기만 듣고, '세일즈 불가 병원'을 방문하는 일을 그만두었더라면, 나는 세계 최고의 세일즈 성장을 만들어내지 못했을 것이고, 세일즈의 법칙을 발견하지도 못했을 것이다. 그렇다면 지금 이렇게 자신 있게 책을 쓰고 있지도 못했을 것이다!

살아가며 우리는 수많은 거절을 당할 것이다. 괜찮다. 거절당하는 것은 도전하는 자만이 가진 특권이다. 명심해야 할 사실은 거절은 명분일 뿐, 그대로 믿어서는 안 된다는 것이다.

넷플릭스의 창업자 마크 랜돌프는 저서 《절대 성공하지 못할 거야 That Will Never Work 》에서 다음과 같이 말했다.

"나는 그런 일을 자주 겪었다. DVD를 세 번 무료로 빌릴 수 있는 쿠폰을 제공하겠다고 했을 때, 전자제품 회사들은 모두 "고맙지만 거절할게요"라고 말했다. 넷플릭스가 걸어온 길을 되돌아보면 거듭거듭 거절당했다. 그리고 천천히 그들의 마음이 바뀌는 것을 지켜보았다. 아니면 그들이 틀렸다는 사실이 드러났다.

　나는 우리 구상이 훌륭하다는 사실을 알았다. 지금은 아니더라도 언젠 가는 이루어질 수 있다고 믿었다. 내가 배운 교훈은 이렇다. 꿈을 현실로 만들 때 우리가 휘두를 수 있는 매우 강력한 무기 중 하나는 황소고집처 럼 끈덕지게 밀고 나가는 일이다. 거절을 곧이곧대로 받아들이지 않는 사 람이 되는 것도 도움이 된다. 사업을 하다보면 거절이 사실은 완전한 거 절이 아닐 때도 있기 때문이다."

　세계적인 베스트셀러 작가들, 유명세가 높은 작가일수록 초창기 출판 사로부터 보통 사람들은 상상도 할 수 없는 많은 거절을 당했다. 당신도 들어보았으리라 생각되는 세기의 베스트셀러 《갈매기의 꿈》의 저자 리처 드 바크 Richard Bach 역시 그 책을 출간하기까지 무려 18군데의 출판사로부 터 거절을 당했다. 하지만 그가 포기하지 않은 덕에 갈매기의 꿈은 700만 부가 팔리며 수많은 사람들에게 영감을 줄 수 있었다.

　《해리 포터》의 작가 조앤 롤링 Joan K. Rowling 역시 마찬가지다. 그녀는 이 혼 후 영국으로 돌아와 에든버러에 한부모 가정으로 정착했는데 여기서 부터 고난이 시작되었다. 제대로 된 수입이 없어서 주당 생활 보조금 70 파운드(한화 약 10만 원)로 생계를 유지하며 가구의 대부분을 여동생에게 빌 려 집을 꾸렸다. 허름한 단칸방에서 딸에게 줄 분유가 부족해 맹물밖에 주지 못한 적도 있으며 자신도 굶는 일이 허다했다고 한다. 집 근처 카페 인 엘리펀트 하우스의 구석 자리에서 예전부터 생각해온 아이디어를 가 지고 《해리 포터와 마법사의 돌》을 쓰기 시작했다. 하지만 원고를 완성 한 뒤에도 출판사로부터 어린이들이 읽기에는 너무 길다는 이유로 거절당하고, 12번의 거절 끝에 13번째로 찾아간 소규모 출판사 블룸즈베리 Bloomsbury 에서 초판 500부를 출판하게 되었다. 그 이후는 당신도 잘 알 것이다. 해리포터 시리즈는 5억 부의 판매량을 올리며 "성경 다음으로 많이 읽힌 책", "세계에서 가장 많이 팔린 소설"이라는 타이틀을 차지하는 기염을 토하게 된다.

뼈아픈 거절은 사람을 강하게 만든다. KFC의 창업주 할랜드 샌더스 Harland David Sanders 는 세상에서 가장 맛있는 닭요리를 만들겠다는 꿈과 자신감에 가득 차 있었지만, 그의 요리를 인정해주는 사람은 아무도 없었다. 그는 3년간 미국 전역을 돌아다니며 1,008개의 식당에서 거절을 당했고, 1,009번째로 방문한 식당에서 샌더스에게 치킨 한 조각을 팔 때마다 로열티를 주기로 하며 KFC의 신화가 시작될 수 있었다.

전쟁에서 장군을 강하게 만드는 것은 승리가 아니라 패배라는 말이 맞다. 미국 독립 전쟁의 사령관이었던 조지 워싱턴 George Washington 은 영국과의 전투에서 패배한 적이 더 많았지만 미국은 최후에 승리를 거두며 독립할 수 있었다. 워털루 전투에서 수비적 전술의 극한을 보여준 아서 웰즐리 웰링턴 Arthur Wesley 공작의 군사적 천재성은 그가 가장 어려운 난관에 직면했을 때 완성되었다. 실패는 무엇을 해야 하는지뿐만 아니라 무엇을 하지 말아야 하는지를, 경험을 통해 인간을 가르친다.

대부분의 영업사원이 첫 만남 때 부정적인 반응을 보인 사람을 다시 찾아가는 것을 어려워하거나 포기한다. 그러나 고객의 입장에서 누군지도 모르는 사람이 갑자기 찾아와서 제품에 대한 이야기를 늘어놓고 결정을 요청하면 그 누구도 쉽게 결정을 내릴 수 없다. 통계에 의하면 영업사원이 신규고객을 1~2회 만난 뒤 스스로 포기해 버리는 경우가 전체의 80퍼센트가 넘고, 한 고객을 5회 이상 방문하는 확률은 2~3퍼센트에 지나지 않는다고 한다. 즉 대부분의 영업사원들이 한두 번 가보고 포기하는 반면, 고객은 네댓 번 만난 사람의 제품을 선택한다는 것이다. 이것이 말 그대로 한끗 차이가 아니고 무엇이란 말인가!

거절을 많이 당해 고통스럽다고? 힘이 나는 이야기를 해주겠다. 모든 성공한 사람들은 당신과 같은 과정을 겪었다. 지금의 나도 겪고 있고 전 세계의 수많은 사람들이 겪고 있다. 당신은 결코 혼자가 아니다! 함께 손을 잡고 거절의 산을 넘고 또 넘어야 한다. 열 번 찍어 아니 넘어가는 나무 없다고 했다. 아홉 번의 거절 끝에 수락이 나온다. 속담이나 우화가 아닌 완전한 현실이다. 고객의 거절은 당신에게 개인적인 모욕이 아니며 당신의 제품이나 서비스를 깎아내리려는 행위도 아니다. 그저 '더 나은 제안'을 해달라는 명분이다. 독일어로 "아니요"라는 뜻의 나인 Nein 은 "하나의 자극이 더 필요합니다 Noch Ein Impuls Notig "는 의미다. 고객이 영업사원에게 말하는 "아니요, 괜찮습니다"는 이와 동일하다. 그 말을 들은 당신은 포기하는 것이 아니라 오히려 이제부터 본격적으로 고객에게 매달리기 시작해야 한다.

당신이 직접 눈으로 보고, 귀로 듣고, 피부로 느끼지 못한 내용에 대한 판단을 내리지 마라. 《위대한 개츠비 The Great Gatsby 》에는 이런 문장이 있다.

"판단을 유보하는 것은 무한한 희망을 주는 일이다 Reserving judgments is a matter of infinite hope ."

거절은 완전한 거절이 아니다. 다른 사람이 "그 고객은 가망이 없다"고 하더라도 당신이 직접 가서 만나보고, 해볼 수 있는 것을 모두 해본 뒤에

'아, 정말 이 고객은 힘들겠다'는 생각이 들면 비로소 다른 고객으로 넘어가도 좋다. 세일즈의 세계에서 다른 사람의 이야기만 듣고 지레짐작 놓치는 고객이 얼마나 많을까. 나는 당신이 그런 영업사원이 되지 않았으면 좋겠다. 안 된다는 판단을 내리는 것은 당신이다. 다른 사람이 하지 못하게 하라. '카더라 통신'을 경계해라. 그래야만 모두가 불가능하다고 말하는 고객을 자랑스럽게 데려오는 영업사원이 될 수 있다.

절대 자신의 세일즈 능력을 과소평가하지 마라. 막상 가서 고객을 만나다 보면 과거에 보이지 않던 길이 생긴다. 이유가 무엇이든 사람들은 자신을 찾아오는 사람을 좋아한다. 찾아오는 사람은 어떻게든 도와주고 싶어 한다. 판단을 내리기 전에 직접 부딪혀봐라. 그 과정은 당신의 생각보다 훨씬 재미있을 것이다.

열심히 일하는데 성과가 나오지 않는 이유
WHY YOUR HARD WORK DOESN'T PAY OFF

위대한 일들을 이루기 전에 스스로에게 위대한 일들을 기대해야 한다.

– 마이클 조던 Michael Jordan

당신이 회사에서 부여받은 일을 누구보다 열심히 하고 있다고 생각하지만, 성과가 예상보다 부진하다면 그 이유는 반드시 다음 중 하나다.

1. 당신은 고객에 대해 더 많이 알려고 하지 않는다.
2. 당신은 고객을 만나러 가서 회사에서 시키는 일만 한다.
3. 당신의 주의는 고객과 세일즈가 아닌 다른 데 팔려 있다.

공감하는가? 공감하지 못하겠다면, 질문을 살짝 바꾸어보겠다.

1. 당신은 고객에 대해 더 이상 아는 것이 없을 때까지 알려고 노력하는가?

2. 당신은 고객을 만나러 가서 당신의 회사에서 시키지 않은 오로지 고객을 위한 일을 해본 적 있는가?
3. 당신은 하루종일 다른 일에는 전혀 신경 쓰지 않고 오로지 세일즈에만 몰두해본 적이 있는가? 머릿속에 99% 이상이 세일즈에만 집중했던 날이 있는가?

이 질문들에 대한 대답이 모두 '그렇다'일 때, 당신은 비로소 세계 최고의 압도적인 실적을 만들 준비가 된 것이다. 세 질문에 따른 세 개의 원칙을 하나씩 소개하겠다.

첫 번째 원칙은 고객의 모든 것을 알기 위해 노력해야 한다는 것이다. 세계 최고의 자동차 세일즈맨 조 지라드의 이야기를 조금 더 들어보자. 그의 정보 수집법은 정말 기가 막힌 것이었다. 조는 전화번호부를 들고, 듣기 좋은 아무 이름(미국의 전화번호부는 각 가정의 성 Last Name 으로 정렬되어 있다)에 전화한다. 그리고 상대방에게 대뜸 "주문하신 자동차가 도착해 전화드렸습니다"라고 말한다. 그러면 상대방은 당연히 자기들은 자동차를 주문한 적이 없다고 하지 않겠는가? 여기서 조의 기발함이 발휘된다. "아이고, 죄송합니다. 제가 전화를 잘못 걸었군요"라고 전화를 끊지 않고 다른 이야기를 늘어놓으며 자기소개도 하고, 전화를 건 가정에 대해 최대한 많은 정보를 묻는 것이다. 지금 당장 자동차 구입 예정이 없다면, 언제쯤 살 생각이 있는지, 지금 무슨 차를 타고 있는지, 무슨 일을 하는지, 자녀는 몇이나 되는지 등에 대해 물어본다. 그리고 조는 이름, 주소, 전화번호 그리고 전화로 들은 모든 내용을 메모해둔다. 조는 자신만의 카드 파일을 만들어 내용을 기입했는데, 이렇게 하루 5명 정도의 고객 정보를 수집하고, 자동차를 바꾸겠다고 말한 시기가 오면 다시 연락했다고 한다. 그날이 오면 조가 상대방이 말한 차를 살 기분이 되도록 전력을 다한 것은 두말할 나위도 없다.

정말 멋지지 않은가? 아무런 인연도 없던 낯선 사람을 자신의 고객으로 만든 것이다. 조는 이 방식을 시간 대비 가장 가성비가 좋은 세일즈 방법이었다고 말한다. 가벼운 전화 한통으로 세일즈에 필요한 정보를 얻어내는 그의 능력과 의지가 그를 기네스북에 오른 세계 최고의 자동차 세일즈맨으로 만든 것이었다.

어떤가? 당신은 조만큼 고객에 대해 알려고 노력하고 있는가? 나는 제약회사 영업사원으로 일하며 다양한 사람들과 함께 고객을 만났다. 하지만 그중 진정으로 현재보다 "고객에 대해 더 알려고" 노력하는 사람은 많지 않았다. 그들은 대부분 눈앞에 보이는 "회사에서 시킨 일(주로 별의미 없는 일들이다. 신제품에 대해 이야기하고 피드백을 들어오라는 등)을 완수해야 한다는 생각에 고객에겐 관심이 없고 내 할 말만 하고 고객의 대답을 기다린다.

물론 시스템의 문제도 있다. 제약회사의 무지막지한 목표 실적은 그들에게 그 어떤 것보다 실적을 빠르게 올릴 것을 강요하며 마음의 여유를 없앤다. 높게 설정되는 목표 때문에 영업사원이 힘들다는 것은 사실이다. 하지만 그 해답을 고객에서 찾아야 한다는 사실을 모르는 영업사원들이 너무나 많다는 것 또한 사실이다.

당신은 고객에 대해 말 그대로 '모든 것'을 알기 위해 노력해야 한다. 여기서 노력이라는 말을 가볍게 여기지 말아야 한다. 우리가 하는 세일즈 활동, 즉 당신의 하루에서 가장 많은 시간을 고객에 대한 정보 조사에 할애

해야 한다는 뜻이다.

도요타 자동차가 1990년대에 어떻게 미국 시장에서 해외 자동차 판매량 1위를 차지할 수 있었는지 아는가? 그들이 '미국인은 어떤 사람들인가?'라는 질문에 대해 그 어떤 자동차 회사보다 면밀하게 조사했기 때문이다.

말쑥하게 차려 입은 한 일본인이 미국을 방문했다. 하지만 그는 호텔에 투숙하지 않고 영어를 배우고 싶다며 어느 미국인 가정에서 민박을 했다. 그런데 이상하게도 그는 영어공부를 하면서도 미국인 가족의 일상을 매일같이 꼼꼼히 기록하는 것이었다. 무엇을 먹고, 어떤 TV 프로그램을 보고, 어디에서 장을 보고, 어떤 음악을 듣는지 등 아주 사소한 것들까지도 모두 메모했다. 그렇게 3개월을 보내고 일본인은 떠났다.

그로부터 얼마 후 도요타 자동차는 미국인의 가정에 맞게 설계된 캠핑카를 출시했다. 가격이 저렴한 것은 물론 미국인들의 생활 습관에 딱 맞게 만들어져 있었기에, 시장에서의 반응은 폭발적이었다. 도요타는 심지어 미국 남성들, 특히 젊은 층이 종이곽이 아닌 유리병에 담긴 음료를 좋아하는 것을 감안해 캠핑카 안에 냉장이 가능하고 유리병을 안전하게 담을 수 있는 수납장을 설계해놓기도 했다. 캠핑카를 미국에 수출하고 나서야, 도요타는 미국 가정에 대한 연구보고서를 발표하고, 당시 일본인이 지냈던 민박 가정에 미안함과 감사를 표했다.

세일즈는 이렇게 해야 한다. 도요타는 미국인이라는 너무나 거대한 범주를 고객으로 삼아 세일즈에 성공한 것이다. 고객에 대해 정말 눈곱 같은 정보라도 더 아는 것이 중요하다. 고객의 정보를 알아볼 사람을 조심스레 나열해보자. 고객 자신, 직장 동료, 고객을 위해 일하는 직원, 고객의 상사, 경쟁사 영업사원, 정말 드문 경우 고객의 가족 등 이렇게 다양한 정보원을 통해 우리는 고객에 대한 정보를 수집할 수 있다. 주어진 환경은 같다. 누가 더 많은 정보를 수집하느냐가 누가 더 많은 세일즈를 만들어 내느냐로 이어진다. 아는 것이 힘이다. 고객에 대해 하나라도 더 알기 위해, 당신은 어떤 노력을 하고 있는가?

두 번째 원칙은 회사에서 시키지 않은 일을 찾아서 하라는 것이다. 제약회사에서 '시키는 일' 중 하나는 제품에 대한 설명이다. 고객을 만나 짧게 제품에 대한 장점을 이야기하는 것, 업계에서는 '디테일'이라고 부른다. 그리고 제약회사에서 가장 자주하는 것이 디테일에 대한 교육이다. 영업사원들이 모여 앉아 마케팅팀에서 준비한 제품의 장점에 대한 프레젠테이션을 듣고 고객에게 어떻게 이야기하면 좋을지에 대해 연구하는 것이다. 흥미롭게 들리는가? 당신의 생각이 맞다. 짐작하겠지만 틀에 박힌 공부를 하는 것에 흥미나 재미를 느끼는 사람은 많지 않다.

그렇기에 대부분의 영업사원들이 제품 교육은 사실 하나 마나 한 것이라고 느끼는 것이 제약업계의 현실이다. 물론 제품과 디테일에 대한 어느 정도의 교육은 반드시 필요하다. 제품에 대해 많이 알수록 영업사원의 수준이 높아지게 되어, 고객과의 대화에서의 자신감을 갖고 말하기 때문이다. 또한 고객이 제품에 대해 질문했을 때 답변을 잘하지 못하면 해당 영업사원의 신뢰도에 대한 문제가 생길 수도 있다.

하지만 우리가 명심해야 할 점은, 제품과 디테일은 '기본'이라는 것이다. 기본만 해서는 그 어디서도 성공할 수 없다. 기본만 했을 때 칭찬받는 곳은 학교밖에 없다. 기본을 넘어서 고객에 대해 알려고 노력해야 한다. 그것도 그 누구보다 많이 알아야 그 고객에게서 누구보다 세일즈 실적을 빠르게 만들 수 있다. 그리고 회사에서는 제품이나 디테일 교육보다는 세일즈를 잘하는 법에 대해 대화를 나누고 교육해야 할 것이다.

기본을 넘을 수 있는 또 하나의 방법은 남들보다 더 많은 사람을 만나는 것이다. 영업사원이 해야 하는 매우 어려운 일 중 하나는 세일즈에 영향력을 끼치는 사람을 놓치지 않고 모두 만나는 것이다. 세계 최고의 세일즈맨들은 보이지 않는 권력자를 찾아 빠르게 움직인다. 특히 오늘날처럼 비즈니스 환경이 복잡해진 시대에서는 최종 의사결정자가 누구인지 파악하고 그 사람에게 세일즈하는 것이 매우 중요하다. 규모가 큰 기업일수록 다양한 의사결정자들이 있고 그들의 의견과 영향력 역시 다양하다. 제품을 사용하는 사람, 보관하는 사람, 유통하는 사람, 기안을 올리는 사람, 결재 도장을 찍는 사람 등 우리는 이 구조와 단계를 명확히 이해해야 하고 세일즈에 임해야 한다.

제약 시장에서 이러한 세일즈 환경은 대학병원 또는 대형 종합병원에서 주로 만들어진다. 회사에서 신약이 나왔다. 당뇨 환자들에게 큰 도움이 될 아주 효과가 좋은 약제이다. 자 그럼 이 약제를 처방하는 사람은 누구일까? 병원에서 근무하는 의사들일 것이다. 약제의 처방이 시작되기 위해서는(세일즈가 시작되기 위해서는) 가장 먼저 의사들의 동의를 얻어야 한다.

당뇨 환자를 가장 많이 진료하는 내분비내과 의사들의 동의를 얻었다. 다음은 약제과에 가야 한다. 약제과는 들어오는 약제를 관리하고 원내에 입원해 있는 환자들에게 약을 처방해주는 역할을 하는 곳이다. 제약회사 담당자에게 약제과는 반드시 체크해야 할 중요한 곳이다. 병원마다 다를 수 있겠지만 약제과장은 약제의 관리가 가장 큰 책임인 사람이기에 그에 관한 강력한 권한을 갖고 있고, 그의 재량에 따라 새로운 약제를 등록하거나 기존 약제를 삭제할 수도 있다. 약제과장은 반드시 우리 편으로 만들어야 한다. 업무가 많아 조금은 날카로운 약제과장과 면담했고, 겨우 포섭할 수 있었다. 다음은 구매과다. 병원에 들어가는 모든 물품과 약품의 구매는 구매과를 거쳐야 한다. 덩치 좋은 구매과장님을 만나서 같이 식사를 하고 동의를 얻어낸다. 자, 이제 대망의 병원장 또는 이사장님이다. 여기서 그린라이트를 얻어내야 내 약제가 병원에 들어가서 처방할 수 있게 되는 것이다. 이러한 일련의 과정을 제약회사에서는 '랜딩 또는 코딩'이라고 부른다. 코딩 이후에는 또 약국에 가서 약국장을 만나 약제를 사입시키는 과정이 남아 있다.

이러한 과정에서 우리는 의사, 약제과장, 구매과장, 병원장, 약국장을 만났다. 이는 가장 심플한 경우이며 병원에 따라 더 많은 사람들을 만나야 하는 경우도 있다. **만약 이 과정에서 당신이 중요한 영향력을 끼치는 단 하나의 사람을 놓친다면, 당신은 1년에 한 번 있는 코딩의 기회를 놓칠 수 있다. 그렇게 되면 올해 실적은 인센티브와 함께 굿바이다. 연말 평가는 그저 남들과 똑같을 것이다. 평균** Average !

스트라이커 Styker 는 연매출 15조 원, 시가총액 71조 원, 직원수 33,000명에 달하는 다국적 의료기술 기업이다. 그들은 고품질의 인공 관절 제품을 생산하고 있었는데, 과거 병원의 구매 Purchasing 부서에서는 품질보다도 가격이 싼 경쟁사의 제품을 선택하는 일이 많아 고민이 컸다. 하지만 스트라이커는 제품을 구입하는 것은 구매 부서이지만, 사용하는 것은 수술을 하는 의사들이라는 것에 착안해 구매 담당자가 아닌 의사들을 설득하기 시작했다. 결국 의사들은 가격보다 품질과 내구성, 즉 환자에게 더 나은 제품을 선택하게 되었고 그 내용을 바탕으로 구매 부서를 설득할 수 있었다.

느낌이 오는가? 당신이 원하는 것을 얻기 위해서는, 관련된 분야에서 가장 많은 사람을 만나는 담당자가 되어야 한다. 이것을 경영학 용어로 '이해관계자 관리 Stakeholder Management '라고 부른다. 고객이 아닌 사람을 이해관계자 Stakeholder 라고 칭한 것이다. 규모가 큰 회사에서는 이해관계자들을 모두 데이터베이스화시켜 핵심성과지표 KPI, Key Performance Index 에 포함시키기도 한다. 그들이 세일즈에 큰 영향을 주는 경우가 많기 때문이다.

세 번째 원칙은 지금 이 순간부터는 일할 수 있는 시간에는 일만 하겠다고 결심하라는 것이다. 세계 최고의 부자 중 한 명인 일론 머스크 Elon Musk 는 하루에 10시간씩 일하면 어떤 분야에서든 최고의 결과를 가져올 수 있다고 했지만, 최소한의 성공 원칙에서 바라보았을 때 하루 8시간이면 충분하다. 나머지는 자유시간이다. 당신의 매니저에게 말해라. 나는 8시간이면 충분하다고. 8시간만 일해도 누구보다 임팩트 있게 일한다면 그 8시간만으로도 세계 최고의 세일즈를 만들 수 있다. 다시 한 번 말하겠다. 당신이 하루 8시간을 열심히 다니는데 성과가 나오지 않는 이유는 집중하지 않았기 때문이다. 당신의 주의가 다른 데 가 있기 때문이다.

우리에게 주어진 황금과 같은 8시간을 실제로 얼마나 잘 활용하고 있는지 생각해봐야 한다. 우리에게 시간은 말 그대로 '황금'이다. 고객을 얼마나 많이 만나느냐가 세일즈를 얼마나 올릴 수 있느냐, 즉 돈을 얼마나 버느냐를 결정하기 때문이다.

나는 하나의 '콜(Call. 제약회사에서 영업사원이 한 명의 의사를 방문하는 행위를 지칭)이 곧 돈이다'라는 마인드로 일하고 있다. 그렇게 생각하면 지치고 힘들더라도, 퇴근하기 전에 한 명의 고객이라도 더 방문하게 된다. 그리고 실제로 남들보다 한 번 더 방문하는 것이 쌓이고 쌓여 압도적인 실적을 만들게 된다.

우리가 주의해야 할 것은 다름 아닌 '시간 도둑들'이다. 소셜네트워크와 유튜브, 뉴스, 블로그, 쇼핑, 웹서핑, 게임 등 우리의 주위는 수많은 유혹으로 둘러싸여 있다. 너무나 흥미롭고 재미있어 보이는 것들이 많다. 하지만, 이겨내야 한다. 이겨낼 수 있다. 우리에게는 더 큰 목표가 있지 않은가!

세계 최고의 세일즈 성장을 만들고 자랑스럽게 고개를 들고 회사에서 인정을 받아라. 나 자신을 증명해 보여라. 지금 이대로가 좋다면 그냥 여기서 책을 덮고 스마트폰 게임을 열어라. 하지만 당신은 그 정도밖에 안되는 사람이 아니다. 당신은 위대하다. 당신은 할 수 있다. 시간에 지배당하지 말고 시간을 지배해라. 8시간이면 족하다. 일할 수 있는 시간에는 일만 하겠노라고, 지금 당장 다짐하라.

회사에서 시키는 일만 하려고 하지 말고, 고객에 대해 더 알려고 노력해라. 회사에서 만나라는 사람만 만나지 말고, 내가 정한 목표를 이루기 위해 만나야 할 사람이 더 없는지 찾아보아라. 회사에서 일하라고 정해준 시간에는, 딴 짓 하지 말고 일만 해라.

이 간단한 세 규칙을 따라라. 나오지 않던 당신의 성과를 순식간에 끌어울려줄 것이다. 성공을 거두는 데는 새로운 원칙을 찾는 것이 아니라 이미 존재해왔던 원칙을 제대로 적용하는 것이 가장 중요하다.

인간에게 가장 중요한 것은 존재감이다

MY PRESENCE IS THE MOST IMPORTANT THING FOR A MAN

> 곰팡이가 핀 빵에서 페니실린이 나올 수 있었다면
> 당신에게서도 뭔가가 나올 수 있을 것이다.
>
> — 무하마드 알리 Muhammad Ali

포드 자동차의 판매부장 머레이 케스터 Murray Caster 는 세일즈맨 훈련과 양성에 있어 최고라고 불렸다. 머레이의 비법 중 하나는 차를 팔고 한달 후 고객에게 전화해 "친구들이 부러워하지 않던가요?"라고 묻는 것이었다. 그의 전략은 간단했다. 새로 구입한 차가 마음에 드는지 고객 자신의 의견을 물어본다면, 차에서 마음에 들지 않는 부분은 없는지 찾으려고 들 것이다. 그러나 친구들의 반응에 대해 물어본다면 이야기는 다르다. 신차를 본 친구들은 모두 차의 아름다움과 성능에 놀랐을 테고 좋은 이야기를 해주었을 것이다. 만약에 친구들이 반응이 시큰둥했다 해도, 대부분의 고객들은 그 사실을 인정하려고 하지 않았다. 고객들은 모두 친구들이 '부러워서' 그런 반응을 보였다고 믿었다. 그리고 한결같이 머레이에게 "제 차를 보고 다들 난리가 났어요. 모두들 이 차를 사고 싶어합니다"라고 말했다. 머레이로부터 차를 구입한 모든 고객들은 구매 이후 자신의 선택이 훌륭한 선택이었다는 증거를 찾으려고 노력했다. 머레이는 "나의 선택이 옳았다", "나는 현명한 선택을 했다"라는 마음을 이용해 그들의 만족을 이 끌어낸 것이다.

우리는 세일즈라는 제목 아래 고객과 우호적이고 장기적인 관계를 만드는 방법보다는 사람들의 충동적인 감정을 이용한 판매의 기법에 대한 책을 많이 찾아볼 수 있다. 모든 존중을 담아 이야기하고 싶다. 내가 말하고 싶은 대화력은 그런 판매 방법은 아니다. 내 제품을 팔려고 하면서 "기회는 지금밖에 없습니다. 저는 당신에게 지금 살 수 있는 기회를 드리는 겁니다"라고 말하는 방식은 우리가 지향해야 할 세일즈가 아니다.

최고의 세일즈는 장기적으로 서로에게 '도움이 되는 관계'를 만드는 것이다. 그리고 그 과정에서 다른 사람들보다 빠르게, 더 많은 고객들과의 관계를 만드는 방법이 내가 당신에게 알려주고자 하는 '세일즈의 대화법'이다.

그렇다면 고객은 무슨 말을 가장 듣고 싶어 할까? 머레이의 스토리에서 알 수 있듯이, 무언가를 구매한 뒤 고객이 가장 듣고 싶어 하는 말은 "옳은 선택, 좋은 선택, 현명한 선택을 하셨습니다"라는 마법의 찬사다. 물론 이 이야기를 제품을 판매한 영업사원으로부터 들으면 아무런 의미가 없다. 형식상 하는 말로 들리고 진정성이 없게 느껴질 것이다. 나의 선택이 옳았다는 확신은 내 주위의 사람들, 친구, 동료 등 자신만의 커뮤니티에서 이루어져야 하기 때문이다.

젊은 고객, 나이 든 고객, 중년, 여성, 남성, 부자, 가난한 고객 등 어떤 사람이든 모든 고객은 자신이 항상 현명하고, 옳은 판단을 한다고 생각하며 이해받고 인정받기를 원한다. 이것은 인간의 가장 기본적인 감정 욕구다. 사람은 누구나 스스로 현명하다고 생각하기 때문이다. 그렇기에 영업사원의 목표는 가장 효과적인 방법으로 이러한 고객의 정신적 욕구를 충족시켜주는 것이 되어야 한다.

여기서 조금만 더 깊이 들어가보자. 고객뿐만 아니라, 사람이 가장 듣고 싶어 하는 말이 무엇일까? 당신은 언제 즐겁고 기분이 좋아지고 충만한 기분이 들며 만족스러운가? 그것은 바로 존재감이 확신을 받을 때다. 존재감에 대한 욕망이야 말로 우리의 모든 행동의 근본이다. 사람들로부터 위대한 사람임을 인정받고 싶고, 사람들 앞에서 주목받고 싶고, 대접받고 싶다. 남들보다 위에 서 있는 나의 존재를 과시하고 싶다. 무대 위에 올라와 노래를 부르라고 하는 것은 아무도 좋아하지 않지만, 무대 위에서 상을 받는 일을 싫어하는 사람은 아무도 없다.

우리가 왜 연예인에 열광하는지 아는가? 멋진 무대를 보여주는 내가 좋아하는 연예인의 모습에 나를 투영하기 때문이다. 관심받고 싶고, 사랑받고 싶고, 왕처럼 대접받고 싶은 것이 우리의 본성이다.

다른 사람에게 문자를 받으면 왜 기분이 좋아지는가? 내 존재감을 충만하게 만들기 때문이다. 단체 카톡방에서 내가 한마디했을 때 누군가 답해주지 않으면 왜 침울해지는가? 내 존재감이 사라졌기 때문이다. 페이스북, 인스타그램의 라이크나 하트 수가 왜 우리에게 중요해졌는가? 내 존재감의 크기를 너무나 정직하게 숫자로 표현해주기 때문이다. 직장 동료나 부하직원이 연락해주지 않으면 왜 서운한가? 직장에서 내 존재감이 희미해진 느낌이기 때문이다.

존재감의 발현은 우리의 본능이고, 인류 문명을 발전시켜온 자극제이다. 옛 전쟁에서는 누구나 선봉에 서기를 열망했다고 한다. 선봉에 서면 죽을 확률이 높겠는가 낮겠는가? 죽을 확률이 더 높음에도 불구하고, 선봉에 서고자 했던 것은 남들보다 먼저 전공을 세워 위대해지겠다는 욕망이 있기 때문이다. 목숨보다 존재감이 더 중요하다니! 그렇기에 역사 속 위대한 장군들은 적군과 싸우기 직전, 이러한 위대함에 대한 연설을 함으로써, 부하들을 분발하게 만들었다고 한다. 전투 직전 귀족과 왕이 외치는 멋진 연설은 반지의 제왕 속에만 있는 이야기가 결코 아니었다.

최고의 실적을 올리는 보험 손해사정사가 세일즈 상담을 시작할 때 항상 던지는 첫 질문이 무엇일까? 그것은 "다들 무사히 빠져 나왔나요?"다. 날씨, 화재, 홍수 등 자연재해나 사고로 피해를 입은 사람들이 그의 주요 고객이다. 화재로 인해 피해를 입은 사람들이 대부분이고, 그 피해 금액은 1만 달러부터 수십만 달러까지 다양하다. 그런 사람들은 이런 일이 자신과 자신의 가족에게 생겼다는 사실에 너무나 슬프고, 원망스러울 것이다. 그렇기에 모두가 무사하냐는 질문에, 자신의 존재를 걱정해주는 손해사정사에게(생전 처음 통화하는 사람이라도!) 고마움을 느끼게 된다. 따뜻한 분위기에서 시작되는 세일즈 상담은 좋은 결과를 낳기 마련이다.

고객과의 대화에서는 언제나 '고객의 존재감'을 강화시키는 데 집중해야 한다. 다른 사람의 존재감을 올려주는 대화 중 가장 흔하면서도 또 가장 효과적인 것은 칭찬이다. 그렇기에 나는 여기서 세일즈에서의 칭찬의 기법에 대해 이야기하고자 한다.

칭찬이라는 것은 인간이 배울 수 있는 가장 아름다운 예술 중 하나다.

"고슴도치도 제 새끼가 함함하다고 한다"는 말에서 알 수 있듯 인간 뿐 아니라 모든 생물은 자신의 존재에 대한 찬양과 아름다움에 대한 인정을 갈구한다.

어렸을 적 우리는 부모님과 선생님의 칭찬에 목마르게 자라왔고, 성인이 된 지금에도 어릴 때의 감정을 다시 느끼게 해주는 칭찬을 받는 것을 꿈꾼다. 칭찬을 받게 되면 자아의식이 자극되기 때문에 기쁘다. 자아가 강한 사람일수록 칭찬은 효과적이다. 그래서 나는 칭찬하는 법을 배워야 했다. 나의 고객인 의사들은 지금의 자리에 오기까지 들였던 노력의 크기만큼이나 자아의 크기가 확실한 사람들이었기 때문이다. 그러므로 아부나 아첨의 느낌이 들더라도 칭찬을 계속 하는 것이 중요했다. "너무 아부하시는 것 같네요", "너무 띄워주시는 것 아닙니까", "그 정도는 아닙니다", "부끄럽습니다"라고 말하면서도 얼굴의 미소를 결코 지울 수 없는 것이 인간이기 때문이다.

당신이 배우고 깨우쳐서 자연스럽게 체득해야 할 것은 칭찬의 기술이다. 누가 봐도 잘 생기지 않은 사람에게 잘생겼다고 아무리 말한들 듣는 사람의 감정이 어떻게든 바뀌지 않기에 아무런 의미없는 시간의 낭비이다. 세계 최고의 세일즈맨들은 칭찬을 할 때도 시간을 낭비하지 않고 누구보다도 임팩트 있는 칭찬을 한다. 내가 찾아낸 임팩트 있는 칭찬을 하는 법은 다음과 같다.

첫 번째, 듣는 사람이 예상치 못한 부분을 칭찬하라. 누드 사진계의 귀재라고 불리는 한 사진작가는 까다롭기로 유명한 여배우들의 누드 사진을 찍을 수 있었던 비결을 묻자 "특별한 비결이 있지는 않지만 그 여자가 남보다 자신 있어 하는 부분보다 남보다 못하다고 생각하는 신체 부분을 칭찬했습니다. 그러니 누구나 나의 요구에 응하더군요"이라고 말했다. 여배우들이라면 평생 예쁘다는 말을 들으며 살아왔을 것이다. 하지만 그들조차 스스로 느끼지 못했던 부분을 칭찬해주니, 자신감이 생기며 작가에게 마음을 열었던 것이다.

내가 도무지 느끼지 못했던 것을 상대방이 지적해서 칭찬해주면, 이미 알고 있던 자기의 장점을 칭찬받을 때보다 훨씬 더 기분이 좋아진다. 그렇기에 우리는 고객이 스스로에 대해 알고 있지 못한 점을 찾아서 칭찬해야 한다. 나는 고객을 만나면 그의 진료실을 굉장히 주의 깊게 살펴본다. 그리고 그 안에서 칭찬할 점을 찾으려고 애쓴다! 역사가 깊은 진료실일수록, 고객의 가장 개인적인 발자취와 습관이 숨겨져 있다.

흔하지 않은 사진이 보이면 "사진이 정말 멋지네요. 일반 스마트폰으로 찍은 것보다는 훨씬 퀄리티가 좋은 것 같습니다. 원장님께서 직접 찍으신 건가요?"라고 말하고, 무언가 공예품이 보이면 "저 공예품은 세월이 보이는 것이 무언가 깊은 스토리가 있는 것 같습니다"라고 말한다. 아이가 그린 듯한(자녀가 그린 그림을 걸어놓는 고객이 많다) 그림이 있다면 "자녀분의 그림인가 보군요! 미술을 취미로 하는 것이 맞나요? 중간에 포기하지 않고 미술 학원을 꾸준히 다녔나봅니다"라고 말할 수 있다. 의학 서적이 아닌 인문학 서적이 많이 보이면 "의학뿐만 아니라 인문학에도 관심이 많으신가 봅니다. 제가 뵙는 분 중에서 책을 가장 많이 읽으시는 것 같습니다"라고 칭찬한다. 계속해서 이렇게 '고객조차 아직 모르는 고객의 이야기'를 칭찬하면서 고객이 자신에 대한 새로운 화제를 꺼내도록 유도하는 것이다.

두 번째, 부정적인 이야기로 시작한 뒤, 긍정으로 끝내는 칭찬을 한다.

예를 들면 이렇다. 사진이 취미인 고객에게 "저는 사실 사진에 관심이 없었습니다. 카메라로 찍는다고 해 큰 차이가 있나 싶었어요. 하지만 선생님께서 찍으신 사진을 보고 사진을 누가 어떻게 찍느냐에 따라 큰 차이가 생긴다는 걸 느꼈습니다. 사진을 배우고 싶어졌어요"라고 하는 것이다. 어떤가? 고객이 기분 좋아지지 않겠는가? 내가 다른 사람의 생각을 바꾸어놓았다니! 이것이야말로 가장 커다란 존재감의 발현이다.

마지막 칭찬의 비법은 상대방의 주위 사람을 칭찬하는 것이다. 우리나라는 깊은 관계주의에 그 문화의 뿌리를 갖고 있다. 아주대학교 심리학과 김경일 교수는 우리나라에서 가장 좋은 칭찬의 방법 중 하나는 '그 사람의 관계'를 칭찬하는 것이라고 했다. 우리는 직접 칭찬을 듣지 않더라도 내가 소중히 여기는 사람들의 칭찬을 듣게 되면 큰 만족감을 느낀다.

"오 자네 왔구먼, 그래 아버님은 안녕하신가? 참 훌륭하신 분이지"라는 강사의 말 한마디에 감복해, 강연 도중 떠드는 사람이 있으면 주의를 주고, 장내가 어지러워지면 발 벗고 나서서 정리했다는 청년의 이야기가 있다. 놀라운 것은 강연이 끝나고 강사의 측근이 그 청년의 아버지를 아시냐고 묻자, "**아니, 알지 못하네. 이보게, 아버지 없는 사람을 보았나? 또 아버지를 싫어하는 사람은? 없지 않나? 누구든지 자기의 부모를 칭찬하면 감탄하는 법이네. 나는 그 청년의 기분이 좋아지기를 바랐을 뿐이네**"라고 한 것이다. 내가 사랑하는 가족, 친척, 친구, 동료를 칭찬하는 일은 나를 칭찬하는 것과 같으며, 심지어 때로는 훨씬 큰 만족감과 행복감을 주기도 한다.

세일즈에서의 가장 쉬운 활용은 고객을 위해 일하는 직원을 칭찬하는 것이다. 고객의 배우자나 자녀도 좋은 대상이지만 집안에 일시적인 문제가 있거나 집안내력에 대해 확실히 알지 못하면 오히려 역효과가 날 수 있기에 조심해야 한다. 하지만 고객과 매일 만나는 직원, 특히 고객의 사무실 문 앞에서 항상 고객을 보조하는 직원에 대해 칭찬을 한번 해보아라. 반응이 매우 좋을 것이다.

특히 작은 사업체일수록 직원은 사장이 직접 고용한다. 그렇기에 대부분의 고객(사장)은 자기가 직원을 뽑는 안목이 있음을 인정받고 싶어 한다. 앞에서 말한 내용을 기억하는가? 누구나 자기가 내린 판단이 현명했다는 사실을 칭찬받고 싶어 한다는 사실을? 고객이 뽑은 직원을 칭찬하라. 정말 너무 잘 뽑으셨다고, 일을 정말 잘하고, 사람들에게 친절하고 눈치빠르게 행동해서 환자들이 다들 너무 좋아하더라고 이야기하라. 나는 담당하는 병원에 가면 항상 고객에게 "병원에서 일하는 선생님들이 인상이 참 좋으십니다. 원장님과 함께 일한 지 오래 되셨나요?"라고 여쭤본다. 그러면 고객에 따라 직원 칭찬을 늘어놓는 사람도 있고, 나쁘지 않다고 말하는 사람도 있지만, 나의 작은 질문 하나에 고객의 기분이 좋아진다는 것을 알 수 있었다.

세계 최고의 부자들은 항상 어떻게 하면 상대방의 존재감을 최고로 만들어줄 수 있을까를 생각하며 대화한다. 디즈니의 CEO 밥 아이거는 각 창업자들의 존재감의 인정을 최우선으로 설정하는 커뮤니케이션 전략을 세워 픽사, 마블 엔터테인먼트, 루카스필름을 인수했고, 디즈니를 세계 최고의 콘텐츠 회사로 만드는 데 성공했다. 우리의 커뮤니케이션 전략 역시 동일해야 한다. 상대방의 선택과 판단, 그리고 선택이 옳았다는 것을 확신시켜라. 그리고 예상치 못한 칭찬으로 마음의 벽을 허물고 같은 편이 되어라. 인간의 가장 중요한 본성인 '존재감의 발현'을 잊지 않고 대화를 이끌어간다면, 반드시 당신이 원하는 것을 얻어낼 수 있을 것이다.

3장

언어가 가진 놀라운 능력
THE AMAZING CAPABILITY OF LANGUAGE

최대한 쉽게, 천천히 말하라
SPEAK EASILY, GENTLY AS HUMANLY POSSIBLE

무언가를 간단하게 설명할 수 없다면, 제대로 이해하지 못한 것이다.

– 알버트 아인슈타인 Albert Einstein

갓 대학을 졸업한 사회 초년생들이 가장 많이 하는 실수가 무엇일까? 그것은 바로 말을 빠르게, 또 어렵게 하는 것이다. 무슨 말을 해야 할지 잘 모르니까 같은 말을 반복하게 되고, 말이 복잡해진다. 비즈니스에서의 대화가 길어질수록, 자신도 무슨 말을 하고 있는 건지, 무슨 말을 하고 싶은 건지 모르는 상태가 되어버린다. 말을 할수록 진땀만 나고, 이 상황에서 빨리 벗어나 집에 가고 싶다는 생각이 들기 시작한다. 그러면 말은 더 빨라진다. 당신이 어려운 고객과 면담을 해본 적 있다면 이런 경험이 있었을 것이다. 시간이 지나면서 차차 나아지겠지만 세계 최고의 세일즈맨이 가는 길은 멀고 험하다. 다음과 같이 말하는 법에 확실한 원칙을 세우고 따라야 한다.

첫 번째 원칙은 누구보다도 쉽게 말하라는 것이다.

혹시 주위에 이런 사람이 있는가? 쉬운 말을 어렵게 하는 사람, 3분이면 끝날 이야기를 15분 동안 하는 사람, 안 써도 되는 전문 용어를 남발하는 사람, 아무도 듣고 있지 않은데 혼자 신나서 이야기하는 사람 등. 회사 팀장님이 떠오른다고? 아니면 선배? 안타깝게도 이런 사람은 생각보다 많다. 재미있는 것은 이렇게 어렵게 말하는 사람들은 회사에서 승진이라는 사다리를 좀처럼 올라가지 못한다는 사실이다. 내가 만난 크고 작은 기업의 중역과 임원들은 모두 자신이 하고 싶은 말을 아주 쉽고 간단하게 이야기할 줄 아는 사람들이었다. 조직에서의 성패는 자신의 성과를 어떻게 간결한 메시지로 만들어 윗사람들에게 전달하느냐에 달려 있는데, 말을 어렵게 하는 이들은 항상 듣는 사람들의 고개를 갸우뚱하게 만들기 때문에 결코 승승장구하지 못한다.

세일즈의 언어는 그 어느 분야의 언어보다 더 쉬워야 한다. 회사 안에서는 말이 많아도 동료니까 웃으면서 들어줄 수 있다. 하지만 냉혹한 세일즈의 세계에서 당신이 스스로 심취해 어려운 말을 떠들어댄다면, 고객은 차갑게 등을 돌릴 것이다.

절대 고객이 당신만큼 알고 있을 것이라고 짐작해서는 안 된다. 가능하면 쉬운 단어를 골라 설명하라. 초등학생에게 설명한다고 생각해도 좋다. 친절하고 알아듣기 쉽게 이야기한다고 기분 나빠할 사람은 아무도 없다! 고객에게 상품과 서비스의 정확한 용어를 가르치려고 들지 마라. 가장 최악인 경우는 영업사원이 '나는 이렇게 똑똑한 사람입니다'라는 모습을 보이려고 할 때다. 누울 자리를 보고 누워라! 우리가 해야 할 일은 고객을 조금이라도 더 쉽게 이해시키고, 우리의 제품을 구입해야 한다는 메시지를

100% 받아들이게 하는 것뿐이다.

　나의 경우 고지혈증 약제를 판매하는 일도 마찬가지였다. 고지혈증의 정식 명칭은 'Hyperlipidemia'이다. 조금 더 포괄적인 명칭으로 'Dyslipidemia(이상지질혈증)'라고도 한다. 쉽게 설명하자면, 신체의 피 속에 있는 지질 Lipid 이 정상 수치보다 높아지면 Hyper- 고지혈증 Hyperlipidemia , 비정상적 상태 Dys- 가 되면 이상지질혈증 Dyslipidemia 이 되는 것이다.

　자, 그럼 상상해보자. 하이퍼리피데미아 트리트먼트 Hyperlipidemia Treatment 를 쉽게 이야기하면 고지혈증 치료가 된다. 기본적으로 같은 뜻이다. 어떤 것이 더 듣기 쉬운가? 당신이 영업사원이라면 어떤 단어를 쓰겠는가? 물론 하이퍼리피데미아 트리트먼트라고 말해도 고객들은 잘 이해할 것이다. 그들은 대학에서 이상지질혈증의 원리에 대해 수십 시간의 강의를 듣고 수백 시간을 공부했다. 하지만 문제는 고객 역시 한 번 더 그 의미에 대해 생각해야 하고, 그 말인즉슨 그만큼 내가 주는 메시지가 약해진다는 것이다. 이를 '메시지의 임팩트 Impact 가 떨어진다'고 칭한다. 메시지의 임팩트가 떨어지면 고객을 방문하는 의미가 줄어들고, 곧 귀중한 시간의 낭비로 이어진다.

　"하이퍼리피데미아에는 꼭 ○○○로 부탁드립니다, 원장님."

　이런 희한한 말을 듣게 되면, 고객의 머릿속에는 '하이퍼리피데미아가 뭐더라? 아 맞아. 고지혈증을 말하는 거군'이라는 단계가 하나 더 생긴다. 왜 굳이 안 그래도 수많은 일들로 가득한 고객의 머릿속을 복잡하게 만드는가?

　"고지혈증에는 꼭 ○○○로 부탁드립니다, 원장님."

　깔끔하다. 여기서 더 중요한 것은 쉬운 단어는 우리한테 쉬운 단어가 아닌, 고객의 입장에서 쉬운 단어를 선정해야 한다는 것이다. 내가 고지혈증을 택한 이유는 고객이 진료를 보며 환자의 상병 코드를 입력할 때, 모니터에서 고지혈증을 찾아서 클릭하기 때문이다. 고객의 모니터에 하이퍼리피데미아는 없다!

고객에게 가장 쉬운 단어를 찾아라. 그리고 오로지 그 단어로 대화하라. 명심하자. 가장 쉽게 말하는 사람이 사랑받는다. 설민석 강사가 왜 그렇게 유명해졌는가? 말을 잘해서? 잘생겨서? 그러한 요소의 기여 역시 있겠지만 가장 큰 이유는 그가 너무나 쉽게 이야기하기 때문이다. 자칫 따분할 수 있는 역사라는 주제에 대해 그는 어떠한 청자에게도 너무나 쉽게 이해할 수 있게 말해준다. 연극영화과를 나온 덕에 익힌 발성이나 재미있는 스토리텔링 능력은 덤이다. 고객에게 무언가를 설명하기 전에 '내가 설민석이라면 어떻게 말할까?'라고 고민해보아라. 자신이 아는 말을 가장 쉽게 하는 사람을 떠올리고 말하라.

두 번째 원칙은 최대한 천천히 말하라는 것이다.

만약 당신이 가끔이라도, 정신없이 빨리 말하는 습관이 있다면 지금 당장 버려야 한다. 스스로 의식하고 고치려고 노력해야 한다. 천천히, 나긋나긋하게, 차분하게 말하는 신뢰감을 주는 영업사원이 되어야 한다. 공자는 "군자는 말은 천천히 하되 행동은 민첩하게 한다"라고 말씀하셨다.

어떻게 말하는가는 무엇을 말하는가 만큼이나 중요하다. 세계 최고의 세일즈맨이 되기 위해서는 성공하는 말의 속도를 배워야 한다. 세일즈 프레젠테이션을 한다면 가장 중요하게 생각할 점은 계속 연습을 해 가장 앞에 앉아 있는 사람과 대화하듯 천천히 자연스럽게 말하는 것이다. 대중에게 이야기한다고 생각하지 말고 고객 한 명을 앉혀놓고 대화한다고 생각하자. 질문을 넣어가면서 시나리오를 짜보는 것도 좋다. 어조와 속도를 유지하려면 호흡을 생각하라. 중간중간 숨을 충분히 쉬자.

프레젠테이션은 어렵다. 특히 중요한 것이 걸려 있다면 더욱 마음이 복잡해지고, 긴장된다. 상상해보자. 어렵사리 날짜를 잡고 장소를 섭외해 준비를 마쳤다. 내가 어떻게 하느냐에 따라 커다란 매출과 인센티브가 걸려 있다. 시작은 좋았다. 자연스럽게 천천히 시작한다. 하지만 슬라이드가 한두 페이지 넘어가다 보면 저절로 목소리가 빨라진다.

점점 서 있는 내 자신이 불편해지고, 두려움이 나를 지배하기 시작한다. 빨리 끝내고 싶은 생각이 든다. 고객들의 집중도 떨어진다. 스마트폰을 보고 있는 고객이 눈에 들어온다. 마음은 더 급해진다. 다들 나에게 "이제 그만 끝내지?"라고 말하는 듯하다. 마지막 슬라이드가 3장 남았는데, 더 이상 의미가 없는 것 같다. 대충 넘기며 처음에 시작했던 모습과는 다르게 기어들어가는 목소리로 프레젠테이션을 끝낸다.

프레젠테이션을 하는 영업사원이라면 누구나 겪어보았을 이야기다. 특히 의사들 앞에서 하는 제약회사 영업사원의 프레젠테이션은 더 큰 압박을 견뎌야 한다. 왜냐고? 의사가 더 많이 아니까! 의약품의 프레젠테이션은 기본적으로 인체학과 약물학에 대한 내용이 들어가게 된다. 약제가 인체에 어떻게 작용하는지에 대해 설명해야 하기 때문이다. 하지만 영업사원들이 갖고 있는 지식 수준은 의사들과 비교했을 때 현저히 낮다. 전공자가 적을 뿐더러 생물학이나 화학을 전공했다 하더라도 인간의 몸에 대해 10년 이상 공부한 의사들에게 비할 수준은 되지 못한다. 그렇기에 길어야 3개월간의 제품과 질환교육을 받고 온 영업사원들이 자신의 발표에 자신감을 갖기 어려운 것이 제약 세일즈의 현실이다.

말이 빨라지는 당신을 탓할 생각은 없다. 나도 그랬다. 위 이야기는 나의 경험이다. 나는 100명의 의사 앞에서 부들부들 떨리는 목소리로 발표를 하고, 도망가고 싶은 마음으로 자리에서 내려온 적이 있다. 하지만 나는 더 이상 그렇지 않다. 200번이 넘는 프레젠테이션을 통해, 연습을 통해 자신감을 길렀다. 강조할 부분은 천천히 하나하나 짚어가며 이야기하고, 간결하게 말할 부분은 핵심만을 짚어준다. 내용은 줄이고, 말은 천천히, 이것이 핵심이다.

프레젠테이션을 자신 있게 진행하는 또 다른 방법은 시작에 앞서 명확하게 규칙을 정하는 것이다. 규칙의 힘은 참 재미있다. 신기한 이야기를 들어보자.

공원에 두 개의 공중전화 부스가 있다. 하나에는 남성용, 하나에는 여성용이라고 쓰여 있다. 이상하다? 전화기를 쓰는데 남녀 구별이 왜 필요하지? 독일의 한 심리학자가 진행한 실험이다. 규칙이 정해져 있을 때 얼마나 그것을 잘 따르는지, 사회심리학 용어로는 '권위에 대한 복종'을 보기 위함이었다. 놀랍게도 사람들은 착실하게 남자는 남성용, 여자는 여성용 전화 부스로 들어갔다! 남자들은 특히 여성용 부스가 비어 있어도 사용하지 않고 다른 남성의 전화가 끝나기를 기다리기까지 했다. 이처럼 우리는 규칙에 익숙하다. 규칙이 정해져 있지 않으면 물어본다. "여기는 어떻게 이용하는 건가요? 여기의 규칙은 무엇인가요?" 규칙이 있으면 마음이 편하고, 그 규칙 안에서 움직이게 된다.

이러한 사람의 성향은 고객과의 상담에서 유용하다. 고객과의 신뢰가 부족하고, 서로의 존재가 편안하지 않은 상태에서 상담은 영업사원은 물론 고객도 불편하다. 게다가 영업사원은 고객의 중요한 시간을 빼앗는다는 생각마저 있다. 실제 조사에 따르면 고객은 영업사원과의 만남을 시간낭비라고 생각하지 않는다는 결과가 있으나, 고객이 편안하게 해주지 않는 한 고객의 사무실 안에서 초조함을 없애기란 쉽지 않다.

그럴 때 규칙을 설정하면 도움이 된다. 불안한 마음을 없애고 고객의 시간을 편안하게 사용할 수 있다. 쉽게 이야기하면, 내가 전하려는 이야기가 무엇인지 고객에게 먼저 알려주고 시작하는 것이다.

"원장님, 오늘은 제가 ○○○의 효과와 안전성에 대해 딱 3분만 말씀드리겠습니다. 제가 드릴 내용은 원장님께서 환자분들을 치료하는 데 분명 도움이 되실 겁니다."

나는 이렇게 '3분의 룰'을 정하고 고객과 면담을 시작했다. 3분이라는 시간은 결코 길지 않다. 누구나 "3분만 이야기 하시죠"라고 하면 '그 정도야 들어볼 수 있겠지'라고 생각하기 마련이다. 시간이 정해져 있고, 무슨 이야기를 듣는지도 알기 때문에 내가 말을 하는 동안 고객의 머릿속에는 요점이 자연스럽게 전달되고 더 쉽게 받아들이게 된다.

메시지를 전달할 때는, 당신이 상대방을 위해 무엇을 하려는지 전체 과정을 밝히는 것이 좋다. 환자들에게 인기가 많은 한 성형외과 의사는 시술 전에 충분한 설명을 한다고 한다.

"저는 지금부터 이렇게 할 거예요. 일단 코 부분에 마취를 하고, 살짝 안으로 개복할거예요. 그리고 적당히 콧날이 살아나게 시술하고 마지막에 자연스럽게 몰딩을 할 겁니다. 이해가 되셨나요?"

내가 세일즈를 하며 발견한 재미있는 사실이 있다. 그것은 바로 자신

감 있는 영업사원은 말을 빠르게 하지도, 어렵게 하지도 않는다는 사실이다. 자신감이 생기면, 말이 빨라지지 않는다. 자신감이 생기면, 어려운 말을 꺼내지 않는다. 왜냐고? 빠르게 말하지 않아도, 어려운 말을 하지 않아도 내가 원하는 걸 이야기할 자신이 있으니까! 말을 빠르게, 두서없이 하는 것은 자신감이 없다는 반증이다.

때로는 침묵도 필요하다. 세상은 침묵을 지켜야 할 때와 침묵을 지키는 방법을 아는 현명한 사람의 편에 서게 된다는 말이 있다. 성공한 삶을 살아가는 사람들이 자신이 말한 내용에 대해 후회하는 일이 말하지 않은 것에 대해 후회하는 일보다 훨씬 많았다고 회상한다. 피타고라스는 이렇게 말했다.

"침묵하라, 아니면 침묵하는 것보다 나은 것을 이야기하라."

대화의 어색함과 무거움에 대한 고통을 없애고자 노력하는 것은 매우 가상하다. 하지만 결코 도를 넘는 행동으로 관계를 돌이킬 수 없게 되는 실수를 범하지 않아야 할 것이다.

죄송하다는 말은 그만!
STOP SAYING YOU'RE SORRY

세일즈맨이 떠들면 세일즈는 실패한다.

— 마이클 달튼 존슨 Michael Dalton Johnson

"죄송합니다만…", "제가 많이 부족합니다만…", "준비가 많이 미흡했지만(시간이 부족해서라는 말까지 하면 더 심하다)", "잘해낼 수 있을지 자신은 없습니다만…"

이런 말을 들으면 어떤 생각이 드는가? 죄송하다고? 뭐가 죄송하지? 뭔가 죄송할 일을 했거나 앞으로 할 건가 보네? 많이 부족하다고? 그래 좀 부족해 보이긴 하네. 그럼 딱히 기대할 것이 없겠어. 미흡하다고? 준비를 충분히 하지 않았다고 도망갈 구멍을 만들어놓는 건가? 자신이 없다고? 그럼 이 일을 왜 하려는 거지? 다른 사람한테 맡기는 것이 낫겠는데? 해야 할 말이 있고 굳이 하지 않아도 될 말이 있다. 영업사원이 절대 하지 말아야 할 말에 대해 이야기해보도록 하자.

당신이 스스로를 어떻게 말하느냐가 당신을 정의한다. 리처드 닉슨Richard Nixon 은 스스로를 "나는 사기꾼이 아닙니다I am not a crook "라고 말했다가 사기꾼이라는 단어의 대명사가 되었고, 버락 오바마Barack Obama 대통령 역시 자신이 순진하지 않다고 말했다가 언론으로부터 "순진한 어린애"라고 불리기도 했다. 이렇게 부정적 어감과 약점을 밝히는 정치인의 말실수를 미디어 전략 부문에서는 '언어적 자살'이라고 부른다.

그렇다면 왜 우리는 언어적으로 자살을 하는 것일까? 겸손하고 싶은 마음에서, 즉 진심으로 스스로를 낮추고 다른 사람으로부터 배움을 청하는 것이라면 괜찮다. 하지만 대부분 우리가 솔직하거나 약점을 내세우는 이유는 자신감이 없기 때문이다. 자신감을 가져야 한다. 당신은 누구보다 색다른 존재다. 세상에 그 어느 누구도 나와 동일한 존재는 없다. 당신은 특별하다. 당신의 특별함은 세상에 당신만이 가진 완벽한 무기다. 마인드를 조금만 바꾸면 언어적 자살을 피할 수 있다. "제가 도움이 될 수 있을지 모르겠지만…"에서 "반갑습니다. 제가 큰 도움을 드리겠습니다"라고 말하며 확신을 주는 사람이 되어야 한다.

"바쁘실 텐데 죄송합니다"라는 인사와 함께 방문을 시작하는 영업사원도 많다. 약속도 없이 찾아왔으니, 미안한 마음이 들 것이다. 그리고 고객은 굉장히 바쁠 것 같고, 나는 주제도 모르고 그의 시간을 침범한 것처럼 느껴진다. 그런데 문제는 이렇게 죄송하다는 말과 함께 시작하는 방문에서는 세일즈의 냄새가 풀풀 난다는 것이다. '죄송하다고? 나의 시간을 낭비할 게 분명하군! 뭘 팔러 온 거지?'라는 생각이 들게 만든다. 세일즈의 냄새가 나는 사람은 그 누구에게도 반갑지 않다. 세상에 세일즈를 당하고 싶은 사람이 누가 있겠는가? 고객의 그런 마음을 무시하고 세일즈를 하려고 할수록 고객의 반응은 더욱 차가워진다. 이런 상황은 "나는 당신에게 뭔가 팔아 먹으려고 왔으니 어서 거절하시죠"라고 말하는 것과 크게 다르지 않다.

그렇다면 왜 우리는 세일즈의 냄새가 나는 행위를 싫어할까? 간단하다. 다른 사람에게 이용당하고 싶지 않기 때문이다. 스팸 전화가 반갑지 않은 이유와 같다. 새로운 상품이 나왔다면서 스마트폰을 바꾸기를 권유하는 전화를 받아보지 않은 사람은 없을 것이다. 그 전화를 받고 "아이고 기다리고 있었습니다. 반가워요!"라고 하는 사람은 없을 것이다. 우리는 나의 입장과 상황을 고려하지 않고 대뜸 무언가를 팔려는 사람을 경계하게 되고, 선하지 않은 목적으로 다가오는 사람은 경계하는 것이 맞다.

모르는 사람이 어느 날 갑자기 찾아와서는 "제 이야기 좀 들어주십시오"라고 하면 들어주고 싶은가? 대부분은 거절하게 된다. 왜냐하면 "괜히 들어주었다가 말발에 걸려들거나 속아서 경제적인 손해를 입을 수 있다"는 기저 심리가 있기 때문이다.

세계 최고의 세일즈맨들은 그러한 사람들의 심리를 잘 알고 있기에 "저는 수상한 사람이 아닙니다. 아무것도 억지로 팔려고 하지 않습니다. 저를 믿어주십시오"라는 이야기를 시작한다. 대화로부터 목적성이 짙어 보이는 '세일즈의 냄새'를 제거하는 것이다. 그리고 절대로 "죄송합니다만…"으로 대화를 시작하지 않는다. 죄송할 일은 하지 말라고 배웠다. 근데 왜 처음 만나자 마자 죄송하다고 말하며 시작하는가? 당신의 존재 자체가 죄송한가? 죄송하다고 생각되지 않으면 그런 말은 하지 마라! 죄송할 일이 하나도 없다! 당신은 고객을 도와주러 왔다! 당신을 선택하지 않으면 고객은 큰 손해를 볼 것이다!

당신의 존재는 고객에게 큰 보물이다. 당신의 존재는 고객에게 큰 자산이다. 당신의 존재는 고객에게 엄청난 이익을 안겨줄 것이다. 당당하게 이야기해야 한다. 나는 고객의 시간을 낭비하지 않는 중요한 사람이라고 말하라. "바쁘실 텐데 죄송합니다" 대신 "시간 내주셔서 감사합니다. 반드시 도움을 드리도록 하겠습니다"라고 말하라. 그리고 당당하게 고객에게 도움이 되는 솔루션을 제시하라.

"세계 최고의 부자들이 가장 중요하게 생각하는 역량 중 하나는 시간 엄수 Punctuality 이다. 시간을 엄수하고 타인과의 약속을 잘 지키게 되면 자연스럽게 사과할 일은 잘 생기지 않게 된다. 또한 시간을 잘 지킨다는 것은 다른 사람을 존중할 줄 알고, 시간의 소중함을 알고 있으며, 계획적으로 움직인다는 뜻이기 때문이다. 그러나 아쉽게도, 수많은 사람들이 이 역량을 갖추지 못하고, 때로는 너무나 가볍게 여긴다. 지금 당신의 직장에서 좋은 성과를 내지 못하는 직원들의 가장 큰 공통점이 무엇인지 떠올려보자. 아마 대부분은 시간을 잘 지키지 못하고, 종종 지각을 한다는 점일 것이다. 지각을 하는 일이 별 것 아니라고 생각하는 태도, 다른 사람의 시간을 소중히 여기지 않는 가벼운 철학, "살다 보면 늦을 수도 있지"라는 말이 그대로 인생의 습관이 되어버린 사람은 자신의 비즈니스를 잘 가꾸지 못할 가능성이 높다.

회사의 대규모 미팅은 물론 크고 작은 모임에서 잘 살펴보라. 누가 일찍 와서 준비를 마치고 커피 한 잔을 받아와 자기 자리에서 홀짝이고 있는지, 누가 1분 전에 헐레벌떡 들어와 눈치를 보며 맨 뒷자리에 슬쩍 앉는지, 누가 미팅이 시작된 뒤에야 문을 열고 개미 기어가는 소리로 땅을 보면서 "죄송합니다…"라고 말하며 자기 몸을 붙일 만한 자리를 찾는지 말이다. 세일즈 조직에서는 훤하게 보인다. 실적이 좋은 사람일수록 일찍 다닌다. 이 구분은 놀라울 정도로 분명해서, 하나를 보면 열이 보인다는 말을 실감하게 된다.

회사에서의 언행이 고객에게는 다르겠는가? 시간 약속의 엄중함을 알지 못하는데? 고객에게도 저렇게 대강 "늦어서 죄송합니다"라고 대수롭지 않게 말할 것 아닌가. 고객도 "아, 괜찮아요. 그럴 수도 있죠"라고 말할 것이고 그 영업사원은 정말 고객이 괜찮은 줄 알고 '휴, 잘 넘어갔네. 다행이다'라고 생각하며 금방 잊어버릴 것이다.

약속에 늦는 것을 괜찮다고 생각할 고객은 없다! 절대로! 그 자리에서 화를 내면 자기의 체면과 위신이 깎일까 봐 괜찮다고 말할 뿐이다. 내가 앞에서 언급한 '존재감'에 대한 이야기를 기억하는가? 우리가 다른 사람을 기분 좋게 만드는 방법은 그 사람의 존재감을 키워주는 것이라고 했다. 시간 약속에 늦는다는 것은 그 사람의 존재감을 아주 박살내는 행위다! 고객의 존재감을 완벽하게 무시하는 행동인 것이다. 그것은 "당신은 나에게 중요하지 않고, 내가 대접할 필요가 없는 존재이니 이렇게 당신을 막 대해도 괜찮은 것 같군요"라고 말하는 것과 똑같다.

이를 악물고 "괜찮다"고 말하는 고객의 말을 정말 괜찮다고 받아들이면 안 된다. 우리는 고객의 마음을 무엇보다도 생각하는 세계 최고의 세일즈맨이 아닌가? 아무리 고객이 괜찮다고 해도 지각했다는 사실은 상대방에게 뚜렷하게 각인된다. '저 영업사원은 그때 지각을 했었지. 그렇게 행동해도 괜찮다는 거지? 무례한 녀석!'이라는 생각 말이다.

한 번의 지각으로 생긴 각인을 없애고, 고객의 노여움을 풀기 위해서는 적어도 세 번의 진심 어린 사과와 노력이 필요하다. 이 세 번은 나의 경험에서 나온 숫자이다. 지각을 해서 화가 난 고객의 마음을 풀어주기 위해, 나는 선물을 사들고 고객의 눈을 보며 진심 어린 사과와 "시간 엄수의 교훈을 가르쳐주셔서 감사하다"는 인사를 한 적이 있다. 세 번을 방문한 뒤에야 고객은 나의 사과를 받아주었다. 이런 일을 겪고 싶은가? 피할 수 있는 일을 굳이 만들지 마라. 나는 당신이 절대로 지각하지 않겠다는 다짐을 지금 당장 했으면 좋겠다.

절대로 지각하지 않으려면, 고객과 관련된 약속은 마음 편하게 '30분 전 도착의 룰'을 만드는 것이 좋다. 다섯 시 약속이면 네 시 반까지 도착하도록 출발해라. 그것이 마음이 편하다. 고객은 당신의 친구가 아니다. 친구들 약속처럼 생각하고 딱 맞춰 움직여서는 안 된다. 심지어 요새 친구들의 만남에서는 어차피 다들 늦으니까 나도 굳이 시간 맞춰 가지 않는 일도 있다. 사적인 만남을 어떻게 하는지는 당신의 마음이지만, 비즈니스에서는 '30분 전 도착의 룰'을 따르라!

그러한 룰에 따라 움직여도, 지각하는 일은 생긴다. 그러면 고객에게 진심으로 사과하고(늦어서 죄송합니다 하고 실실 웃으며 넘기려고 해서는 안 된다!) 늦은 경위를 최대한 자세히 설명해라. 30분 전 도착으로 출발했는데 늦었다면 합당한 이유가 있을 것이고, 누구나 납득할 수 있을 것이다. 고객이 납득한다면 괜찮다. 미안함에 대한 성의도 표시해야 한다. 세상에 공짜는 없다. 그렇게 한다면 고객의 감정은 상하지 않을 것이다. 명심하라. 세일즈는 항상 고객의 감정을 항상 최상의 상태로 만드는 것에서 시작한다. 행복한 고객이 행복한 영업사원을 만든다.

조사에 따르면, 고객들은 자신이 제품의 구입을 거절하는 가장 큰 이유는 '영업사원이 마음이 들지 않아서'라고 말한다. 당신이 열심히 고객을 만나고 있는데 실적이 나오지 않는다면, 나도 모르게 고객이 싫어하는 언행을 하고 있지 않은가를 의심해보아야 한다.

고객에게 괜히 죄송하다고 말하지 말라. 세일즈는 사람이 하는 일이기에 언젠가는 한 번씩 정말로 피치 못하는 일로 사죄할 일이 생기게 된다. 가족의 응급 상황이나 자연재해, 시장의 변화 등 정말 어려운 상황이 생길 때를 위해 죄송하다는 말을 아껴야 한다.

"인간은 자연에서 가장 연약한 한 줄기 갈대일 뿐이다. 그러나 그는 생각하는 갈대이다"라는 말로 우리에게 잘 알려진 철학자 파스칼^{Pascal}은 그의 저서 《팡세》에서 "아무런 결점도 보이지 않는 사람은 바보 아니면 위선자이다"라고 했다.

사람은 빈틈이 보여야 한다. 빈틈을 보이는 사람은 인간답고, 사랑스럽다. 결점이 없는 사람은, 무미건조할 뿐만 아니라 가끔은 사람 같지도 않아 보인다. 그러니 결점을 보이고, 실수를 하는 것에 대해 너무나 심각하게 두려워할 것까진 없다. 중요한 것은 실수에 대처하는 당신의 태도다. 세일즈를 하다 보면 분명히 실수가 생긴다. 어쩔 수 없다. 사람은 결점이 있고, 완벽하지 못하기 때문이다. 만약 당신이 실수를 한 적이 없다면 당신은 말도 안 되게 꼼꼼한 사람이거나 굉장히 운이 좋은 사람이다. 천재지변이나 날씨, 주위 환경, 가족, 친척 등 수많은 요소들로 인해 고객과의 약속에 늦거나, 변경해야 할 일이 생길 수도 있고 제품 공급에 차질이 생길 수도 있다. 하지만 괜찮다. 당사자가 책임을 질 수만 있다면 어떤 실수든 용납이 가능하다. 누구나 실수하기 마련이다. 하지만 문제는 실수가 아니라 실수를 인정하지 않는 태도다. 일을 망쳐놓고도 자신의 실수라는 걸 인정하지 않는 태도를 보일 때, 결코 돌이킬 수 없는 인생의 큰 실수를 범하게 된다.

미국 해병대에서는 자신이 근무 중 졸았다는 사실을 끝까지 인정하지 않다가, 부인할 수 없는 명백한 증거를 본 뒤에야 인정한 병사를 그날 즉시 직위 해제한 일이 있다고 한다. 실수는 용인되지만, 실수를 인정하지 않는 태도는 용납하지 않는 것이다.

잘못은 인정하지만 어쩔 수 없는 결과였다고 변명하는 태도를 많은 사람들에게서 볼 수 있다. 그런 사람들은 꼭 가족을 끌어들인다. 자식이며 애완견에 날씨까지 탓한다. 그것도 통하지 않으면 자기가 몰래 만나는 여자까지 이용할 수도 있다. 일을 망쳤다 하더라도 변명을 늘어놓을 생각을 하지 말아야 한다. 당당하게 내 잘못을 인정하고, 진심 어린 사과를 전하고, 인생의 교훈을 준 상대방에게 감사를 표하라.

나는 정말 눈앞이 노랗게 보인다는 것이 어떤 느낌인지 알게 된 큰 실수를 경험한 적이 있다. 나의 세일즈 중 거의 10%를 차지하는 고객과의 약속을 순전히 내 실수로 인해 일정을 바꿔야만 했던 일이었다. 정말 바보 같았다. 이사를 하기로 한 날을 달력에 적어두지 않았고, 고객과 저녁 식사를 언제 할지 이야기하다가 그날로 잡은 것이다. 3주 전쯤이었을 것이다. 게다가 함께 일하는 협력사 직원도 그날 식사가 예정되었다고 초대했다. 그리고 나서는 아무 생각 없이 시간이 지나갔다.

그날이 일주일 전으로 다가왔다. 이사 준비를 하고 있는데 달력에 고객과의 약속 표시가 보인다. 뭐지? 신기루인가 싶었다. 아뿔싸! 내가 고객에게 저 날 가능하다고 했구나 하는 생각이 들자 등에 진땀이 흘렀다. 이 일을 어떻게 해야 하지? 고객에게 말하면 화를 낼까? 얼마나 화를 낼까? 내 실적이 빠질까? 고객이 앞으로 나를 안 보겠다고 하면 어떻게 하지? 회사에는 말을 해야 하나? 뭐라고 말해야 하지? 본부장에게서 연락이 오진 않겠지? 오만 가지 생각이 다 들었다.

하지만, 결국 난 정공법을 택했고, 정말 솔직하게 모든 사실을 고객에게 말하고 용서를 구했다. 꼼꼼하지 못한 제 잘못이며 모든 책임을 감수하겠으며, 앞으로는 절대 이런 일이 없을 것이라고 말했다. 고객의 화를 풀어주는 데(더 이상 그 이야기가 안 나오기까지) 3개월 정도가 걸렸다. 3개월간 일주일에 두 번씩 그 고객을 찾아갔던 것으로 기억한다.

죄송할 일을 하지 말라고 했지만, 실수는 생길 것이다. 하지만 중요한 점은 실수를 했을 때 사소한 실수라도(사소함은 우리가 판단하는 것이 아니다. 고객이 한다) 정말 과하다 싶을 정도로 사과해야 한다는 것이다. 그리고 사과는 무엇보다도 신속해야 한다. 그래야만 진심으로 뉘우치고 있다는 당신의 진심이 전달된다. '내일 해도 괜찮겠지. 다음 주에 해도 괜찮겠지'라고 미적대는 사이 고객의 신뢰와 애정은 순식간에 떠나버린다.

여담이지만, 여기서 약간의 반전 스토리가 있다. "비온 뒤에 땅이 굳는다"라는 말이 기억나는가? 사실이다. 세일즈에서의 시의적절한 사과는 오히려 고객의 신뢰를 강화시키는 기회가 될 수 있다. 아무 기복 없이 지속되는 관계도 나쁘진 않지만, 무언가 화가 나서 소리를 지르고 나가라고 하며 '감정의 롤러코스터'를 함께 탔던 고객과 영업사원은 신기하게도 아주 특별한 사이로 발전하게 된다. 앞의 이야기의 고객과 내가 그랬다. 악몽의 이사 사건 이후 고객은 나의 진심 어린 사과와 보상적 행동을 통해 더 큰 신뢰와 애정을 주게 되었다.

세계 최고의 부자들은 자신의 고객과 시장 앞에서 이와 같이 '눈앞이 깜깜해지는 실수'를 한 번씩 겪어보았다. 그러한 과정을 통해 겉으로 드러나지 않는 서로의 밑바탕을 알게 되고, 최악의 모습까지도 보게 되기 때문에 더욱 깊이 상대를 이해하게 된다. 비즈니스의 세계가 아무도 예측할 수 없다는 것은 이러한 일들이 생기기 때문일 것이다. 결국 최고의 가치인 진정성을 보여주는 길만이 실수와 결함투성이인 인간을 성공하게 만들어준다.

상대방의 입장에서 생각하고 말하라
THINK AND SPEAK FROM THE OTHER PERSON'S POINT OF VIEW

> 남에 대해 이야기를 하려면 그 사람의 신발을 신고
> 일주일은 걸어보아야 한다.
>
> — 작가 미상 Unknown

앞에 앉아 있는 사람의 이야기를 들으며 '아니 도대체 무슨 소리를 하는 거지?'라는 생각을 해본 적이 있는가? 어떤 느낌인지 궁금하다면 통신사나 보험회사, 상조회사에서 오는 광고 전화를 받으면 알 수 있다.

"저희는 누구와도 비교할 수 없는 고객 서비스를 제공합니다."

"혁신적인 해결책과 후속 조치로 고객님께 부족함이 없습니다."

이런 모호한 말은 우리에게 특별한 의미를 주지 못한다. 만약 상담원이 뒤이어 "그저 그런 서비스와 남들과 똑같은 제품을 제공합니다"라고 말하더라도 우린 이미 듣고 있지 않을 것이다. 왜냐고? 말에 영혼이 없기 때문이다.

우리는 종종 형식적으로 하는 말을 듣고 "와 정말 영혼 없이 말하시네요"라는 유머를 던진다. 일상에서도 이러한데, 서로의 정곡을 찔러야 하는 세일즈에서는 어떠하겠는가. '영혼 없는 말'은 아무 말도 안 하느니만 못하다. 이런 말은 고객을 혼란스럽게 할 뿐더러 '이 사람은 나의 시간을 낭비시키는군!' 이라는 생각이 들게 만드는 주범이다.

모호한 말이 우리의 영혼에 닿지 못하는 이유는 간단하다. 듣는 사람의 입장을 전혀 고려하지 않고 말하기 때문이다. 새로운 스마트폰을 추천한다고? 내가 지금 어떤 요금제를 쓰고, 어떤 스마트폰을 쓰고 있는지 알고 있는가? 상조 서비스를 안내해주겠다고? 내가 상조 회사의 서비스가 필요한 상태인지를 알고 있는가? 이러한 행위는 "당신의 사정은 내 알 바 아니고, 일단 내가 돈이 필요하니 좀 사주십시오"라고 말하는 것과 다름없다.

고객의 입장을 고려하지 않는 사람을 우리는 '막무가내'라고 부른다. 막무가내인 사람은 결코 배려받지 못한다. 저 사람이 나의 입장을 생각해주지 않는데, 배려해줘야 할 이유가 있는가? 우리는 성인군자가 아니다! 상대방이 나를 대해주는 만큼, 우리도 상대방을 대한다. 그렇기에 우리는 나를 배려하지 않는 광고 전화를 별다른 미안함 없이 끊어버릴 수 있는 것이다.

고객의 입장을 생각하지 않으면, 당신이란 존재 역시 광고 전화처럼 갑자기 툭하고 끊겨버릴 것이다. 똑같이 일하면서 결코 1등을 하지 못하는 영업사원들의 또 다른 공통점이 무엇인지 아는가? 고객의 '눈'을 바라보지 않는 것이다. 고객의 반응 따윈 살피지 않고 자기 할 말만 신나게 하고 나온다. 그들의 방문에는 고객과의 '소통'이 없다. '대화'도 없고 회사에서 배운 대로, 회사에서 시킨 대로 하는 '전달'만 있을 뿐이다. 고객과 소통하려고 하지 않으니 고객의 눈을 바라보지 않는다. 애꿎은 제품설명서를 펼쳐놓고, 땅바닥만 쳐다보며 내 할 말만 주구장창 하고 나와서는, '아 그래도 오늘 해야 할 일을 했다'며 자위한다. 이렇게 해서는 결코 세일즈 실적이 늘지 않는다!

자신감을 갖고 고객의 눈을 바라보아야 한다. 눈은 영혼의 창이라고 하지 않는가? 영혼이 있는 대화는 눈을 보는 것에서 시작된다. 자세한 내용이 궁금하다면 당장 '아이컨택의 중요성'이라고 검색해보라. 심리학자들의 다양한 실험과 전문가들이 주장하는 아이컨택이 사람 사이의 호감도를 높인다는 주장을 뒷받침한다. 사람의 눈을 보면 그의 기분과 상태, 마음이 고스란히 전달된다. 오로지 인간만이 느낄 수 있는 신비한 선물이다. 상대방의 눈을 보면 지금 여기서 한마디를 더 해야 할지, 아니면 질문을 해야 할지, 아니면 말을 멈추고 반응을 기다려야 할지 알 수 있게 된다.

고객의 눈을 바라보아야 한다. 월마트 Walmart 의 창업자 샘 월튼 Sam Walton 은 자신의 직원들에게 이런 말을 남겼다.

"이 세상의 어떤 소매상도 내가 이제부터 여러분에게 제안하고자 하는 바를 할 수 없다고 생각합니다. 그것은 단순한 것입니다. 비용도 전혀 들지 않습니다. 나는 그것이야말로 우리의 고객들에게 마법처럼 작용할 것이고, 매출이 급신장할 것이라고 믿고 있고, 우리의 경쟁사를 앞지를 수 있다고 생각합니다.

나는 여러분이 나에게 맹세해주기를 바랍니다. 여러분이 어떤 고객과 10피트 거리 안에 있게 될 때마다 그의 눈을 주시하며, 그에게 인사를 하고, 그를 도울 수 있겠는지 물어보겠다고 약속해 주십시오. 물론 나는 여러분들 중에 몇몇이 천성적으로 수줍기도 하고, 어쩌면 다른 사람들을 성가시게 하고 싶어 하지 않을 수 있다는 것을 잘 알고 있습니다. 하지만 여러분이 이 점에 있어서 나와 뜻을 같이 해준다면, 확신하는 바 그것은 여러분들이 리더가 되게 해줄 것입니다. 여러분의 성격이 개발될 수 있을 것이고, 사교적이 되어 조만간 여러분이 속한 상점에서 책임자가 되고, 부서장이 되고, 지역 책임자가 될 수 있을 것입니다. 또는 회사에서 여러분이 되고자 하는 무엇이든 될 수 있을 것입니다. 그것은 당신에게 놀라운 일을 해줄 것입니다. 나는 그것을 보증합니다."

눈을 보고, 도와줄 것이 있는지 꼭 물어보아라. 이 것은 당신이 세일즈에 대해 꼭 알아야 할 최고의 원칙 중 하나다. 이제 내가 매일 겪는 세일즈의 현장을 당신에게 그려주겠다.

똑똑똑. 세 번의 노크 소리 후, "들어오세요"라는 대답을 듣고 진료실에 웃으며 들어간다.

"안녕하세요, 원장님. ○○○담당자입니다."

"아, 그래요? 어서 와요(친절한 좋은 고객이다! 사실 고객으로부터 어서 오라는 말을 듣기까지는 상당히 오랜 시간이 걸린다)."

여기까지는 순조롭다. 이제부터는 영업사원의 역량이다. 무슨 이야기를 꺼낼 것인가? 바로 제품이나 거래 이야기를 할 것인가? 너무 속보이지 않는가? 뭔가 분위기를 가볍게 만들어야겠다는 생각이 들지 않는가? 가장 만만한 이야깃거리인 날씨? 어젯밤에 나왔던 뉴스? 야구? 정치? 경제? 선택은 무한하다. 당신은 준비한 이야깃거리가 있는가?

초보 영업사원들이 가장 많이 하는 실수 중 하나는 고객과의 인사를 나누기 무섭게 바로 제품 이야기를 하는 것이다. 밑도 끝도 없이 말이다! 얼굴을 보자마자 제품 이야기라니! 침묵이 어색하고 무슨 이야기를 꺼내야 할지 모르겠으니 회사에서 배운 걸 빨리 해치우고 나가야겠다는 생각이다. 이건 정말 최악이다. 고객에 대한 배려는 전혀 없이 오로지 내 생각만 하는 행동이다.

물론 제품 이야기를 하는 것이 잘못된 것은 아니다. 제품 이야기를 하는 것은 굉장히 필요하다. 제약 세일즈의 원칙 중 하나는 "아무리 고객에게 사랑받고, 좋은 관계를 유지하더라도 제품에 대한 이야기를 꼭 하는 것을 잊어서는 안 된다"는 것이다. 사람은 망각의 동물이기에 고객이 잊어버리지 않도록 제품에 대해 계속 상기시키는 것은 중요하다.

다만 고객과의 면담이 시작되자마자, 제품 이야기부터 꺼내는 것은 너무 성급한 행동이다. 그것은 마치 식당 자리에 앉자마자 물 한 잔 마실 틈 없이 스테이크에 빵을 얹어서 당장 삼키라는 것과 다름없다. 상대방이 '들을 준비'가 되지 않았는데, 혼자 아무리 신나서 말한다고 해도 아무 소용이 없다. 게다가 이런 조급함은 고객의 마음을 상하게 하고 일을 어렵게 만들기도 한다. '이 녀석 봐라? 오랜만에 찾아와서는 그동안 잘 계셨냐는 안부 인사도 없이, 바로 자기 필요한 것만 이야기하네?'라고 생각하는 상황이 생길 수 있는 것이다!

나는 실제로 고객에서 무리하게 제품 이야기를 하다가 "이분, 마음이 너무 급하시네"라는 말을 들은 적이 있다. 그리고 그 기억이 도저히 잊히지 않는다. 고객의 실망스러운 표정, 더 이상 듣고 싶지 않다는 제스처가 너무나 생생하게 기억난다. 그때 느꼈던 나의 어수룩함과 부족함, 그리고 창피함은 앞으로도 절대 잊지 못할 것이다. 이런 경험을 한 번쯤 해보는 것은 나쁘지 않지만, 되도록 나와 같은 실수는 하지 않았으면 좋겠다.

그렇기에 탁월한 영업사원들은 잡담을 한다. 그리고 그들은 잡담에 능하다. 잡담은 고객의 자세를 바꿔주기 때문이다. 잡담은 긴장을 풀고 마음의 벽을 허물어 주는 좋은 도구다. 다만 '세일즈의 잡담'에는 규칙이 있다. 영업사원이 혼자 신나서 떠들어서는 안 된다. 자기 이야기에 심취해서 고객의 반응을 보지 않고, 하고 싶은 말을 하고 싶은 대로 해댄다면 그 역시 아웃이다!

세일즈의 잡담은 나보다 상대방이 자신의 이야기를 하게 만드는 것이다. 고객이 스스로 어떤 주제에 대해 자신의 견해와 경험을 이야기할 때 비로소, 고객의 경계심이 풀리고 마음의 문이 열린다. 이것이 '들을 준비'를 만드는 단계다.

최고의 세일즈맨들은 어떤 고객을 만나도 이 과정을 능숙하게 해내며, 고객이 들을 준비가 되어 있게 유도한다. 기억하라. 잡담은 심심해서 하는 것이 아니다. 시간을 때우기 위해서 하는 것도 아니고, 어색하기 때문에 하는 것도 아니다. **잡담은 고객이 자기 이야기를 꺼내서 긴장을 풀고, 내 이야기를 들을 준비가 되도록 만들기 위해 하는 것이다.**

자 그렇다면, 잡담은 어떻게 해야 할까? 어떤 잡담이 좋은 잡담일까? 어떤 이야기를 해야 고객이 신나서 자기 이야기를 할까? 1등 세일즈 고수가 되기로 마음먹었다면 잡담도 1등처럼 해야 하지 않을까? 그저 그런 평범한 영업사원처럼 날씨 이야기나 할 것인가? 그저 그런 평범한 말을 꺼낸다면 당신의 실적도 그저 평범하게 될 것이다.

나는 고객과 어느 정도 안면이 트고 나면, 병원 근처의 식당, 특히 유명한 맛집을 찾아본 뒤에 꼭 이야기를 꺼낸다. 놀랍지 않겠지만, 맛집은 누구나 좋아한다! 이왕 먹는 밥, 맛있는 음식을 먹고 싶은 마음은 누구나 동일하다. 당신도 고객의 근무지 근처를 잘 살펴보고, 고객이 동료들과 점심을 어디서 자주 먹는지 알아보아라. 그리고 면담 자리에서 그 이야기를 슬쩍 꺼내보아라.

"원장님, 여기 오는 중 사람들이 줄 서서 먹는 냉면집을 보았는데 드셔보았나요?"

"여기 역 앞에 되게 유명한 빵집이 있던데, 오는 길에 보니 사람들이 길게 줄을 서 있던데요. 그 빵집이 정말 그만큼 맛있나요?"

"원장님 병원 근처에 혹시 자주 가시는 맛집이 있으신가요?"

이렇게 상대방이 알 만한 화젯거리에 대해 이야기하면 대화가 잘 이어진다.

"먹어봤다", "아직 안 가봤다", "거긴 별로다", "그 집은 정말 기가 막힌 맛집이다" 등 다양한 반응이 나올 것이다. 이러면 이야기를 술술 이어나갈 수 있다. 먹는 것을 이야기하다 보면 자연스레 "같이 한번 드시러 가실까요?"라고 이어질 수도 있다. 그러면 쿨하게 바로 그 자리에서 날짜를 잡아라! 당신이 반드시 잡아야 하는 고객이라면 더할 나위 없다.

말주변이 없어도 괜찮다. 상대방의 주변 정보를 관찰해서 화제로 삼아라. 요새 벚꽃이 참 예쁜 것 같다고 말하지 말고 이 근처 벚꽃이 많이 피는 곳이 어딘지 물어보라! 더 좋은 방법은 근처 벚꽃 개활지를 조사해 "제가 알아보니 이 근처 벚꽃은 여기 여기가 참 예쁘다고 합니다. 일요일에 가족분과 한번 가보시면 참 좋을 것 같습니다"라며 알려주는 것도 아주 훌륭한 방법이다. 고객은 고맙다고 말하며 벚꽃놀이에 대해 자신의 경험과 좋아하는 장소에 대해 이야기할 것이다.

남들처럼 아무 생각 없이 다녀서는 안 된다. 당신은 고객을 둘러싸고 있는 환경이 어떠한지, 그중에 고객과 이야기할 거리가 될 만한 게 있는지 계속해서 고민하라. 그리고 고민의 깊이가 깊어질수록 당신은 세계 최고의 세일즈맨에 더욱 가까워질 것이다.

마지막으로, 나는 당신이 '빈말'을 하지 않는 비즈니스맨이 되었으면 좋겠다. 고객의 입장에서 생각해보자. "다음에 식사 한번 하시죠", "식사 한번 대접하겠습니다"등 이런 허허로운 말을 고객들이 얼마나 많이, 자주 들을 것 같은가? 이런 빈말은 세일즈의 현장에서 가장 남발되는 말 중 하나다. 거의 인사처럼 나온다. "안녕히 계십시오" 보다 말하기 쉽고, 여지를 남기기 때문에 많이 쓰이는 것이다.

"다음에 하겠다"는 말은 "다음에 안 하겠다"는 말과 같은 뜻이다. 남들과 다른 최고의 세일즈맨이 되기 위해서는 이런 상투적인 말버릇에서 멀어져야 한다. 식사를 하자고 말하려면 날짜를 정하고 이야기를 꺼내라. "12일과 15일이 저는 괜찮습니다. 꼭 제가 한번 모시고 싶습니다. 둘 중 언제가 더 편하실까요?"라고 단도직입적으로 물어봐라. "언제 한번"과 같은 이런 말이 습관이 되면 당신의 실적도 '언제 한번' 오를 것이다.

세계 최고의 부자들은 아무 의미 없는 빈말을 하지 않는다. 그들은 자신의 대중에게 하는 말의 무게감을 너무나 잘 알고 있기에 반드시 지킬 수 있는 말만 한다. 아무리 사소한 약속도 지키기 위해 노력하고, 도움이 필요한 상황에 처했을때 가장 먼저 그들을 떠올리게 한다. 누구에게나 '믿을 만한 사람'이 되는 것이야말로 부와 성공에 이르는 가장 빠른 방법 중 하나다.

설득이 아닌, 설명을 해라
DO NOT TRY TO PERSUADE, JUST EXPLAIN

당신은 일반적으로 무엇(What)을 어떻게(How) 하라고 지시한다.
하지만 가장 중요한 것은 그 이유(Why)를 말하는 것이다.
무엇은 머리로 참여하게 만들고, 어떻게는 손으로 참여하게 만든다.
하지만 이유는 마음을 움직이게 하고 정서적인 유대관계를 형성한다.

— 그렉 크리드 Greg Creed

역사상 가장 위대한 외교관 중 한 명이라고 불리는 미국 건국의 아버지 벤자민 프랭클린 Bejamin Franklin 이 젊은 시절에는 남과 논쟁을 일삼는 인물이었다는 사실을 아는가? 벤자민 프랭클린은 정치가뿐만 아니라 과학자, 발명가, 언론인, 철학자, 사업가 심지어 스파이로도 활동했던 진정한 천재였다. 그렇게 똑똑한 사람이 혈기 넘치는 젊은 시절에 어떠했겠는가? 그는 자신의 의견 개진에 아주 민감했고, 주위 사람들은 물론 가족과도 끊임없이 싸우곤 했다. 친형 제임스와 함께 신문사를 운영하며 생긴 의견 차와 갈등이 극심해 수년간 의절까지 했다고 한다. 그랬던 프랭클린을 바꾼 것은 한 친구의 조언이었다.

"자네에게는 이제 희망이 없네 프랭클린. 자네의 의견에는 자네와 생각이 다른 모든 사람에 대한 반발이 들어 있어. 그 의견이 너무 도도해 아무도 자네를 상대해주지 않는 것이네. 자네의 친구들은 오히려 자네가 없는 사이를 더 즐기고 있어. 아무도 자네와 가까워지려고 노력하지 않아. 자네가 이렇게 언쟁만 일삼다가는 자네가 가진 작은 지식 외에는 더 이상 아무것도 가질 수 없을 거라고 생각되네."

프랭클린은 그의 조언을 받아들이고 논쟁을 일삼는 일을 그만두게 된다. 이후 그는 미국 의회에서 강경한 목소리를 내는 존 아담스 John Adams 에게 "정치란 가능성의 예술이네 존. 생각하는 바를 직설적으로 말하는 것에 나는 반대일세. 생각을 직접 말하는 습관은 인류의 불행을 만드는 요인 중 하나이거든"라고 말할 정도의 조심스러운 사람이 되게 된다. 그렇게 그는 역사상 가장 위대한 정치인이 되어 인류 역사의 진보에 큰 공헌을 했다.

그의 큰 업적 중 하나는 초대 미국 프랑스 주재 대사로 파리에 건너가 당시 약소국이었던 미국을 위해 '위대한 프랑스'가 영국과의 전쟁에 참여하게 만든 것이었다. 루이 16세와 베르사유 궁정의 권력자들에게 세일즈를 해낸 것이다. 프랭클린이 이런 엄청난 일을 해낼 수 있었던 데에는 다른 사람을 꼭 설득해내야 했던 어릴 적의 습관을 버린 것이 유효했다. 그는 베르사유에서 그 누구도 말로 이기려고 하지 않았다. 그렇게 함으로써 프랑스의 귀족들로부터 사랑과 인정을 받은 그는 역사상 가장 위대한 세일즈맨 중 하나였다.

더 강한 논리와 근거를 제시하며 다른 사람을 깨우쳐 그의 의견을 바꾸려는 것을 우리는 설득이라고 부른다. 설득의 힘은 참으로 대단해 우리는 수많은 서적에서 사람들을 효과적으로 설득하는 방법에 대해 읽어볼 수 있다. 나는 설득의 효과를 폄하할 생각은 없다. 다만 10년간의 세일즈 경험과, 개인적으로 연구한 수많은 세일즈 사례를 통해 고객이 나와 다른 의견을 가지고 있을 때 그에 상반되는 주장을 하며 '설득'하는 것보다는 고객의 의견을 존중하고 내 의견을 객관적으로 '설명'하는 것이 더 효과적이라는 사실을 발견할 수 있었다.

《세일즈, 말부터 바꿔라》의 저자 황현민은 말했다.

"쇼호스트 시절, 반드시 고객을 설득하고야 말겠다고 욕심을 부리며 방송할 때보다, '고객에게는 이 상품이 생소할 거야. 부족함 없이 모든 것을 설명해드려야지'라는 마음으로 임했을 때 더 좋은 결과를 내었다. 어설픈 설득은 의도와는 달리 관계의 독으로 작용하는 경우가 많다. 당신은 그저 고객이 당신의 제안을 이해하도록 설명하면 된다. 설명만 잘해도 설득이 가능하다."

나와 완벽하게 같은 생각이다. 설명을 잘하면 설득은 자연스레 따라온다. '어떻게 하면 고객의 반박을 이겨내지? 어떻게 받아쳐야 고객을 내 뜻대로 움직이게 하지?' 이런 생각은 하지 않아도 된다. 그저 어떻게 하면 나의 제품, 그리고 나의 제안에 대해 고객이 100% 이해하게 할 수 있을까, 어떻게 최고의 설명을 할 수 있을까에 대해서만 고민하면 된다.

설명은 객관적이다. "○○은 ○○입니다"라는 설명에는 사견이 들어가지 않는다. 그저 있는 그대로를 말한다. 감정 없이 객관적으로 이 선택을 해야 하는 이유를 말한다. 그 이유가 충분하고 않고는 개개인이 각자 내릴 판단이다.

내가 담당했던 고지혈증 약제에 대해 이야기해보겠다. 나는 고객에게 이렇게 말하곤 했다. "가장 많은 임상 자료를 가진 국내 유일의 오리지널 고지혈증 치료제입니다, 원장님. 가격이 다른 약제들보다 비싼 것이 흠이라면 흠입니다. 하지만 원장님께서도 알고 계시듯이 약가 산정에는 임상 자료의 숫자가 반영됩니다. 그렇기에 환자에게 더 안전한 약제라는 것을 꼭 말씀드리고 싶습니다."

이렇게 객관적으로 설명만 하면 고객은 고개를 끄덕이며 잘 들어주었다. 하지만 여기에서 "가격이 비싸다고 생각하실 수 있겠지만 실제로 그렇게 비싼 것은 아닙니다. 막상 30일 치를 처방하면 약가 차이는 그렇게 크지 않습니다"라는 개인적인 의견 제시를 하며 고객을 설득하려 하면, 고객은 오히려 가만히 있지 않았다. 목소리를 내어 내 생각이 틀렸음을 지적했다.

"그 작은 차이가 환자에게는 참 크게 느껴지는 거예요. 약가는 병원의 평판에도 영향을 주게 되고요."

진실이 무엇인지는 중요하지 않았다. 나는 결코 이 논쟁을 이길 수 없었고 이겨서도 안 되는 것이었다. 적어도 나의 경험에서는, 내가 어떤 말을 해도 고객이 이 약제가 비싸다고 생각하는 인식을 바꿀 수 없었다. 차라리 상반되는 의견이 나올 수 없는, 효과나 안전성에 대해 수치를 들어가며 객관적으로 이야기하면 고객은 조용히 들어주었다. 결국 나는 내가 고객을 설득하고 의견을 바꿀 수가 없다는 결론을 내리게 되었다.

물론 제약 시장의 특수성도 있을 것이다. 앞에서 말했듯 영업사원보다 의사가 인체와 약제에 대해 더 잘 알기 때문이다. 영업사원이 설득을 하겠다는 마음으로 가르치려 들면 '어라? 자기가 얼마나 잘 안다고 나를 가르치려 들어?'라는 생각과 함께 헛소리 말라며 무시하거나, 심해지면 호통과 함께 나가라는 말도 들을 수 있는 곳이 제약 세일즈다. 그렇기에 제약 영업사원은 설명하는 것에 중점을 두게 되고, 얼마나 객관적으로 고객에게 도움이 되는 정보를 잘 설명하느냐가 영업사원의 실적을 판가름하게 되는 것이다.

설득이 아닌 설명의 힘을 보여준 엄청난 사례가 있다. 소프트뱅크 손정의 회장은 사우디아라비아의 왕자 무하마드 빈 살만과의 45분 미팅에서 450억 달러를 받아내며 역사상 유례없는 세일즈를 해냈다. 여기서 그는 사우디 왕자를 설득하지 않았다. 그저 자신의 계획을 설명했다. 물론 손정의 특유의 과감함과 카리스마, 용기 그리고 확신이 미팅에 큰 영향을 끼쳤을 것이다.

무하마드는 사우디아라비아의 왕위 계승 서열 1위 왕세자다. 그가 내건 '사우디 비전 2030'은 세계 경제학자들 사이에서 화제가 되었는데, 사우디 경제를 석유 의존에서 탈피시키겠다고 선언했기 때문이다.

2016년 9월, 무하마드는 처음으로 일본을 방문했고, 여러 재계 인사들과 인사를 나누었다. 그중 손정의에게 주어진 시간은 정확히 10분이었다. 그는 특유의 허풍을 시작했다.

"폐하, 모처럼 일본에 오셨는데 빈손으로 돌아가시면 너무 아쉬울 것 같습니다. 그래서 제가 1조 달러의 가치가 있는 도쿄 특산품을 선물로 준비했습니다."

무하마드의 표정이 바뀌었다. 1조 달러라니! 원으로 바꾸면 천조 원이 넘는다. 이쯤 되면 아무리 많은 돈을 가진 사우디 왕자라도 놀랄 수밖에 없었다. 손정의가 제시한 것은 식품이나 벗나무 또는 유물 따위가 아니었다. 그건 투자 펀드의 설립이었다. 장래 유망한 신생 벤처기업들에게 투자

하려고 했는데, 전 세계의 캐피탈을 모아도 6조 엔 정도였다. 이것을 10조 엔 규모로 키워보려고 하는데, 참여하는 것이 어떻겠냐는 것이 그의 제안이었다. 손정의는 자신이 있었다. 당시 소프트뱅크의 펀드 투자 실적을 나타내는 내부 수익률은 1999년 이후 17년간 꾸준히 44%를 기록하고 있었기 때문이다.

"신은 사우디아라비아와 폐하에게 석유라는 최고의 선물을 주셨습니다. 신이 제게도 그런 선물을 주신다면, 저는 미래를 내다볼 수 있는 수정구슬을 받고 싶습니다. 저는 최근 암ARM 이라는 기업을 매수했습니다. 앞으로 20년 동안 암이 만든 반도체칩 1조 개가 세계 곳곳에 퍼질 것입니다. 거기서 얻을 수 있는 데이터로 무엇을 볼 수 있다고 생각하십니까? 그것이야말로 미래를 볼 수 있는 수정구슬이 아닐까요? 신은 다시 한 번 폐하에게 최고의 선물을 주실지도 모릅니다."

10분 예정이었던 미팅은 45분 동안의 깊은 대화로 이어졌다. 그리고 한 달 후, 소프트뱅크와 사우디 왕실은 5년에 걸쳐 450억 달러를 각출받는 계약을 체결하게 된다.

손정의는 정직하게 자신의 비전을 설명했다. 그리고 그의 설명을 들은 무하마드 왕자는 스스로 판단을 내려 손정의에게 투자했다. 그가 만약 자신이 '설득당했다'라고 생각한다면 사우디아라비아와 소프트뱅크와의 관계는 시간이 지남에 따라 차차 줄어들었을 것이다. 하지만 지금도 사우디 왕실의 투자는 계속되고 있다.

설득이 아닌, 설명을 통해 서로를 믿을 수 있는 장기적인 관계를 만들어야 한다. 교묘한 말로 상대를 끌어내어 설득해낸들, 나중에 "생각해보니 좋지 않은 거래 같아 취소하고 싶습니다"라는 말을 듣기 십상이다. 그렇기에 기업들이 수많은 규정을 통해 핑계를 대며 환불 불가라고 말하고 있는 것이다.

그리고 당신이 설명을 해야 하는 또 다른 이유가 있다. 설명은 우리가 이야기하는 제품과 서비스를 스스로 '객관적'으로 평가하게 만든다. 객관적으로 보게 되면, 고객에게 객관적으로 말하게 된다. 객관적으로 말하면, 어쩔 수 없이! 나에게 아닌, 고객에게 최선인 방법을 제안하게 되는 것이다. 세계 최고의 부자 중 한 명인 손정의는 자신의 비전과 계획을 너무나 객관적으로 사우디 왕자에게 설명했고, 그 효과는 말 그대로 완벽했다. 우리가 만들어내는 비즈니스도 이와 같아야 한다. 비즈니스맨이 자신의 이익과는 무관한 일로 고객을 위해 무언가를 하는 데서 신뢰가 시작된다고 말했다. 나의 이익이 아닌 고객에게 무엇이 최선인지 말하기 시작할 때, 당신의 업계에서의 새로운 신화를 비로소 시작할 수 있을 것이다.

관심을 갖고, 질문을 던져라
ASK THE QUESTION WITH UTMOST INTERSEST

인간의 탁월함을 가장 훌륭하게 드러내는 방식은
자신과 타인에게 질문을 던지는 것이다.

– 소크라테스 Socrates

"너 자신을 알라 Gnothi seauton "라는 말로 우리에게 잘 알려진 소크라테스는 그 어떤 철학자보다도 질문을 던지는 것 자체에 큰 의미를 두었다고 한다. 그는 다양한 사람들과 토론하는 것을 즐겼는데, 일반적인 철학자들이 제자들이 던진 질문에 답을 주고자 했던 것과는 달리 거꾸로 질문을 먼저 하고는 했다. 그는 정의가 무엇인지, 경건하고 불경한 것이 어떤 의미인지, 신중함과 무모함이 어떻게 다른지, 우정을 어떻게 볼 것인지 등에 대해 질문을 던지고, 그 과정을 통해 계속해서 답을 찾아나가도록 유도했다. 이것은 '질의응답을 통한 지식 추구의 변증법'으로 발전하게 되었고, 이후 인류의 철학에 깊게 자리하게 된다.

질문은 사람의 마음의 문을 여는 가장 첫 관문이다. 서로에게 질문하지 않으면, 사람의 마음은 결코 열리지 않는다.

제 4차 중동 전쟁 이후, 이집트 대통령 중 최초로 이스라엘을 방문한 안와르 사다트 대통령의 마음을 움직였던 것은, 한 기자의 질문이었다.

"대통령님, 당신은 진심으로 평화를 모색하고 있는 것 같습니다. 그러면 그런 진심을 어떻게든 이스라엘에 보여줄 수는 없을까요? 예를 들면 이스라엘과 직접적인 인적 접촉의 문을 여는 것은 어떻습니까? 언론인이나 운동선수, 학자들의 교류를 허용할 용의는 없으십니까?"

그가 던졌던 질문은 몇 달 동안 사다트 대통령의 마음속에서 싹을 틔웠고, 예루살렘 방문으로 이어지게 된다. 이 방문에서 이집트 대통령이 이스라엘 국회에서 연설하는 역사적으로 경이로운 사건이 탄생했고, 그를 계기로 1979년 이집트-이스라엘 평화조약이 맺어지게 된다. 작은 질문이 얼마나 큰 영향을 끼칠 수 있는지 느껴지는가?

재미있는 이야기를 잘하는 사람이 있다. 어떤 자리에서든 항상 모임을 진행하며, 무슨 말을 하기만 하면 주위 사람들이 빵빵 터진다. 당신도 이런 사람을 보고 부러워한 적이 있을 것이다. 나도 그랬다. 내 회사 동기 형은 〈박명수의 라디오쇼〉에 출연할 정도로 입담이 좋고, 연예인 성대모사도 곧잘 한다. 형의 입담이 부러운 적도 많았고, 종종 따라해보기도 했지만 "뱁새가 황새를 따라가면 다리가 찢어진다"는 말을 실감하고는 나대로 살기로 했다.

그렇다면 과연 이런 사람들이 세일즈를 잘할까? 정답은 꼭 그렇지만은 않다. 앞에서 말한 형을 이야기하는 것은 아니다. 그는 상도 받는 훌륭한 영업사원이다. 하지만 나는 그렇게 재미있게 말할 줄 아는 영업사원이 생각처럼 실적이 나지 않아 어려움을 겪는 경우를 많이 볼 수 있었다. 이런 경우에는 말을 잘하기 때문에 주위에서 기대가 크다. 하지만 그만큼 실적이 따라주지 않으면 주위의 기대에 부응하지 못해 자신감이 더욱 없어지며 악순환에 빠지기 쉽다.

세계 최고의 세일즈맨이 되기 위해 뛰어난 언변보다 더 필요한 것은, 상대방의 삶 자체에 지대한 관심을 갖고 대화를 나눌 줄 아는 능력이다. 상황을 그려보자.

"저번에 저희 회사에 정말 웃긴 일이 있었습니다."

"아 그래요?"

"이러이러했는데 그 팀장님이 이러이러했지 뭡니까, 하하."

"하하하, 재밌네요."

이렇게 고객을 웃기면 나쁠 것은 없다. 하지만 그다음은 무엇인가? 일방적으로 웃기는 이야기를 하고 상대방이 듣기만 하면 그 이야기는 큰 의미가 없다. 앞에서 말했듯이, 세일즈를 위한 잡담은 고객의 마음의 벽을 허물고, 스스로 자기 이야기를 꺼내게 하기 위함이다.

탁월한 영업사원은 결코 고객을 웃기기 위해 노력하지 않는다. 고객이 주도적으로 자기 이야기를 하도록 만든다. 그리고 자연스럽게 '고객의 삶에 대한 화제'를 꺼낸다. 관심을 갖고 그에 대해 질문하기 위해 내가 애용하는 방법은 고객의 사무실(진료실)을 잘 관찰하고, 소품에 대해 물어보는 것이다.

"신기한 장식품이네요. 누가 선물해주신 건가요?"

"저 사진은 원장님께서 직접 찍으신 것 같습니다. 맞나요?"

"리처드 도킨스의 책이 많이 보이네요 원장님. 그의 책을 좋아하시나요?"

이런 질문은 서로 알게 된 지 얼마 되지 않았을 때 어색함을 없애주고, 고객이 자기 이야기를 편하게 할 수 있게 해준다. 그리고 조금씩 친해질수록 답변의 길이가 길어지게 된다! 나는 고객이 좋아하는 영화 이야기를 꺼냈다가 무려 15분 동안 대화를 나눈 적이 있다. 15분이라니! 밖에 환자들이 기다리고 있었는데 말이다.

우리의 목표는 고객이 '어라? 이 영업사원은 나한테 관심이 많네?' 라고 느끼게 하는 것이다. 헨리 데이비드 소로 Henry David Thoreau 는 "오늘 나는 최고의 존중을 받았다. 어떤 사람이 내 생각을 묻더니 내 대답에 성의껏 귀를 기울여주었다"라고 말했다.

고객에 대해 물어보아라. 고객의 생각을 물어보아라. 고객이 어떤 삶을 살고 있는지, 어떻게 출퇴근하는지, 가족 관계는 어떤지, 무엇을 좋아하고 무엇을 싫어하는지, 어떤 텔레비전 채널을 즐겨보는지, 어떤 정치 신념을 갖고 있는지, 재테크는 어떻게 하는지, 일요일은 주로 어떻게 보내는지, 최근 가족여행은 어디를 다녀왔는지, 자녀는 몇 살이고 요새 부모의 속을 얼마나 썩이는지, 관심을 가져라. 우리는 모두 비슷한 인간이다. 조금도 더하지도, 덜하지도 않다. 우린 누구나 나의 마음과 영혼에 와닿는 진심 어린 말을 하는 사람들에게 귀를 기울인다.

넷플릭스의 성공 요인 중 하나는 고객이 어떤 영화를 좋아하는지에 대한 끊임없는 연구가 있었다는 사실을 알고 있는가? 넷플릭스의 창업 멤버 중에는 미국 비디오 소프트웨어 중개인협회 VSDA의 회장 미치 로(Mitch Lowe)가 있다. 그는 과거에 비디오 드로이드(Video Droid)라는 작은 비디오 대여점 체인을 운영했었는데, 그의 특징은 비디오를 빌려가는 고객과 누구보다도 깊은 유대를 맺고 있었다는 사실이다. 그는 고객이 무슨 영화를 좋아하는지, 무슨 영화를 보고 싶어 하지만 아직 모르고 있는지(좋아하는 영화의 성향을 고려해)까지 알고 있었다. 넷플릭스 창업자 마크 랜돌프는 오랜 구애 끝에 그를 넷플릭스로 데려오는 데 성공했고, 미치는 넷플릭스의 발전에 큰 기여를 한다. 한 명 한 명의 고객에게 세심한 관심을 갖는 일이 성공적인 비즈니스에 좋은 영향을 준 사례다.

관심을 갖고, 질문을 던져라. 당신이 더욱 깊이 고객을 바라볼수록, 당신의 질문도 깊이를 가지게 될 것이다. 처음에는 주위의 관찰에서 시작된 가벼운 질문이지만, 나중에는 고객이 어떤 인생철학을 갖고 있는지, 어떻게 세상을 바라보는지, 세상의 어떤 것에 아름다움을 느끼는지, 인생에서 무엇을 중요하게 생각하는지, 이 세상을 어떻게 살아가야 하는지에 대해 서로 깊은 대화를 나눌 수 있을 것이다.

동서 냉전이 끝내고 소련의 문을 열었던 고르바초프 Mikhail Gorbachev 서기장과의 첫 인터뷰를 맡은 CNN 기자는 "아버지가 남기신 가장 큰 가르침은 무엇이었습니까?"라는 질문으로 고르바초프를 놀라게 했고, 10분 예정이었던 인터뷰가 한 시간으로 늘어났다고 한다. 이렇듯 정곡을 찌르는 좋은 질문은 소련 서기장의 마음도 열었는데, 고객이라고 어려울까! 지대한 관심을 가지고, 고객에게 질문을 던져라. 두드리면 열릴 것이다.

마지막으로 CNN 앵커이자 에미상 수상자이며 《판을 바꾸는 질문들 Ask More》의 저자 프랭크 세스노 Frank Sesno 의 말을 인용하고 싶다.

"질문은 인간의 고유한 속성이다. 질문은 우리 자신을 위한 투자요, 미래를 위한 투자다. 질문을 더 많이 할 때 우리는 마음을 열게 되고, 타인에게도 마음을 열 것을 종용하게 된다. 질문은 우리가 타인과 이어지는 길이다. 나는 질문이야말로, 모방이 아니라 상대방을 가장 진실하게 치켜세우는 방법이라 믿는다."

세계 최고의 부자들 역시 그 누구보다도 활발한 에너지로 주위 사람들에게 질문을 던지는 사람들이라는 점을 기억하자. 전 세계에서 가장 많이 팔린 자기계발서 《성공의 법칙》의 저자 나폴레온 힐은 자신의 책을 쓰기 위해 수천 개의 질문을 수백 명의 사람들에게 던졌다. 나이키의 창업자 필 나이트는 최고의 러닝화를 만들기 위해 끊임없이 육상 선수들에게 러닝화를 잘 만드는 방법을 질문했다. 이제는 당신이 원하는 것을 얻기 위해 질문할 차례다.

비포와 애프터를 생생하게 그려주어라
LET THEM IMAGINE THE BEFORE AND THE AFTER

세상을 변화시키기 위해 마법은 필요 없다.
우리는 우리가 필요한 모든 힘을 우리 안에 이미 지니고 있다.
우리는 더 상상할 수 있는 힘을 가지고 있다.

— 조앤 롤링 J. K Rowling

자세히 보아야 예쁘다. 오래 보아야 사랑스럽다. 너도 그렇다.

나태주 시인의 〈풀꽃〉이라는 작품이다. 짧은 시지만, 네티즌들에게 가장 많은 사랑을 받은 시 중 하나다. 사람과 사람 사이 관계를 이만큼 함축적으로 잘 나타낼 수 있을까. 이 시가 사랑받은 이유는 '풀꽃'이라는 이미지를 누구나 생생하게 그릴 수 있기 때문이다. 풀꽃이라는 단어를 들으면 누구나 생생하게 그 이미지를 그릴 수 있다. 집 앞에 나가면 보이는, 흔하디 흔한 풀꽃, 쉽게 지나치기 쉬운 풀꽃이다. 만약에 풀꽃이 아닌 '플루메리아'라는 이름으로 작가 혼자 알고 있는 꽃을 정해 시를 지었다면 모두들 '그게 뭐지?' 하며 의아했을 것이다.

홈쇼핑에서는 한 시간의 방송 동안 유독 주문이 쏟아지는 때가 있다고 한다. 그중 하나가 바로 비포 앤 애프터의 장면을 보여줄 때다. '백문이 불여일견'이라고 했던가. 쇼호스트가 아무리 백 마디를 떠들어도, 제품을 사용하기 전과 후의 확연한 차이를 눈으로 볼 수 있는 비포 앤 애프터의 장면에서 고객의 반응은 극적으로 바뀌게 된다. 인간은 시각의 동물이기에 무엇이든 눈으로 볼 수 있어야 한다.

가령 헤어드라이기 방송을 보면 모델이 비포 장면에서는 세상의 온갖 근심 걱정을 다 안고 있는 듯 울상을 짓는다. 그러다 제품으로 머리를 예쁘게 말아 올린 애프터에서는 세상 모든 것을 가진 것처럼 행복한 표정으로 바뀐다. 자세히 보면 메이크업도 바뀐 것 같고, 뭔가 다른 사람이라는 생각이 들 정도다! 머리를 예쁘게 했다는 이유로 갑자기 표정이 달라질 리는 없다. 이런 사실은 홈쇼핑도 알고 고객도 안다. 유치하다고 생각할 수도 있다. 그럼에도 불구하고 홈쇼핑 업체에서 이 유치한 장면을 계속 연출하는 데는 그만한 이유가 있다. 시각적 효과가 가진 강력한 임팩트가 세일즈에 주는 지대한 영향 때문이다.

생생한 이미지는 고객이 막연하게 갖고 있던 기대에 대한 확신을 안겨준다. 제품에 대한 설명을 들으며 '괜찮아 보이는 걸?'이라고 들었던 생각이 '놓쳐서는 안 되겠는 걸?' 하고 바뀌는 순간이 비포 앤 애프터다. 여기에 약간의 상상력이 더해진다. '아, 나도 저 제품을 사용하면 저렇게 예쁘고 행복한 모습으로 바뀔 수 있겠구나'라고 생각하며 주문을 위해 전화기에 손을 뻗게 된다.

영업사원은 고객이 얻는 혜택이 생생하게 느껴지도록 만들어야 한다. '과연 이 영업사원을 믿고 거래를 하면 나에게 혜택이 있을까?'라는 고객이 가진 불안과 막연한 기대를 확신으로 바꿔주어야 한다. 그렇기 위해서는 가능한 모든 수단을 동원해, 생생한 이미지를 그려주는 것이 필요하다. 한 사례를 살펴보자.

로위 ^{Lowe} 부부는 침실이 두 개 딸린 집을 팔기로 했다. 중개인들은 "안락한 방 여섯 개짜리 집, 농장 스타일, 벽난로, 차고, 온수가 잘 나오는 욕실, 대학, 운동장, 골프장, 초등학교가 인근에 위치"라는 평범한 광고를 실었다. 석 달 동안 아무 연락이 오지 않았다. 결국 로위 부인은 자신이 직접 광고를 냈고, 바로 다음 날 광고를 보고 전화한 여섯 명 중 하나가 집을 샀다. 그녀의 광고는 다음과 같았다.

"우리 집이 그리울 거예요. 우리는 이 집에서 행복했습니다. 하지만 침실 두 개로는 부족해서 이사를 가야만 하네요. 아늑하고 편안한 벽난로 옆에 앉아 넓은 창문을 통해 가을의 숲을 감상하고 싶다면, 무더운 여름날 나무가 울창한 시원한 마당과 겨울 석양이 잘 보이는 전망이 있고, 봄이면 개구리 울음소리가 들릴 정도로 조용하지만 도시의 편리함과 시설들이 모두 있는 집을 원한다면 저희 집을 사세요. 꼭 그렇게 하기를 바래요. 우리는 크리스마스에 이 집이 외롭게 텅 비어 있는 것을 원치 않으니까요."

로위 부인은 '집'이 아니라 '모두가 원하는 아름다운 가정'을 생생하게 그려주었다. 이 집에 들어오면 당신이 꿈꾸던 가정을 가질 수 있다는 걸 보여준 것이다. 비포는 지금 현재 상대적으로 부족하다고 느껴지는 집이고, 애프터는 새로운 집에서 생생하게 그려지는 행복한 가족의 모습이다.

의료기기 살균 장비를 판매하는 조지 루드비히 ^{George Ludwig} 는 수많은 프레젠테이션 경험에서 고객이 제품을 만져보고, 작동시키는 경험에서 감각적인 자극을 받고, 호감을 느낀다는 사실을 발견했다. 그래서 그는 제품 프레젠테이션에서 고객의 역할을 계속 늘렸다. 프로젝터나 살균 장비의 위치를 잡는 데 도움을 청하고, 펜과 종이를 빌려달라고 하고, 고객이 장비의 버튼을 누르고 조립을 돕고, 시연을 진행하게 했다. 고객이 프레젠테이션의 과정에 더 많은 부분을 차지할 수 있도록 계속해 유도한 것이었다. 효과는 기대 이상이었다. 프레젠테이션에 참가했던 여섯 명의 고객 중 네 명이 장비를 구입했다.

내가 고지혈증 약제를 팔 때도 가장 효과가 좋았던 제품설명회는, 고객이 직접 참여할 수 있는 '초음파 세션'이었다. 고지혈증이라는 질환은, 시간의 경과에 따라 신체의 혈관에 나쁜 콜레스테롤 찌꺼기 ^{Plaque} 가 쌓여 동맥경화와 심혈관 질환을 일으키게 된다. 그래서 현재의 상황을 직접 눈으로 보기 위해, 초음파 기계를 통해 각 부위의 혈관을 살펴보는 과정이 필요하다.

제약회사들의 고지혈증 약제의 제품설명회는 보통 "고지혈증에 대한 최신 지견"이라는 이름으로 대학병원 교수의 강의를 준비하는 것이 일반적이다. 하지만 나는 조금 특별한 강의를 준비하고 싶은 마음으로, 초음파 기기 판매 업체와 협업을 통해 강의와 함께 초음파 실습을 할 수 있는 제품설명회를 준비했다. 평소보다 준비하고 확인해야 할 사항이 배로 많았기에 과정은 쉽지 않았지만, 그만한 가치가 있었다. 고객들의 반응이 굉장히 좋았던 것이다. 참석했던 대부분의 고객들이 내 제품의 처방을 두 배 이상 늘려주었다.

그리고 이 제품설명회는 나에게 조금 더 특별했다. 평소에 나와 대화가 잘 통해 좋은 관계를 만들었지만, 결코 내 제품을 사용하지 않던 고객이 이 자리에 참석한 후, 자신의 고지혈증 약제를 모두 내 제품으로 바꾸었기 때문이다! 고객들은 제품설명회에서 직접 초음파 검사를 진행하며 내가 담당하는 제품의 효과를 생생하게 느끼고 나자 생각을 바꾼 것이었다. 2년 동안 내가 방문하며 수없이 이야기해왔지만 바뀌지 않던 고객이, 직접 만져보고 느껴봄으로써 그렇게 갑자기 변하는 모습이 너무나 놀라웠다.

당신의 제품과 서비스를 고객이 '생생하게' 느낄 수 있도록 만들어라. 그것이 무엇이냐에 따라 고객의 감각을 생생하게 자극하고, 제품에 대해 잊어버리지 않게 하는 데는 다양한 방법이 있을 것이다. 내가 항상 영감을 얻었던 것은 경쟁사의 세일즈 활동이었다. 그들의 제품설명서, 리마인더, 메시지, 홍보물을 찾기 위해 동분서주하고, 그것보다 더 나은 자료를 전달하기 위해 노력했다. 정말 좋다고 생각되는 홍보물은 직접 비슷하게 제작해보기도 했다.

월마트의 창업자 샘 월튼은 "내가 한 일의 거의 대부분은 다른 누군가에게서 모방한 것이었다"고 말하며 다른 사람들, 특히 경쟁자들로부터의 배움을 강조했다. 그는 이렇게 말했다.

"우리가 경험이나 정교함이 부족한 것을 보완하기 위해 노력을 기울여온 또 다른 방식은, 할 수 있는 많은 시간을 투자해 경쟁자를 조사하는 일이었다. 그것은 내가 아주 초기부터 해온 일이고, 또한 모든 책임자들에게 요구한 일이기도 하다. 우리의 경쟁자라면, 누가 되었든지 확인하라. 그리고 나쁜 면은 보지 말고 좋은 면을 보라. 오직 하나의 좋은 아이디어를 얻었다 할지라도, 그것은 당신이 그곳을 들어갈 때보다 하나가 많아진 것이다. 우리는 그 하나를 가져오도록 노력해야 한다. 우리가 관심을 기울여야 할 부분은 그들이 잘못하는 점이 아니라 잘하고 있는 점이다. 그리고 누구나 무언가 하나 정도는 잘하고 있기 마련이다.”

　명심하라. 당신의 제품과 서비스는 고객의 삶을 반드시 더 좋게 만들어 주어야 한다. 고객의 삶이 어떻게, 얼마나 더 좋아질지를 생생하게 그려주는 일부터 시작하라.

최고의 멘트, "뵙고 싶어서 왔어요!"
THE BEST COMPLIMENT IS
"I'M JUST HERE TO SEE YOU"

왜 웃지 않는가. 나는 밤낮으로 무거운 긴장감에 시달려야 했다.
하지만 내가 웃지 않았다면, 나는 이미 죽었을 것이다.

― 에이브러햄 링컨 ABRAHAM LINCOLIN

세일즈를 하며 병원을 방문하다 보면, 자연스레 경쟁사 직원들을 많이 보게 된다. 대기실에서 함께 고객의 진료가 끝나기를 함께 기다리고 누가 먼저 병원에 왔냐는 아주 단순한 상도덕의 규칙에 따라 형님 먼저, 아우 먼저 느낌으로 고객을 만나러 진료실에 들어간다.

그렇게 진료실에 들어가는 제약회사 영업사원을 자세히 보면, 재미있는 점을 찾을 수 있다. 들어가기 전과 후에 얼굴에 환한 미소가 끊이지 않는 영업사원이 있는가 하면, 영혼이 없는 로봇이나 인형처럼 딱딱한 표정으로 "내 할 일 하러 왔습니다"라는 느낌을 주는 영업사원이 있다.

아니나 다를까, 그 병원에서의 실적을 살펴보면, 웃으며 일하는 영업사원이 역시나 압도적이다. 딱딱한 나무인형처럼 일하는 영업사원의 실적은 높지 않으며, 혹시 그렇다고 하더라도 1장에서 이야기했던 '조종의 방식'

으로 매출을 만들고 있을 확률이 높다.

사람의 마음을 움직이는 것은 오로지 따뜻한 마음뿐이다. 따뜻한 마음을 보여주려면 밝은 웃음과 함께해야 한다. 그래야 상대방이 경계심을 낮추고, 무장해제를 하게 된다. 웃음은 전염된다. 웃는 사람을 보면 웃게 된다. 우리가 왜 개그 프로그램을 보고, 유튜브에서 웃긴 영상을 찾아보는가? 사람들이 해맑게 웃는 모습을 보면 나도 웃음이 나오기 때문이다. 그렇다면, 당신이 웃으면 고객도 웃게 되지 않을까? 가수 싸이^{PSY}의 〈연예인〉이라는 노래에는 "그대의 연예인이 되어, 평생을 웃게 해줄게요"라는 가사가 있다. 우리가 활짝 웃는 연예인이 되어, 고객을 웃게 해주면 좋지 않을까? 그렇기에 세일즈에서 가장 중요한 것은, 당신이 고객에게 웃음을 안겨 주어야 한다는 점이다. 친근한 미소나 웃음은 고객이 당신을 한 인간으로서 신뢰하고 있으며 내 제품을 살 가능성이 높다는 것을 보여주는 증거다.

물론 내가 아무리 웃고 있어도, 반응이 없거나 오히려 냉담한 고객도 있을 것이다. '이 영업사원은 왜 저렇게 웃고 있지? 정신이 좀 어떻게 된 건가?'라고 생각할 수도 있고, 기분이 너무 안 좋거나 슬픈 일이 있는데, 영업사원이 앞에서 실실 웃고 있으면 "당신 뭐야 당장 나가!"라는 소리를 듣는 상황이 벌어질 수도 있다. 하지만 확실한 것은 잃은 것보다 얻는 것이 훨씬 많다는 사실이다.

세상에서 가장 행복한 얼굴로 만면에 큰 웃음을 지으며 고객을 만나 보라. 고객이 "왜 그렇게 웃어? 뭐 좋은 일 있어?"라고 물었을 때 "아뇨, 그런 것은 아닙니다. 다만 고객님을 만나니 제 하루가 참 밝아지는 것 같아 기분이 좋습니다"라고 말한다면! 별 것 아닌(정말 별 것 아니다. 웃으면서 들어가는 것이 뭐 어려운 일인가?) 것으로 고객의 애정과 신뢰를 누구보다 빠르게 얻을 수 있다. '당신이 지을 수 있는 가장 큰 웃음을 지으며 고객을 만나라.' 세일즈를 하면서, 그리고 최고의 영업사원들을 보며 내가 발견한 중요한 법칙 중 하나다.

큰 웃음과 함께 진료실에 들어갔다. 별다른 용건은 없다. 인사 차 들린 방문이다. 고객이 뭐하러 왔느냐고 묻는다. 뭐라고 대답할 것인가? 우물쭈물하다가 제품 이야기를 꺼낼 것인가? 그럴 때는 그냥 "고객님을 뵙고 싶어서 왔습니다. 집안은 평안하신지요? 주말에는 별 일 없으셨는지요? 어려운 시기에 무탈하신지요?"라고 말하라. 앞에서 언급한 존재감에 대해 기억하는가? 보고 싶다는 말은 당신의 존재 자체를 내가 중요하게 생각한다는 것을 뜻한다. 그렇기에 실없는 소리로 들리더라도 "뵙고 싶어서 왔어요!"는 말에 기분 나빠할 고객은 하나도 없다. "허허, 보고 싶긴 뭘. 쓸데없는 소리 말게"라고 말하더라도 속으로는 웃고 있을 것이다. 그게 사람이다. 물론 한두 번 만난 고객에게 저런 말을 하면 이상하게 보일 것은 당연하다. 고객과 어느 정도 안면이 트인 다음의 이야기다.

또한 "뵙고 싶어서 왔어요!"라는 멘트는 고객에게 '부담'을 주지 않는다. 고객에게 무언가를 부탁하기 위해, 제품 이야기를 하러 온 것이 아니라고 말하는 것은 이 방문을 순전히 인간적인 것으로 만들게 되고, 고객의 경계심은 한층 낮아진다. 이것은 매우 중요하다. 고객이 나에게 부담을 느끼고, 나의 방문을 불편하게 느끼게 된다면 아무리 자주 고객을 만나도 실적으로 이어지지 않기 때문이다.

고객을 어렵게 생각하지 않고, 인간적으로 대하는 것은 좋다. 다만 우리는 상대가 고객이라는 사실을 결코 잊어서는 안 된다. 생글생글 웃으며, "뵙고 싶어서 왔습니다"라고 말하니 고객도 웃으며 잘 받아준다. 여기까진 좋다. 그런데 몇 번을 그렇게 만나고 나니, 고객이 너무 편해진 나머지, 인사를 성의 없게 하기 시작한다. 굳이 "안녕하십니까"라고 경례를 할 필요는 없지만 "안녕하세요, 선생님" 똑바로 인사를 하지 않고 "안냐세여" 뭉개진 발음과 함께 목례는커녕 목을 숙이는 척만 한다. 영업사원들의 이런 모습은 굉장히 많이 볼 수 있는데, 참 눈살이 찌뿌려지는 광경이 아닐 수 없다.

인사는 굉장히 중요하다. 당신이 어떻게 인사를 하느냐가 그 자리에서 당신의 인상을 결정한다. 인사를 똑바로 하지 않는 것은 굉장히 실례되는, 상대방을 무시하는 행동이다. 그렇기에 어른들은 우리에게 인사를 똑바로 하라고 가르쳤다. 일본에서 경영의 신(神)으로 추앙받는 마쓰시타 고노스케는 "고객을 보면 90도로 허리 숙여 인사하고, 고객이 사라지면 다시 90도로 허리 숙여 인사해야지!"라고 말했다. 당신이 인사하는 모습이 당신의 이미지를 정하고, 그로부터 당신에 대한 신뢰의 정도가 결정되기 때문이다.

고객들은 누구나 기본적으로 '나는 고객이다'라는 의식을 가지고 있으며, 영업사원으로부터 어느 정도의 존중과 존경을 기대한다. 결코 이상한 것이 아니다. 당신 역시 식당에서든, 백화점에서든 점원을 대할 때 '나는 고객이다'라는 마음으로 대접받기를 원하지 않는가? 당신이 만나는 고객도 마찬가지다.

따라서 우리는 고객을 너무 편하게 생각해서는 안 된다. 고객은 고객이다. 나는 고객에게 너무 편하게 행동해, 젊은 내과 원장님께 크게 혼난 적이 있다. 신입사원 시절, 새로운 원장님을 만나 몇 번 안면을 텄고, 대화를 하며 나름 친해졌다고 생각했다. 그러던 어느 날, 진료실에 들어가 인사를 드리고 무슨 말을 할까 하다가(너무 아무 생각 없이 진료실에 들어갔던 것이 화근이었다) 당시에 사귀던 여자친구 이야기를 꺼낸 것이다. 지금 생각해보니 너무 부끄럽다. 원장님은 조용히 들으시다가 엄중하게 "그래 잘 알겠어. 근데 여자친구 이야기는 왜 꺼내는 거지? 내가 당신 친구는 아니지 않아?"라고 지그시 눈을 보며 말씀하셨고, 나는 죄송하다는 말씀과 함께 세상에서 가장 초라한 마음으로 진료실을 나온 기억이 난다.

고객은 고객이다. 아무리 친해지고, 막역한 사이가 되더라도 그 사실을 잊어서는 안 된다. '이 정도 행동은 해도 되겠지?'라는 생각이 든다면 그냥 하지 마라. 고객을 인간적으로 대하되 크고 작은 당신의 행동에 최대의 존경을 담는 것을 결코 잊지 말아야 한다.

너무 하늘과 같이 떠받드는 것은 물론 고객도 부담스럽다. 고객을 존중하되, 지나치게 떠받들 필요는 없다. 내가 아는 영업사원 중에는 고객에게 '존함'이 어떻게 되시냐며 극존칭을 쓰는 사람이 있는데, 이런 식의 대화는 처음에는 기분 좋을 수 있으나 결국 고객을 불편하게 만들게 된다. 그 영업사원 역시 최고의 세일즈맨의 반열에 결코 들어가지 못했다.

그냥 '성함'이라고 해도 된다. 너무 정중한 말보다는 간결한 말이 사람의 마음을 편하게 만든다. 특히 "~드리도록 하겠습니다", "~하도록 하겠습니다"와 같은 별다른 의미 없는 정중함은 말하는 이뿐 아니라 듣는 이에게도 고통이다. 고객도 똑같은 사람이다. 사람을 불편하게 만드는 행동은 당장 그만두자. 고객을 떠받들지 말고, 가장 편안하게 만들어줄 방법을 연구하라.

마지막으로, 나의 필살기 중 하나는 활짝 웃으며 "선생님만 믿겠습니다"라고 말하는 것이다. 물론 너무 진지하면 안 된다. 진지하면 부담스럽다. 약간의 애교와 함께 웃으면서 웃음과 애정을 듬뿍 담아 말해야 한다. 이 말이 세일즈 화술 중에서 좋지 않은 방법이라는 이야기도 있지만, 지금도 수많은 최고의 세일즈맨들이 애용하는 멘트 중 하나다.

상대를 전적으로 신임하면서 뜻대로 해달라는 의미의 저자세를 보이면 고객은 우월감과 강한 존재감을 가지게 된다. '그래 이 친구가 참 열심히 했지. 나밖에 없다니까 어쩌나. 나라도 좀 도와주어야겠다'라는 생각을 안 할 수 없게 된다. 당신만 믿는다는 말은 인간적인 관계를 떠올리게 하고, 자신이 그런 위치에 있다는 강력한 권력을 느끼게 된다. '내가 이렇게 대단한 사람이고, 저렇게 애절하게 부탁하는데 안 될 것 있는가? 까짓것 도와주지 뭐!' 이렇게 되는 것이다.

위대한 철학자 토마스 홉스 Thomas Hobbes **는 저서 《시민 철학 요강》에서 "모든 마음의 기쁨과 만족은 남을 자기와 비교해서 자기를 높이 생각하는 우월감을 갖는 데서 기인한다"고 말했다.**

이러한 부탁은 내가 실제로 어려움에 처해 있을 때 더욱 효과적이다. 인간은 누구나 어려움에 처한 사람을 본능적으로 도와주고 싶어한다. 그건 사람의 본성이다. 따라서 우린 때로는 그러한 인간의 본성을 활용할 줄도 알아야 하는 것이다.

그렇기에 영업사원들은 고객에게 자신의 어려움을 종종 토로하고는 한다. 나도 고객에게 목표가 높아서 너무 힘들다며 진심으로 도움을 청한 적이 있다. 영업사원들이 말하는 개인적 어려움의 종류는 '세일즈 실적이 팀에서 꼴찌라서', '올해 승진 차인데 실적이 부족해서', '집안 사정으로',

'경제적으로 어려워서' 등 실로 다양하다.

당신도 어려움을 겪고 있다면 솔직하게 고객에게 말해볼 것을 권한다. 어려운 사람은 누구나 도와주고 싶다. 게다가 자기에게 애정을 보이는 영업사원이라면 어떤 고객이든 도와주고 싶어 할 것이다. 중요한 것은 진정성 있게 나의 어려움을 알리는 과정이다. 결코 거짓말로 어려움을 만들어내서는 안 된다. 거짓으로 만들어낸 어려움은 결코 오래가지 못한다. 순간적인 거짓으로 이익을 보려는 것을 우리는 '사기'라고 부른다. 이 세상에 영원한 거짓말은 없다는 것을 반드시 기억해야 한다.

환한 웃음과 함께 "뵙고 싶어서 왔어요!"라는 멘트는 당신과의 면담을 기분 좋은 경험으로 만들어줄 것이다. 당신이 할 수 있는 최대한 밝은 표정을 지으며 고객의 문을 열어라. 인간적인 면담을 하되, 나를 도와주는 고마운 분이라는 사실을 기억하고 정중함을 결코 잊지 말고, 언제나 솔직하게 대화를 시작하자.

4장

세계 최고의 부자들을 만들어낸
8가지 법칙

8 PRINCIPLES WHICH MADE
THE WORLD'S RICHEST PEOPLE

비전 - 누구보다 높은 목표를 설정하라
VISION - SET YOUR GOAL HIGHER THAN ANYONE ELSE

삶에는 목적지가 있을 뿐 다른 길은 없습니다.
우리가 길이라고 부르는 것은 그저 망설임일 뿐입니다.

— 프란츠 카프카 Franz Kafka

영화 〈터미네이터 Terminator 〉로 우리에게 잘 알려져 있는 아놀드 슈워제네거 Arnold Schwarzenegger 는 스스로의 힘으로 아메리칸 드림을 이룬 상징적인 인물이다. 1947년생인 그는 2차 세계대전 직후의 오스트리아 가난한 농민의 아들이었다. 그의 가족은 그가 아버지처럼 농부가 되어 결혼하고 고향에서 살아가길 원했다. 하지만 그는 가난에서 벗어나고 싶은 마음과 성공에 대한 의지를 압도적인 노력으로 보여주며 미국으로 건너갔고 보디빌딩계의 신화적 존재가 되었다.

"세계 최고의 보디빌더"라는 타이틀을 얻은 것도 대단한데, 그의 도전은 거기서 끝이 아니었다. 그는 헐리우드 배우로 데뷔했고, 무려 10년을 무명으로 보냈다. 그리고 1984년 〈터미네이터〉로 인기를 얻게 되면서 승승장구해 헐리우드에서 가장 돈을 많이 버는 배우의 자리까지 오르게 된다. 그리고 영화계에서 얻은 인지도와 재력으로 정치에 진출해 캘리포니아 주지사의 자리에 오르게 된다. 이것이야말로 진정한 아메리칸 드림이 아니고 무엇인가! 그는 이렇게 말한다.

"당시에 저는 보디빌딩에 필요한 식품을 사기 위한 돈이 없었습니다. 그래서 일을 해야만 했죠. 건설 공사장에서 일했습니다. 그리고 7시에 대학 체육관으로 퇴근해 12시까지 운동을 했습니다. 그리고 일주일에 4번은 연기 수업을 들었습니다. 정말 하루에 단 1분도 낭비하지 않았던 것 같습니다. 그래서 제가 지금 여기 서 있는 것입니다. 20세에 '역사상 가장 어린 미스터 유니버스'가 될 수 있었죠. 그리고 이 모든 것은 내가 목표를 갖고 있었기 때문입니다."

당신은 목표가 있는가? 어떤 목표인가? 목표가 뜻하는 바가 명확한가? 아쉽지만 돈을 많이 벌고 싶다, 부자가 되고 싶다, 행복하고 싶다 등은 목표가 아니다. 그저 바람일 뿐이다. 바람은 누구나 있다. 잘생기거나 예쁜 이성을 만나고 싶다거나 외제차를 타고 싶다 등 누구나 바라는 것을 나열하면 끝도 없을 것이다.

목표는 측정 가능하고 명확해야 한다. 그리고 무엇보다도 목표를 구체적으로 설정하는 행위는 내가 그것을 반드시 이루겠다는 '선언'이 된다. 아놀드 슈워제네거는 '세계 최고의 보디빌더가 되겠다', '세계 최고의 배우가 되겠다'라는 명확한 목표를 세웠다. 그리고 훌륭하게 그 목표를 달성했다.

테슬라, 스페이스엑스, 솔라시티의 CEO 일론 머스크는 자신의 목표가 "인류를 다행성종 Multi-Planet Species 으로 만들고, 나는 화성에 도착해 최후를 맞이하는 것이 꿈이다"라고 말했다. 화성에서 죽겠다니? 왜? 이런 희한한 목표도 있는가? 그의 목표는 정말 기상천외하다. 하지만 놀라운 점은 그의 목표가 인류의 기술 발전에 크게 기여했고, 수많은 사람들이 더욱 열심히 일하게 하는 원동력이 되고 있다는 사실이다.

목표를 세우는 데 있어 우리가 반드시 기억해야 할 점은, 지금 나의 자리에서 할 수 있는 가장 큰 목표를 세워야 한다는 것이다. 월마트의 창업자 샘 월튼이 가장 좋은 예다. 그는 맨 처음 그의 고향 아칸소에 작은 소매점을 만들면서 이렇게 말했다.

"나는 이 작은 상점을 5년 내에 아칸소에서 가장 훌륭하고, 가장 이익이 많이 남는 상점으로 만들겠다는 목표를 세웠다. 나는 그것을 해낼 능력이 있다고 생각했고, 그렇게 될 수 있으리라고 믿었다. 왜 그것을 목표로 해서는 안 된다는 말인가? 목표를 세우고 당신이 그것을 할 수 있을지 없을지 알아보라. 만약 잘되지 않는다 하더라도 당신은 재미있는 경험을 한 셈이다."

소매점의 문을 열면서, '아 입에 풀칠할 정도만 하면 되지. 하다 보면 어떻게든 되겠지 뭐'라고 생각하지 않은 것. 그것이 미국을 넘어 세계 1위의 매출액을 만들어낸 월마트를 만들었던 정신이었다. 이런 정신을 우리가 가지지 못할 이유가 있는가? 정신을 가다듬고, 명확한 목표를 세우고 행동으로 옮기는 일을 시작하자.

나의 목표는 간단했다.
"내가 할 수 있는 최선을 다해 내가 할 수 있는 최고의 세일즈 실적을 만들어보자!"

여기서 최선이란, 결코 가벼운 의미가 아니었다. 매 순간 온 정성과 힘을 다해, 마지막까지 힘을 짜내고자 했다. 다른 사람과의 경쟁은 중요하지 않았다. 팀에서, 부서에서, 회사에서 1등을 하겠다는 생각은 없었다. 그저 나에게 주어진 자리에서, 나중에 돌아보았을 때 결코 후회가 남지 않도록 일에 정진하는 것이 나의 목표였다.

1등에 대한 집착은 없었다. 나에게 있어 1등은 회사에서 만든 엑셀 양식에서 맨 윗 칸을 차지하는 것보다는 세일즈에 있어 최고의 수준에 도달하고자 하는 의미에 가까웠다. 제약 세일즈는 해당 지역을 얼마나 오래 담당했느냐, 어떤 성향의 고객이 많이 있느냐, 경쟁사들이 얼마나 활동적인가 등 환경의 영향을 많이 받는 편이다. 그렇기에 나는 오랜 기간 고객을 담당해온 선배들을 누르고 1등이 되겠다는 생각은 해보지 않았다.

물론 동기들 사이에서 좀 더 인정받고 싶은 마음은 있었다. 이왕이면 "이번 신입사원 중에 일을 잘하는 녀석이 있다며? 어떤 애야?"라는 말을 듣고 싶었다. 동기들은 모두 첫 직장이었고, 세일즈의 견습생 Newbie 이었다. 그리고 모두 새로운 지역을 발령받아 새로운 고객을 만났다.

회사는 같은 목적을 갖고 일하는 공동체고, 함께 일하는 직원들은 나의 '동료'지만, 세일즈의 세계는 냉혹하다. 회사는 세일즈 실적대로 칼처럼 줄을 세우고, 직원들을 평가한다. 영업사원들은 서로 응원해주지만, 저 사람이 잘하면 나는 그만큼 순위가 내려가는(?) 기형적인 관계를 맺게 된다. 우리가 싸우는 것은 경쟁사이지만, 동료와의 경쟁 역시 분명히 존재하는 것이 제약 세일즈다. 그리고 나는 동기들 중에서 가장 칭찬 받는 신입사원이 되고 싶었다.

결국 내가 세웠던 목표 "내가 할 수 있는 만큼의 최선을 다하자"는 나를 결과적으로 1등으로 만들어주었다. 세일즈 활동이 아무리 힘들어도 내가 세운 목표가 나를 끊임없이 채찍질했기 때문이다. 그렇게 바라던 대로 회사에서 크고 작은 상과 함께 인정을 받았다. 본사에 방문해 사장님과 사진을 찍고 악수도 했다. 최선을 다하자는 목표가 나에게 안겨준 놀라운 보상이었다.

무엇보다 내가 얻은 최고의 보물은 "나도 할 수 있다"라는 자신감이었다. 생각해보라. 사회초년생으로서 무언가를 '성취'한 적이 전혀 없던 시절이었다. 20대의 성취라고 해봐야 대학교에서 A+를 몇 개 받아본 것 정도였다.

'아! 나도 할 수 있구나. 나도 무언가를 성취할 수 있구나. 나도 잘할 수 있구나' 하는 기분을 느껴보았는가? 아직 없다면 꼭 목표를 세우고 도전해보기를 바란다. 당신의 자신감을 키워주는 데는 스스로 해낸 성취만 한 것이 없다.

수많은 자기 계발서에서 공통적으로 목표에 대해 어떻게 말하고 있을까? 그건 바로 '구체적인 목표'를 세우라는 것이다. 측정 가능한 숫자로, 가장 명확하고 분명한 목표를 세워야 한다. 소프트뱅크 손정의 회장이 세운 인생 50년 계획을 잠깐 살펴보자.

20대에 이름을 날린다.
30대에 1,000억 엔의 사업 자금을 마련한다.
40대에 사업에 승부를 건다.
50대에 연 1조엔 매출의 사업을 완성한다.

60대에 다음 세대에게 사업을 물려준다.

피를 토하며 병원에 입원한 아버지를 대신해, 사업가가 되어 집안을 지탱하기로 마음을 먹은 19세의 손정의가 세운 목표다. 기가 막히지 않은가? 30대에 1조 원의 돈을 모으겠다니? 우리는 30대가 아닌, 평생이라도 1조 원을 모아보겠다는 생각을 해본 적이 있는가?

미리 말해두지만, 손정의의 집안은 결코 부자가 아니었다. 손정의의 아버지 손삼헌은 한두 개의 가게를 가지고 있는 중산층이었다. 하지만 어릴 적부터 그의 아버지는 '너는 천재다. 너는 위대한 인물이 될 것이다'라고 줄곧 말해왔던 비범한 아버지였다고 한다.

결국 손정의는 19세에 세웠던 목표를 모두 이루게 된다. 그는 미국에서 버클리 UC Berkeley 대학을 졸업한 24세 가을, 후쿠오카에서 소프트뱅크를 창업했고, 37세 여름에 주식 공개에 성공해 2,000억 엔의 자금을 마련하게 된다. 그리고 야후, 알리바바, 우버 등의 기업에 투자하며 소프트뱅크를 연 매출 8조 원의 회사로 만들어내었다. 그는 지금도 소프트뱅크 회장으로서 인류의 차세대 산업 개발을 위해 고군분투하고 있다.

구체적인 목표를 세우는 것이 중요함을 보여주는 이렇게 좋은 사례가 또 있을까? 19세에 세운 '50년 계획'이라는 목표가 그대로 이루어지다니? 마치 알라딘의 요술 램프 같지 않은가? 나 역시 명확한 세부 목표가 있었다. 나는 '할 수 있는 한 모든 최선을 다하자'는 목표 아래 각 거래처별로 달성하기 위한 세부 목표를 세웠다. A병원은 1,000만 원, B병원은 500만 원, C병원은 100만 원, 이런 식으로 월 처방 금액에 대한 목표 금액을 설정했다.

놀랍게도 2년 뒤 그 금액은 모두 달성되었다. 그것은 회사에서 정해준 목표 금액보다 훨씬 높은 나만의 목표 금액이었다. 나는 회사의 목표와 관계 없이, 내가 정한 목표를 달성하기 위해 고객을 만나고 또 만났다. 제품 가치를 계속해서 리마인드시키고 고객과 병원에 도움을 주었다. 말그대로 목표가 이루어 질때까지 끊임없이 도전했다. 결과는 성공적이었다.

최고가 되기 위해서는, 자신만의 높은 목표를 세워야 한다. 꼭 '반드시 1등을 차지하겠어!'가 아니어도 좋다. 나처럼 남을 누르거나 경쟁을 하는 것을 싫어하는 성격이라면 '내 자리에서 할 수 있는 모든 것을 다하겠다' 라는 목표도 좋다. 어떤 목표를 세우든 당신이 누구보다 높은 목표를 세운다면, 1등이라는 타이틀은 자연스럽게 따라올 것이다.

목표를 세웠다면 자주 보이는 곳에 두자. 스마트폰 배경화면도 좋고 회사 책상도 좋고 모니터 화면의 한구석도 좋다. 기라성처럼 많은 성공한 사람들이, 목표를 써놓고 자주 보면 이루어진다고 했다. 목표를 세우는 행위는 매일매일 벌어지는 고된 일과 무미건조하게 느껴지는 일상사를 참고 견딜 수 있게 해주며 인생의 여정에서 제자리걸음이 아닌 한 걸음씩 앞으로 나아가게 해준다. 목표는 우리 삶의 희망의 기반이 되고, 삶이라는 다채로운 열매에 진정한 향기를 불어넣는 씨앗이다.

끈기 – 가장 늦게까지 남는 사람이 되어라
TENACITY – BE THE ONE WHO STAYS THE LAST

모든 면에서 나보다 나은 사람도 있을 거고
나보다 10가지가 나은 사람도 있을 겁니다.
하지만 나와 함께 러닝머신에 올라간다면
그 사람이 기권하거나 내가 죽거나 둘 중 하나입니다. 정말로요.

— 윌 스미스 Will Smith

마음속에 목표를 정했는가? 그렇다면 첫 단추를 뀐 셈이다. 다음은 그 목표를 이루기 위해 반드시 필요한 '끈기'에 대해 이야기해볼 차례다. 성취를 이루기 위해 끈기만큼 중요한 것은 없다. 끈기가 없다면 그 누구도 아무 것도 절대 성취하지 못한다. 당신이 IQ 180의 천재라도, 부모님이 주신 재산 100억 원이 있더라도, 엄청나게 잘생긴 외모를 가지고 있더라도 끈기가 없다면 아무것도 성취하지 못한다.

윌 스미스는 잘 생겼다. 키도 188cm로 훤칠하다. 하지만 그가 음악가로서, 그리고 배우로서 끈기를 가지고 노력하지 않았다면, 우리가 알라딘에서 그의 지니를 과연 볼 수 있었을까? 끈기가 없는 사람들은 자신의 이름을 우리에게 남기지 못하고 사라진다. 당신도 기껏 정한 목표를, 흐지부지 사라지게 할 수는 없지 않은가? 한 번뿐인 인생을 큰 목표와 함께 도전해보는 것이 옳지 않은가?

힘들다고 생각되는 바로 그 순간을 참고, 딱 한 번만 더 해보는 것이 끈기다. 그리고 그 한 번은 두 번이 되고, 열 번이 되게 된다. 그리고 당신을 기분 좋게 해줄 이야기가 있다. 끈기는 재능을 이긴다는 것이다. 당신이 가지지 못한 재능을 가진 사람들을 두려워할 필요가 전혀 없다. 이 사실은 과학적으로도 증명된 사실이다.

안젤라 덕워스 Angela Duckworth 는 그녀의 저서 《그릿 GRIT 》에서 성공을 결정짓는 가장 큰 요소는 두뇌나 재능, 환경이 아닌 열정적 끈기라고 했다. 그녀는 끈기와 성공이 어떤 상관관계가 있는지를 알아보기 위해, 다양한 환경에서 참가자를 모집하고, 그들의 성향을 수치화했다. 그녀는 웨스트포인트 미국 육군사관학교에 가서 어떤 생도가 군사 훈련에 끝까지 남고 어떤 생도가 자퇴할 것인가를 예측했다. 전국맞춤법대회에서 어떤 학생이 끝까지 경쟁에서 살아남을지에 대해서 예측하려 했다. 그리고 몇몇 회사들과 제휴를 맺어서 어떤 영업사원이 끝까지 살아남을지, 그리고 누가 제일 판매 성과가 좋을지에 대해서 연구했다.

그리고 그녀와 연구팀은 다양한 상황에서 성공을 거둔 사람들에게서 한 가지 공통된 특성을 찾아냈다. 그것은 높은 지능도 아니었고, 훌륭한 외모나 육체적 조건도 아니었다. 그건 바로 그릿 GRIT 이었다. 그릿은 사전적으로 투지, 끈기, 불굴의 의지를 아우르는 개념이다.

육군사관학교의 혹독한 훈련과 어려운 교육을 이겨낸 것은 신체적 조건이 월등하거나 똑똑한 생도가 아니었다. 끈기 있게 훈련에 매진하는 생도였다. 전국맞춤법대회 우승자는 결코 가장 머리가 좋은 학생이 아니었다. 끈기 있게 공부하는 학생이었다. 가장 판매 성과가 좋은 영업사원은 역시 가장 끈기 있게 고객에게 매달리는 영업사원이었다.

그녀의 연구 결과는 우리가 모두 어렴풋하게 알고 있었던 '끈기의 중요성'을 과학적으로 입증해 주었다. 아쉽지만 '끈기를 기르는 법'에 대해서는 그녀 역시 아직 모른다고 답했다. 그녀는 이렇게 말한다.

"어떻게 하면 그릿을 기를 수 있냐는 질문에 대해 솔직한 답은, 저도 모릅니다. 하지만 제가 확실히 아는 것은, 재능이 끈기를 강하게 만들지는 않습니다. 저희 연구에 의하면 재능이 있다고 하더라도 자신이 지키겠다고 말한 것들을 지키지 않는 사람들이 굉장히 많다는 것을 알 수 있었습니다. 사실 저희 연구에서는 끈기는 오히려 재능과 관계가 없거나 심지어 반비례하는 경향을 보여주었습니다."

끈기는 모든 것을 이겨낸다. 그렇기에 우리는 끈기를 가져야 한다. 1940년, 하버드 대학에서는 건강한 청년의 특성을 알아내고 공유해 사람들이 보다 행복하고 성공적인 삶을 살도록 돕겠다는 연구가 진행되었다. 그들은 하버드대학교 2학년 130명에게 최대 5분 동안 러닝머신에서 뛰라고 요청했다. 러닝머신의 최대 경사, 최고 속도로 설정되었고, 대부분의 학생들은 평균 3분밖에 버틸 수가 없었다. 겨우 1분 30초 만에 포기하는 학생들도 있었다.

이 실험은 일부러 러닝머신을 힘들게 설정함으로써 학생들의 끈기를 측정했다. 연구진은 러닝머신에서 힘겹게 달린 시간이 학생의 유산소 능력뿐 아니라 '스스로를 다그칠 용의 또는 너무 고통스러워져 중지하는 경향과 관계가 있다는 사실을 알고 있었다.

그리고 수십 년이 지난 뒤, 연구팀은 이제 60대가 된 피험자들을 다시

불렀다. 그리고 그들의 수입, 승진, 병가, 사회 활동, 직장 및 가정의 만족도, 정신과 치료 경력 등을 수치화해 과거 러닝머신에서 달린 시간과의 상관관계를 찾아보았다. 결과가 예상되는가? 당신의 생각이 맞다. 러닝머신 위에서 끈기 있게 오래 버티었던 학생들의 '인생 점수'가 훨씬 높게 나온 것이다.

지금 러닝머신 위에서 고통을 얼마나 참아내느냐가 먼 훗날 삶의 수준을 결정한다니? 흥미롭지 않은가? 나는 굉장히 멋지다고 생각한다. 러닝머신 위에서 조금만 참으면 나의 인생이 더 멋지게 바뀔 것이라는 뜻이 아닌가!

《왜 나는 너를 사랑하는가》의 저자 알랭 드 보통 Alain de Botton 은 그의 TED 강연 '보다 온화하고, 부드러운 성공 철학'에서 이렇게 말했다.

"제가 성공에 대해 깨달은 바를 말씀드리죠. 당신은 삶의 모든 부분에 성공할 수는 없습니다. 많은 사람들이 일과 생활의 균형에 대해 이야기하는데요. 말도 안 되는 소리입니다. 성공에 대한 어떤 비전이든 노력이든, 무언가를 대가로 치러야 한다는 걸 인정해야 합니다. 현명한 사람들은 항상 삶의 어떤 부분에는 성공하지 못하는 요소가 있을 것이라는 걸 받아들입니다."

일과 삶의 균형, 너무나도 아름다운 말이다. 누구나 가지고 싶은 것이고 그것을 빼앗으려는 사람은 나의 적이 된다. 하지만 우리는 그 균형이 무엇을 뜻하는 것인지 충분히 이해해야 한다. 노동권이 발전하면서 사람들은 "업무 시간을 제외하고는 나의 영역을 침범하지 말아주세요"라고 주장하기 시작했다. 우리나라에서도 일과 삶의 균형을 추구하는 회사가 점차 많아지고 있는 추세다.

하지만 우리는 기억해야 한다. 마이클 펠프스 Michael Phelps 가 23개의 금메달을 딴 것이 삶과 수영의 균형 덕분이라 생각하는가? 마이클 조던이 여섯 번 챔피언십에 오르고 네 번의 MVP를 거머쥔 것이 삶과 농구의 균형을 잡아서라고 생각하는가? 균형은 각본화된 함정들 중 하나다. 엄청난 불균형을 겪고 나서야 성공을 거머쥘 수 있다. 세일즈에서도 마찬가지다.

나는 신입사원 시절, 젊은 고객이 새로 개원한 병원에 신규 거래를 시작하겠다는 생각으로 매주 화요일 저녁 8시에 찾아간 적이 있었다. 늦게 찾아간 이유는 당시 그 병원이 매주 화요일 9시까지 야간 진료를 했기 때문이다. 늦게까지 진료를 하느라 고객이 체력적으로 힘들 것이라 생각했고, 음료와 간식을 사가고는 했다. 고객에게 무슨 이야기를 해야 할지 모르는 신입사원이었기에, 인사를 드리고 오늘도 고생하셨다는 말을 남기고는 허겁지겁 나오던 기억이 난다.

고객은 처음에는 나에게 별 관심이 없어 보였다. 하지만 그렇게 한 달, 세 달이 지나고 다섯 달째가 되자 자꾸 밤늦게 오니까 신기해 보였던 것 같다. 어느 날 고객이 내게 말했다.

"아니, 왜 그렇게까지 열심히 해요?"

그렇게 시작된 대화를 통해 고객은 나에게 애정과 신뢰를 갖게 되었고, 결국 그 병원은 나에게 가장 큰 세일즈 실적을 안겨준 병원 중 하나가 되었다.

내가 만약 일과 삶의 균형을 추구해서 6시가 되는 것을 보고 '아, 이제 퇴근시간이니 어서 집에 가서 밥을 먹어야겠다'라고 했다면 나는 결코 지금 이 자리에 있지 못했을 것이다. 나중에 알고 보니, 제약 세일즈에서 1 등을 해본 사람들은 모두 병원 '야간 방문'을 꾸준히 해본 경험이 있었다. 나는 이것이야말로 일과 삶의 균형을 넘어서는 자만이 1등을 차지할 수 있다는 살아 있는 증거라고 생각한다.

당신이 최고가 되고 싶다면 일에 미쳐라. 하루 24시간 일만 생각하는가? 그렇다면 당신은 실패할 가능성이 거의 없다. 왜냐하면 당신은 성공을 위해서라면 처절한 고난을 불사할 만큼 성공에 목마르기 때문이다. 정말 힘들다고 생각이 드는 순간이 누구에게나 찾아온다.

바로 그 순간, 한계라고 느껴지는 그 순간, 한 번만 더 시도해보면 된다. 정말 힘이 들 때 한 명의 고객을 더 만나고 한 번의 면담을 더 진행해라. 바로 그 한 번이 이 모든 것의 차이를 만들어내는 열쇠이다. 2차 세계 대전을 승리로 이끈 영국 수상 윈스턴 처칠 Winston Churchi 은 "당신이 지옥을 겪고 있다면 계속 겪어나가라"라고 했다. 끈기를 갖고 다른 사람보다 조금만 더 열심히 한다면, 그 보상은 무엇보다도 값질 것이다.

정직 - 세상에서 가장 어려운 일, 정직하기
HONESTY - THE HARDEST THING IN THE WORLD

정직은 항상 최고의 정책입니다.

— 조지 워싱턴 George Washington

어렸을 적 부모님께 거짓말을 해본 적이 있는가? 나는 해봤다. 그리고 참 많이도 혼났다. 나는 공부가 정말 하기 싫었고, 처참한 성적표를 가져다드리는 것이 너무나 무서웠다. '공부 잘하는 아들'을 두고 있다고 생각하시는 부모님, 자식을 좋은 학교에 보내겠다고 이사까지 하신 부모님을 실망시키는 것이 무서웠다.

담임 선생님이 준 성적표를 몰래 숨기고, 아직 학교에서 주지 않았다고 말하곤 했다. 성적표에 있는 부모님 확인란은 필적이 좋은 친구에게 부탁했다. 고등학교에 가고 나서는 머리가 꽤 커서, 친구들과 삼삼오오 모여 중간고사 성적표를 위조(!)하기까지 했다. 물론 어디에 제출하려는 목적이 아닌, 순전히 부모님을 안심시키려는 시도였다.

어머니에게 참 많이 혼났다. 돌이켜보면 성적표를 숨기든 위조하든, 결국 시간은 어머니의 편이었다. 진실은 모두 드러났다. 서랍 구석에 숨겨둔 성적표가 청소를 하다 발견되고, 선생님으로부터 전화가 오고, 성적이 너무 낮으니 여름방학에 보충수업을 들으러 오라는 안내문이 집에 도착했다. 결국 거짓말을 해 넘어가는 것은 순간뿐이었다.

순간을 넘어가면 짜릿했다. '우와 이게 넘어가네?'라는 생각도 들었다. 하지만 결코 오래가지 못했다. 그리고 더 중요한 것은 거짓말에 대한 응분의 대가가 너무나 컸다는 사실이다. 맞는 것은 물론, 집에서 내쫓기기까지 했다. 차라리 처음부터 솔직하게 이야기했다면 어머니도 그렇게 격노하진 않았을 것이라고 생각한다. 거짓말을 했기에 더욱 화가 나셨으리라. 거짓말은 배신의 상처를 남기기 때문이다. 너를 믿었는데, 믿음을 주었는데 나를 배신하다니!

기본적으로 인간은 진실하지 않다. 그렇게 수많은 사람들이 속고, 속이며 살아간다. 장사꾼은 중요한 정보를 숨기고, 회사원은 아직 끝내지 못한 업무를 완성했다고 말한다. 정치인들은 지키지 못할 공약을 부르짖고, 기업인은 장부를 조작해 주주들을 기만한다.

인간은 부족해 보이지 않기 위해, 멍청해 보이지 않기 위해, 나의 선택이 잘못되지 않았음을 보여주기 위해 너무나 쉽게 거짓말을 한다. 인간은 진실을 말할 수 있는 존재도 아니고 진실을 지킬 수 있는 존재도 아니다. 왜냐고? 거짓말을 '할 수' 있으니까! 언어가 있으니까! 우리는 언어라는 도구를 통해 다른 사람을 속이고, 조작하고, 획책하고, 기만하고, 왜곡하고, 축소하고, 호도하고, 배신하고, 얼버무리고, 부정하고, 생략하고, 변명하고, 과장하고, 모호하게 뒤섞는 능력을 발전시켰다.

그렇기에 정직하기란 매우 어려운 것이다. 진실이 아닌 것을 말할 수 있는 능력이 우리에게 있기 때문이다. 지금 당장 손해를 볼 수 있다, 지금 당장 바보처럼 보일 수 있다, 지금 당장 모자라 보일 수 있다는 두려움을 이겨내는 사람만이 정직할 수 있다. 이 두려움은 우리의 본성이다. 인간의 본성을 이겨내는 일이기에, 정직하기는 세상에서 가장 어려운 일 중 하나가 되어버린 것이다.

특히 영업사원에게는 정직이 무엇보다도 중요하다. 나를 잘 모르는 사람에게서 세상에서 가장 중요한 것 중 하나인 '돈'을 받아내야 하는데, 정직하지 않으면 받아낼 수 있겠는가? **나는 영업사원이야말로 이 세상에서 가장 정직해야 하고, 가장 도덕적이어야 한다고 생각한다. 내 가족도, 친척도, 친구도 아닌 남에게 가서 그의 돈을 달라고 해야 한다. 정직하지 않은 사람에게 자신의 돈을 줄 사람은 아무도 없다. 자신의 이익만 챙기려는 것이, 눈앞에 뻔히 보이는 사람에게 돈을 줄 사람은 아무도 없다.**

고객에게 뿐만 아니다. 당신은 스스로에게 정직해야 한다. 세일즈에서 정직하다는 것이 어떤 의미인 줄 아는가? 바로 근면이다. 정직한 영업사원은 누가 뭐라고 하지 않더라도 스스로 일어나 누구보다 근면하고 성실하게 일한다. 제약 세일즈는 자기 자신과의 싸움이다. 영업사원들은 아침에 사무실이 아닌, 거래처로 출근한다. 정해진 사무실에 9시까지 나가 6시에 퇴근하지 않는다. 내 근무시간은 내가 결정한다. 나의 업무를 관리하고 지시하는 팀장이 존재하지만, 팀장과의 관계가 좋다면 나에게 뭐라고 할 사람은 아무도 없다. 내가 고객을 방문하지 않고 하루 종일 카페에서 노닥거려도 아무도 모른다. 스크린 골프를 치러 가든, PC방에서 게임을 하든, 사우나에서 잠을 자든 나의 자유다. 이러한 자유를 원해 세일즈 직종을 선택하는 사람들도 있다.

자유가 있기에, 매 순간은 갈등의 연속이다. 고객을 만나다 보면 지치고 힘이 빠지는 것은 누구나 마찬가지다. 그렇게 되면 '아 이제 그만하고 집에 갈까?'라는 생각이 들기 시작한다. 집에 가도 뭐라고 하는 사람이 없으니까! 팀장에게는 퇴근시간에 맞춰서 연락한 뒤에 그동안 열심히 일한 척 둘러대면 된다. 말을 지어내는 것은 쉽지 않지만 하다 보면 또 금방 익숙해진다. 거짓말이 느는 것이다. 이렇게 힘들어서, 피곤해서 한두 번 집에 일찍 들어가다 보면 무슨 일이 생기는지 아는가? 회사에서 고객에 대해 무언가를 물어보면 대충 얼버무리게 된다. 제품설명회에 고객이 오는지 확인해야 한다면, 고객에게 말도 꺼내놓지 않았으면서 "아 개인사정이 있어 못 오신다고 합니다"라고 둘러대는 것이다.

이런 일은 생긴다. 어쩔 수 없다. 그렇다 보니 편안함의 유혹을 이겨내는 영업사원만이 정직할 수 있는 것이다. 정직한 사람이야말로 제대로 일하는 사람이다. 정직한 사람은 자신의 일에 대해 어떤 것도 감출 이유가 없으므로 누구 앞에서도 두려울 것이 없다. 정직하게 일했으니까. 팀장과의 대화에도 자신감이 생기고, 본부장이 지역에 나온다고 하면 오히려 내가 열심히 일한다는 사실을 알릴 좋은 기회로 보인다. 내가 만난 최고의 영업사원들은 모두 너무나 정직하고 성실하게 일했기 때문에 생길 수밖에 없는 자신감으로 가득했다. 그들은 회사에서 천하무적이었다. 두려움과 죄책감이 없는 영업사원만이 최고의 자리를 차지하게 되는 것이다.

또한 세일즈를 하다 보면, 단기적인 이익에 눈이 멀어 거짓말을 하거나, 중요한 정보를 임의로 생략하고 싶어지는 유혹의 순간들이 당신을 찾아온다. 이러한 상황에서 어떤 선택을 하느냐가 매우 중요하다. 정직하지 못한 영업사원은 자신의 이익을 위해 제품의 이점을 과대 포장하거나 그것이 전혀 필요 없는 사람에게 팔려고 한다. 하지만 당신이 오랜 기간 같은 회사에서, 같은 제품을, 같은 사람에게 팔아야 한다면 정직하지 않고서는 힘들다. 정직함만이 당신의 자리를 지켜주고, 안정적인 실적을 보장하기 때문이다. 당신은 "누구보다 정직한 영업사원"이라는 평판을 쌓기 시작해야 한다.

내가 담당 지역에서 경쟁사들을 이기고 최고의 실적을 낼 수 있었던 것에는 담당하는 제품이 정말 환자들의 건강에 도움이 되고, 다른 약제들보다 더 좋다는 믿음이 바탕에 있었다. 나의 회사는 가장 많은 임상 자료를 갖고 있는 제품을 판매하고 있었고, 나는 항상 자신 있게 고객에게 제품을 이야기할 수 있었다.

하지만 늘 그렇게 좋은 제품만이 주어진 것은 아니었다. 나의 회사에도 경쟁사보다 '못난' 제품이 있었다. 어떤 당뇨 치료제는 같은 계열의 약제 중에서도 출시가 늦은 편이었고, 임상 자료도 적었다. 보건복지부에서 정해준 적응증 역시 경쟁 제품보다 적었다. 게다가 가격까지 비쌌다! 이런 세상에! 모든 측면에서 경쟁 제품의 승리였다. 고민이 되었다. 내가 가서 "원장님, 여기에 저희의 신제품이 있습니다. 처방을 부탁드리겠습니다"라고 말하면 나를 생각해 처방해줄 좋은 고객들이 당시 내게는 있었다. 하지만 나의 이익을 떠나 환자의 이익과 고객의 이익을 보았을 때, 고객이 내 제품을 처방하는 것은 옳다고 생각되지 않았다.

더 좋은 약제가 있는데, 내 제품을 처방하는 것은 나의 이익만을 위한 길이었다. 환자는 아무것도 모른다. 그저 고객을 믿고 약을 처방받을 뿐이다. 고객은 나를 위해 환자에게 이 '못난 약'을 처방해야만 한다. 물론 그렇다고 해 환자의 건강이 나빠지는 것은 아니지만, 무엇이 환자에게 최선이냐는 질문에서 결코 자유롭지 못했다. 그래서 나는 고객에게, 그리고 환자에게 최선의 길을 선택했다. 이 제품 실적이 나오지 않더라도, 정직한 모습을 보이는 것이 옳다고 판단했다.

나는 고객에게 찾아가 이렇게 말했다.

"원장님, 저희 신제품이 나왔습니다. 하지만 임상 자료가 부족해 다양한 적응증을 받지 못했습니다. 그래서 원장님께서 처방하기에는 아직 약간의 어려움이 있는 것 같습니다. 그래서 저는 제가 이 제품을 원장님께 부탁드리는 것은 원장님의 환자분들을 진정으로 위하는 길이 아니라는 생각이 들었습니다. 이 제품의 실적은 제가 회사에 잘 이야기하겠습니다. 다른 제품들을 조금 더 신경 써주십시오."

당신이 듣기엔 어떤가? 이 이야길 들은 고객들은 모두 흔쾌히 다른 제품의 실적을 더욱 올려주었다. 신제품만 나오면 고객들에게 달려가 제발 처방해달라고 말하는 영업사원들 가운데, 나의 이야기는 새로웠을 것이다. "정직한 모습이 마음에 들었다"라고 칭찬을 해주는 고객도 있었다.

항상 정직하게, 무엇이 옳은가를 생각하며 진정으로 고객을 위하는 마음을 가져야 한다. 고객은 당신의 정직한 모습에 매력을 느낀다.

경쟁사에서 4년 연속 전국 1등을 하고 우리 회사로 이직한 한 영업사원에게 있었던 일이다. 그는 어느 날, 고객으로부터 우리 제품으로 인해 보험 급여 삭감이 생겼다는 이야기를 들었다. 제약업계에서, 기본적으로 삭감은 고객의 실수다. 늘상 있는 일이기도 하다. 삭감이 생기면 고객은 '아 이 약제를 이런 방식으로 처방하면 안 되는구나' 하고 넘어간다. 잘 모르는 약제는 많이 처방하지 않기에, 삭감 금액도 적은 것이 대부분이다.

하지만 이 영업사원은, 정직의 화신이었다. 그는 이번 삭감이 제품의 급여 정보에 대해 충분히 설명해주지 않은 자신이 잘못이라며, 현금 30만 원을 봉투에 담아 고객에게 가져다주었다. 큰돈은 아니지만, 월급쟁이에게 30만 원이 얼마인가! 사실 이 사태는 그의 잘못이 아니다. 아무도 그가 잘못했다고 생각하지 않았다. 처방 정보를 제대로 파악하지 않은 고객의 잘못이 훨씬 크다. 하지만 그는 100중에 1이라도 내 잘못이 있다면 고객에게 죄송함을 표해야 한다고 생각했고, 그렇게 행동했다. 그는 삭감 소식을 듣고 모르는 척할 수도 있었고, 말로만 죄송하다고 할 수도 있었다. 하지만 그는 고객에게 먼저 자신의 잘못을 정직하게 말했다.

30만 원이 담긴 봉투를 보고 고객이 어떻게 했을 것 같은가? 당신이 고객이라면 그 돈을 받겠는가? 영업사원의 정직함과 마음 씀씀이가 너무 기특하지 않은가? 고객은 결국 돈을 받지 않았다. 그리고 둘의 관계는 지금 그 어느 때보다 깊고 견고해졌다. 고객은 아마 평생 그 영업사원을 잊지 못할 것이다. 정직해야 한다. 오로지 진실성만이 사람의 마음을 움직인다. 결코 대단해 보이지 않은 이 법칙이 수십 억 달러의 거래에서 사람들의 마음을 바꾸어 놓는다면 믿겠는가? 여기 그러한 스토리가 있다.

월트 디즈니 컴퍼니 Walt Disney Company 는 "저작권 괴물"이라고 불리며 전 세계 대중문화에 가장 큰 영향력을 끼치는 기업이다. 애니메이션과 영화를 뛰어넘어 음악, 드라마, 다큐멘터리와 도서, 스포츠 방송까지 소유하며 현대 미디어 시장의 최강자로 불릴 정도의 막강한 영향력을 자랑한다. 디즈니가 이렇게 성장한 데에는 인수합병을 통한 사업 확장 전략이 매우 유효했다. 우리가 잘 알고 있는 픽사, 루카스 필름, 마블 코믹스, 21세기

폭스가 당시 CEO였던 밥 아이거 Robert Iger 의 디즈니에 인수 합병되게 되었다.

밥 아이거는 방송국의 촬영 스텝으로 시작해 기업의 CEO까지 오른 전설적인 인물이었다. 그가 일하는 방식은 처음부터 한결같았다. 그는 자신의 실수를 인정하고, 그에 대한 책임을 지며 거짓말을 하거나 스스로를 보호하기 위해 다른 사람을 깎아내리지 않았다. 이 원칙과 함께 그는 계속해 성장할 수 있었고 2005년 마침내 디즈니 CEO 자리에 오르게 된다. 당시 디즈니 애니메이션의 상황은 참담했다. 지난 10여 년 동안 디즈니가 제작한 애니메이션은 4억 달러에 육박하는 손실을 기록했고 같은 기간 경쟁사인 픽사는 창의적 측면에서도, 상업적 측면에서도 성공작을 연달아 만들어내고 있었다.

그렇기에 아이거에게 처음 떠오른 아이디어는 픽사를 인수하는 것이었다. 당시 픽사의 CEO 스티브 잡스는 아이거와의 통화에서 이 이야기를 처음 듣고 "글쎄요, 세상에서 가장 황당한 아이디어는 아닌 것 같군요"라고 대답하며 대화를 시작했다. 아이거는 인수 협상에서 다소 독특한 방식을 택했다. 먼저 잡스와 대화를 나누며 디즈니에는 픽사가 절실하게 필요하다는 점을 솔직하게 털어놓았다. 잡스는 이를 이렇게 회상한다.

"그래서 아이거를 좋아하게 된 겁니다. 그는 그냥 솔직하게 그런 이야기를 털어놓았지요. 사실 그건 협상을 시작하기엔 정말 어리석은 방법 아닙니까? 적어도 전통적인 교범에 따르면 말입니다. 그는 테이블에 자신의 카드를 펼쳐놓고 '우린 망했습니다'라고 말한 셈입니다. 그 순간 그 사람이 좋아졌어요. 저와 일하는 방식이 똑같았거든요. 테이블에 패를 전부 펼쳐놓고 '어떻게 되는지 봅시다' 하는 식 말입니다."

밥 아이거는 자신의 세일즈 능력으로 전 세계에서 가장 자기중심적이며 자아도취적 인물로 알려진 스티브 잡스와의 협상에 성공한다. 그의 정직한 진실성은 계속해서 이어진 거대 기업 인수합병 건에서도 유효하게 작용해 디즈니를 세계 최대의 콘텐츠 및 미디어 제국으로 완전히 바꾸어 놓게 되었다.

마지막으로, 위기의 순간에 처한 한 기업의 '진실성'이 역사를 바꾸어낸 사례를 공유하고자 한다. 나는 참 멋진 일이라고 생각한다. 당신도 공감하면 좋겠다. 때는 1981년으로 거슬러 올라간다. 이 이야기는 미국의 자동차 회사 크라이슬러 Chrysler 가 겪었던 최악의 위기에 대한 내용이다.

당시 크라이슬러는 도산 직전이었다. 재무적 위기를 맞아 1978년과 1980년 두 해에 걸쳐 2만 명의 근로자를 해고하고, 연 5억 달러의 비용을 절감했다. 하지만 이란 왕정 폐위로 유가가 요동치고, 미국의 경제는 악화되어만 갔다. 크라이슬러의 손실은 계속 늘어만 가는 상황이었다. 회사를 구원해줄 만한 수많은 사람들과 미팅을 가졌으나 별다른 대안을 찾지 못했고, 경영진은 결국 미국 연방 정부에 도움을 청하게 되었다.

이에 크라이슬러를 대상으로 한 미국 하원 재정 위원회의 청문회가 진행되었다. 하지만 위원회는 크라이슬러의 편이 아니었다. 의원들은 연방 정부의 기업 보증 또는 지원은 미국이라는 나라의 근간인 자유주의와 시장주의에 어긋나는 것이며, 똑똑한 일본인들이 1갤런이 30마일 가는 자동차를 만들 때 크라이슬러는 도대체 무엇을 했느냐며 질책했다.

당시 크라이슬러의 CEO 리 아이아코카 Lee Iacocca 는 그 순간을 이렇게 회고한다.

"때때로 인민 재판에 선 것이 아닌가 하는 생각이 들었다. 우리는 처벌을 받았다. 미국 경제계의 대표적인 부실기업을 경영한다는 죄로 전 세계를 향한 심판대에 세워졌다. 모든 것을 포기하고 명예롭게 자결할 용기조차 없다는 죄로 미디어로부터 온갖 수모를 당했다."

청문회에서 크라이슬러에게 가장 절실히 필요한 것은, 국민들의 도움이었다. 크라이슬러를 살려야 한다는 여론이 형성되어야 하원의원들의 생각을 바꿀 수 있었다. 하지만 크라이슬러의 브랜드 신용도는 하룻밤 사이에 30퍼센트에서 13퍼센트로 추락했다. 땅은 무너졌고 솟아날 구멍은 없어 보였다.

이에 크라이슬러의 사람들은, 조용히 앉아서 죽느니 소리라도 질러보고 죽는 쪽을 선택했다. 여론을 일으키기 위한, 목숨을 건 대중 광고를 집행한 것이다. 광고의 내용은 어느 때보다 직접적이면서 솔직했다. 그들은 외부사람들이 크라이슬러를 어떤 눈으로 보고 있는지를 잘 알고 있었고, 사람들이 품고 있던 의문을 모두 찾아내었다. 혹시나 해서 신문에 나도는 크라이슬러에 대한 억측을 모두 수집하기까지 했다. 그렇게 크라이슬러는 다음과 같은 소비자들의 질문들에 모두 정직하게 답변했다.

- 크라이슬러가 망하면 미국은 잘사는 나라가 될 것인가?
- 크라이슬러의 연비가 형편없다는 것은 누구나 아는 사실 아닌가?
- 크라이슬러의 대형 자동차, 너무 뚱뚱한 것은 아닌가?
- 크라이슬러, 자기 몫은 안하고 정부에 손만 벌리고 있는 것은 아닌가?
- 크라이슬러, 과연 미래는 있는 것인가?

광고의 마지막에는, CEO 리 아이아코카가 직접 호소했다.

"저는 이 세상에서 여러분과 함께 숨쉬는 보통 사람입니다. 그리고 한 회사를 책임지고 있는 사람입니다. 아래의 서명으로 앞의 내용이 사실과 다르지 않음을 약속드립니다."

광고에 보인 대중의 반응은 뜨거웠다. 행정부와 의회에 크라이슬러를 살리라는 수만 통의 전화와 우편이 도착했다. 그리고 자동차 딜러들은 연합해 의회 로비활동과 물론 캠페인까지 벌여 의원들을 압박했다. 미디어에는 크라이슬러에 대한 이야기뿐이었다. 지미 카터 Jimmy Carter 대통령이 리 아이아코카에게 "요새는 나보다 당신이 더 유명한 것 같소"라고 말할 정도였다.

결국 크라이슬러의 정직한 도전은 성공했다. 미국 연방정부의 지급 보증을 받은 크라이슬러는 부채를 모두 청산하고 수많은 사람들의 일자리를 지켜내었다. 그리고 지금은 건실한 기업으로 활동 중이다.

진실은 사회를 묶는 끈으로 무질서와 혼란을 막는다. 거짓으로는 인간관계를 다스릴 수 없으며 가정과 국가도 마찬가지다. 거짓과 부정직함은 여러 가지 다른 형태로 표출될 수 있다. 침묵이나 과장, 가장이나 은폐, 타인의 의견에 동의하는 척하는 것도 부정직한 것이다. 이러한 행위에 대해 타인이 조금이나마 '거짓을 말하는 것 같다'라고 느끼는 순간, 그 관계는 생산적인 발전으로 이어지기가 거의 불가능해진다는 것을 잊지 말자.

당신이 어떠한 문제에 부딪히더라도 가장 정직한 방법으로 해결을 시작해나가라. 어려움이 있으면 주위에 있는 그대로 도움을 청하는 것이 최선의 선택이다. 거짓은 아무리 훌륭히 치장해도 언젠가는 밝혀질 것이다.

디테일 – 승자와 패자의 결정적인 차이
DETAIL – THE CRITICAL DIFFERENCE BETWEEN WINNERS AND LOSERS

0.01초의 차이가 한 사람을 영웅으로 만들고
한 사람은 기억조차 나지 않게 만든다

— 이건희

테슬라의 주식이 요동치기 전, 세계 자동차 브랜드 시가 총액 1위는 일본의 도요타였다. 도요타의 시가 총액은 2023년 1월 14일 기준 2,909억 달러로, 우리에게 잘 알려진 독일 3사인 폭스바겐^{아우디} 그룹, 다임러^{벤츠} 그룹, BMW의 시가 총액을 전부 합쳐도 도요타를 이기지 못한다. 왜 하필 도요타일까? 도요타는 무엇을 다르게 하고 있는 것일까? 무엇이 일본이라는 나라의 도요타를 이렇게 성공적인 기업으로 만들었을까?

그 이유 중 하나는 바로, 도요타가 '차원이 다른 디테일'을 가지고 있기 때문이다. 도요타의 디테일은 그들의 생산 방식에서 찾아볼 수 있다. 생각해보라. 자동차를 만든다. 그 과정에서 무엇이 가장 많이 발생할 것 같은가? 불량? 결함? 비용?

정답은 '낭비'다. 노동력, 시간, 돈, 자재, 재고, 운송비, 보관료 등 모든 자원의 낭비를 막는 것은 모든 생산기업의 숙제다. 하지만 이 방면에서 도요타를 따라올 기업은 아무 곳도 없다. 도요타는 공장에서 일어나는 낭비를 초과 생산, 노동력, 운송, 가공, 재고, 조작, 불량품 생산의 '7 KPI'로 구분한다. 그리고 그들이 '최대의 적'이라고 부르는 초과 생산에 대해서는 예방 시스템을 통해 '재고 0'을 목표로 삼는다. 도요타는 각 공정마다 부품을 5개씩 만들도록 규정하고 있다. 다음 공정에 필요한 부품이 5개가 되면, 현재 공정은 가동을 멈추는 것이다. 즉, 필요한 만큼만 생산하고 전체 공정을 유기적으로 연결해 정해진 수량이 완성되면 이전 공정이 차례대로 중단된다. 이것이 도요타가 자랑하는 예방 시스템이다.

도요타의 공장을 견학해보면 알 수 있다고 한다. 지나가다 보면 각 공정에서 설비가 돌고 멈추고를 계속하는 것이다. 그들은 "기계가 멈춰 있을 때 회사가 돈을 법니다"라고 말한다. 도요타는 재고로 인한 낭비가 거의 없다. 재고가 생기지 않으니 운송, 적재, 보관에 드는 비용도 없다. 이렇게 낭비를 방지해 줄인 비용은 고스란히 도요타의 가격 경쟁력에 보탬이 되는 것이다.

이것이 바로 도요타의 디테일이다. 낭비를 없애는 것은 단 하나의 예시일 뿐이다. 도요타의 자동차를 타본 사람은 하나같이 '도요타의 품질은 세계 최고다'라고 말한다. 품질 관리에도 도요타만의 디테일이 있을 것이다. 전통적으로 일본의 산업은 디테일에 강한 면모를 보이고 있으며 도요타는 그 중심에서 디테일을 중요하게 여기는 비즈니스 모델을 선도하고 있다.

기업의 성패는 무엇으로 결정되는 것일까? 맥도날드, KFC, 볼보, 벤츠처럼 시대의 변화 속에서 쇠퇴하지 않고 오랜 명성을 이어가고 있는 기업들은 무엇을 잘하고 있는 것일까? 그것은 바로 디테일이다. 세계적으로 유명한 기업들 가운데, 디테일의 원칙을 지키지 않고 성공을 이룬 브랜드는 존재하지 않는다. 메르세데스-벤츠 S클래스가 그렇고, 애플 맥북이 그렇고, 맥도날드 빅맥이 그렇다. 이 제품의 디테일은 누구보다도 높은 기준을 가지고 있고, 자세히 살펴보았을 때 우리에게 감동을 준다. 그렇기에 우리는 이들의 로고가 찍혀 있다면 믿고 구매한다. 반면에 디테일이 없다면, 제품의 품질에 아쉬운 점이 생기고, 기업에 실망하게 된다. '그냥 이 정도의 기업이었구나'라는 생각이 드는 것이다. 그렇게 되면 앞으로 다시는 그 기업의 제품을 사지 않게 될 가능성이 높다.

세일즈에서도 마찬가지다. 일하는 시간은 모두 동일하다. 9시에 나와서 6시에 퇴근한다. 고객을 만날 수 있는 시간은 모든 영업사원들에게 공평하게 주어진다. 그렇다면 무엇으로 성공하는 영업사원과 실패하는 영업사원이 판가름날까? 결정적인 차이를 만드는 것은, 바로 영업사원이 고객과 함께 보내는 시간에서 보이는 언행의 디테일이다.

중국의 초대 국무총리 저우언라이周恩來는 디테일의 화신이었다. 중국인들이 가장 존경하는 지도자 중 한 명인 그는 일제 전범에게 관용을 베풀 줄 알았고, 황하가 범람했을 때 인부들에게 "저는 모두의 의견을 따르고 싶습니다. 저에게 가르침을 주십시오"라고 말할 줄 아는 대인배였다.

항상 조용하면서 표용력 있는 모습을 보였던 그가 항상 강조했던 말은 "작은 일에 최선을 다해야 큰일도 이룰 수 있다"는 것이었다. 자신의 비서와 수행원들에게 언제나 일의 세부적인 면까지 최대한 신경을 써야 한다고 당부했으며 "대충", "아마도", "그럴 수도 있다"는 말을 가장 듣기 싫어했다.

한번은 베이징 호텔에서 외빈 초청 만찬이 있었는데, 준비 상황을 듣던 그가 이렇게 물었다.

"오늘 저녁 딤섬에는 어떤 소가 들어가는가?"

"아마 해산물이 들어갈 것입니다."

비서가 대답했다. 곧 저우언라이는 호통을 쳤다.

"아마 들어갈 것 같다는 게 무슨 말인가? 그렇다는 건가 아니라는 건가? 외빈들 가운데 해산물 알레르기가 있는 사람이 있어서 문제라도 생기면 어떻게 할 것인가?"

이렇게 메뉴 하나하나를 세세하게 챙기는 것은 물론, 그는 만찬 전에 주방에 가서 "어이, 주방장 국수 한 그릇 말아주게"라고 하곤 했다. 당연스레 주방에서 일하는 사람들은 '조금 있으면 맛있는 진수성찬을 드실 텐데 왜 국수를 드시고 가는 것일까?'라고 궁금해했다.

그래서 하루는 한 사람이 용기를 내어 물었다.

"각하, 식전에 국수는 왜 찾으시는 겁니까?"

"귀한 손님을 불러놓고 내가 배고프면 어떡하나. 그러면 먹는 데만 급급하게 될 것 아닌가?"

자신은 국수로 간단히 요기하고 만찬장에서는 먹는 시늉만 하며 손님이 식사를 잘하는지 살피고 더욱 정성껏 챙기려는 의도였다.

반성하게 되지 않는가? 세일즈를 해온 나에게는 충격적인 이야기였다. 솔직히 말하자면, 제품설명회 이후 나오는 맛있는 음식에 정신이 팔려, 고객에게 집중하지 않은 경험이 나에게도 분명히 있었다. 심지어 고객은 뒷전이고 내가 먼저 먹기 위해 제품설명회에 참여하는 영업사원도 본 적이 있었다. 중국이라는 대국의 총리도 저렇게 세일즈를 하는데, 우리는 지금 어떻게 고객을 대하고 있는지 반성할 일이다.

"전쟁의 신, 그 자체", "시대의 절대 정신"이라고 불리었던 나폴레옹 보나파르트 Napoleon Bonaparte 역시 프랑스 제국을 이끌며 매사를 관리함에 있어 디테일을 결코 놓치지 않았다. 프랑스에서 멀리 떨어진 적지에서도 각 군단의 이동, 스페인, 이탈리아 등에서 증원부대 이동, 폴란드와 프러시아의 생산물을 수송할 수 있는 운하 개통과 도로 건설 등 아주 사소한 일까지 그는 끊임없이 주의를 기울였다. 말을 어디서 구해와야 할지 지시하고, 안장의 공급을 조치하고, 병사들을 위한 군화를 주문하고, 빵, 비스킷, 술의 배급량과 비축량을 정하는 일을 일일이 챙겼다.

그러면서도 파리에 편지를 써서 프랑스 대학 개편안에 대한 지침을 주고, 공교육 방안을 수립하고, 신문에 발표할 공고문과 기사를 보내고, 예산을 수정하고, 궁전과 성당 개조 공사를 지시하고, 스탈 Stael 부인이라는 작가와 문학에 대해 이야기하고, 오페라 극단의 언쟁에 끼어들고, 터키와 페르시아의 황제들과 서신을 교환했다. 나폴레옹의 몸은 전쟁터에 있었지만 그의 정신은 파리, 유럽, 아니 전 세계 수백 곳에서 왕성하고 일하고 있는 것처럼 보였다고 한다. 황제가 된 후에도 하루에 200킬로미터의 거리를 말을 타고 돌아다니며 병사들을 격려했다.

그러한 정신력이 있었기에 그는 35세의 나이에 유럽의 황제가 될 수 있었고, 나폴레옹 법전 편찬과 함께 법치주의, 능력주의, 시민평등사상을 온 유럽에 퍼뜨렸으며, 그의 방식으로 유럽 국가들의 군제를 개편하며 근대 전쟁사를 완성시킨 위인으로 인류 역사에 큰 획을 그을 수 있었다. 디테일을 챙기는 사람만이 남들이 이루지 못하는 어려운 일을 해낼 수 있다.

제약회사 영업사원을 만나지 않는 것으로 유명한 고객이 있었다. 그렇기에 대부분의 영업사원들은 제품 브로셔를 진료실 앞에 두고 "이것 좀 원장님께 전달해주세요"라고 하고 병원을 나왔다. 하지만 나는 이 행동이 별 의미가 없다고 생각했다. 브로셔를 고객이 볼 이유가 없다고 생각했다. 그래서 행동의 디테일을 추가했다. 포스트잇 2장 정도의 메모를 커피 한 잔과 함께 전달했다. 메모에 별다른 내용은 없었다. 내 소개와 함께 요새 환자가 많아 힘드실 텐데, 즐거운 하루 보내셨으면 좋겠다, 다음에 인사드리러 오겠다 정도의 내용이었다. 이모티콘을 넣어 내용을 가볍고 편안하게 만드는 것도 잊지 않았다. 나는 이렇게 꽤나 오랫동안 정도 메모를 남겨왔고 시간이 지나자 그것이 나의 일상이 되었다.

그러던 어느 날, 평소와 같이 대기실에 앉아 메모를 작성하고 있는데, 간호사 선생님이 "들어오시래요"라고 말씀하셨다. 진짜 들어가도 되는 건가 내 귀를 의심했다. 나의 메모가 효과가 있었던 것이다! 고객은 항상 메모를 남기는 영업사원이 누구인지 궁금했다고 했다. 그리고 내 글씨체가 좋다고도 칭찬해주었다. 기분이 좋았다. 아무도 하지 못하는 일을 한 기분이었다. 솔직하게 말하자면 그 고객은 실적 측면에서 나에게 큰 도움을 주지는 않았다. 하지만 나는 이 경험을 통해, 다른 사람보다 한 단계 더 나아가는 작은 디테일이 전혀 다른 결과를 만들어낼 수 있다는 사실을 알게 되었다.

아주 사소한, 작은 부분에서 고객의 입장에서 한 번 더 생각하고 행동하는 것, 이 작은 디테일이 모이고 모여 세계 최고의 세일즈맨을 만든다.

고객이 뭔가를 요청하고 찾기 전에 이미 가져오는 영업사원이 되어야 한다. 고객과 함께 있을 때는 끊임없이 '지금 고객이 최상의 상태인가? 더 만족하고, 더 행복하게 만들려면 내가 무엇을 해야 하는가?'를 고민해야 한다. 고민하다 보면 무엇이든 아이디어가 떠오른다. 그리고 투자라는 생각으로, 과감하게 실행해라. 사람들은 작은 정성에 감동한다. 당신이 고객에게 보여줄 수 있는 작은 정성이 무엇이 있을지, 고민하고 또 고민해야 한다.

훌륭한 디테일을 만들어내는 또 하나의 방법이 있다. 고객 방문 준비에 시간을 투자하는 일이다. 업계와 시장에 대한 연구와 조사는 세일즈를 하는 데 있어 최고의 도구다. 계속해서 연구하고 조사하지 않으면 고객에게 도움을 주는 최고의 세일즈맨이 될 수 없다. 다람쥐마냥 쳇바퀴만 도는, 꿈도 목표도 없는 영업사원이 되어서는 안 될 것 아닌가. 고객의 비즈니스를 더 키울 방법을 찾아보아라. 고객의 비용을 줄일 방법을 찾아보아라. 고객의 고민을 덜어줄 방법을 찾아보아라. 그게 어렵다면 고객과 고객의 가족, 고객의 직원들을 행복하게 만들어줄 방법을 찾아보아라. 당신이 할 수 있는 일은 무궁무진하다. 나도 고객을 위해 제공하는 나만의 세일즈 도구가 있다. 훌륭한 영업사원은 결코 제품만으로 세일즈를 하지 않는다. 계속되는 연구와 자기계발로 고객에게 자신이 해줄 수 있는 것을 찾아내야 한다.

세일즈의 성패는 5분 동안 이루어지는 면담에서 정해지지 않는다. 그것은 영업사원이 고객과의 면담을 위해 준비한 수십 시간의 노력에서 결정된다. 아무 준비 없이 하루에 10명의 고객을 만나는 것보다, 열심히 준비해서 5명을 만나는 것이 훨씬 효과적인 하루를 보내는 길이다. 당신의 노력은 티가 난다. 10시간을 들여 만든 자료는 누가 보아도 많은 시간을 들인 것처럼 보인다. 심지어 고객의 눈에는 말할 것도 없다.

당신은 고객 면담을 위해 얼마나 준비하는가? 고객에게 보여줄 자료를 만드는데 얼마나 시간을 쏟는가? 그럴 시간이 없다고 말하지 마라. 반드시 내야 하는 시간이다. 당신이 쏟은 시간은 절대 헛되지 않다. 고객은 모든 것을 본다. '이 영업사원이 나에게 줄 자료를 만들기 위해 많은 노력과 준비를 했구나'라는 생각을 고객의 머릿속에 심어주어야 한다. 그 순간부터, 당신의 세일즈 실적은 폭발하기 시작할 것이다.

다시 한 번 말한다. 디테일을 놓치면 안 된다. 고객과 관련된 일이라면 모든 사소한 일을 하나도 빠짐없이 챙겨라. 고객과 외부에서 식사를 하기로 했을 때 영업사원들이 가장 많이 빼먹는 것이 무엇인지 아는가? 주차에 대한 세부적인 안내다. 고객이 처음 오는 곳이라면, 어디에 주차를 할지에 대해 안내는 필수다. '장소는 알려주었으니 알아서 오겠지'라는 생각을 하는 영업사원은 절대 1등이 되지 못한다. 나는 주차장으로 들어가는 길을 하나씩 사진을 찍어 안내 문자와 함께 고객에게 보내곤 했다. 이렇게 디테일을 챙기는 것과 아닌 것은 고객의 입장에서 하늘과 땅 차이다.

당신이 할 수 있는 모든 사소한 일들을 챙겨라. 그리고 디테일이 다른 자료를 준비해라. 디테일한 행동 하나하나가 당신을 최고로 높은 산에 올려주는 계단이 될 것이다.

차별화 – 열심히가 아니라 특별하게 일하라
DO NOT JUST WORK HARD, WORK DIFFERENTLY

다른 것을 생각하라.

– 1997년 애플 Apple 사의 광고 문구

    1900년대 초반, 나폴레온 힐은 10세 때 처음으로 직업을 갖게 되었다. 뉴욕 브루클린에 살던 그는 마차를 타고 지나가던 사람들이 갈증을 풀 수 있게 들통에다가 물을 넣고 컵에 담아 마차마다 뛰어올라 1센트에 물을 팔고는 했다. 주말 내내 장사를 했으며 누구나 따라할 수 있는 일이었기에 다른 아이들과의 경쟁이 시작되었다. 아이들은 보통 하루에 2, 3달러 정도를 벌어갔다. 나폴레온은 여기서 색다른 방법을 떠올렸다. 들통에다 레몬을 한두 개 짜서 넣었다. 그의 물이 레모네이드가 되는 순간이었다. 그는 이 레모네이드를 2센트씩에 팔았고 하루에 5달러가 넘는 돈을 벌게 된다.

    당신은 지금 현재 일을 남들과 똑같이 하고 있는가? 내가 남들과 다르게 하고 있는 점이 있는가? 있다면 무엇인가? 철저한 차별화만이 최고의 세일즈를 만든다. 기네스북에 오른 세계 최고의 자동차 세일즈맨 조 지라드의 성공비결은 '끊임없는 차별화'였다. 그는 절대로 다른 영업사원들과 똑같이 방식으로 일하지 않았다.

미국의 세일즈맨들은 매년 크리스마스가 되면 자신의 고객들에게 우편을 보내곤 한다. 하지만 조는 색다른 생각을 했다. 그는 크리스마스뿐만 아니라 1년에 12번, 매월 1통의 우편을 고객에게 보냈다. 봉투는 매번 형태와 색상이 다른 것을 사용했으며 겉에는 조의 사업이나 제품에 관계된 내용을 절대 쓰지 않았다. 즉 우편을 받은 고객이 '뭐야, 광고잖아?'라고 생각될 만한 우편을 보내지 않는다는 것이다.

1월에는 "신년을 축하드립니다. 사랑을 담아, 조." 2월에는 "즐거운 발렌타인데이를 맞이하세요." 3월에는 "멋진 성 패트릭 데이가 되세요!" 이런 식이었다. 그리고 그의 특별한 우편은 효과가 있었다. 우편을 받은 사람들이 그를 기억하고, 고맙다며 연락을 주는 것이었다. 고객이 받았을 때 보낸 사람의 노력과 정성이 느껴질 정도로 꾸며져 있는 우편은 쓰레기통이 아닌 서랍으로 들어간다. 당신도 그렇지 않은가? 카드 회사에서 날아온 대한민국 국민이 전부 다 받는 것처럼 보이는 우편은 바로 분리수거함에 들어간다. 하지만 정성스럽게 손으로 쓴 마음이 보이는 우편은 내 책상 서랍에 모아두게 된다.

'철저한 차별화'가 어떤 것인지 느껴지는가? 고객에게 우편를 보낸다는 아이디어는 동일하다. 하지만 어떻게 하면 고객이 더 좋은 감정을 느끼고 나를 한 번더 기억해줄까를 고민하는 사람은 같은 아이디어를 남다르게 실행한다. 이렇게 똑같은 일을 색다르게 하는 사람들이 있다. 어떤 분야이든 최고가 되는 사람들은 특별하게 일한다. 자신이 하고 있는 일을 어떻게든 색다르게, 재미있게, 풍성하게 만든다. 그것이 바로 차별화이다.

속사포 랩으로 유명한 가수 아웃사이더는 자신의 목표는 단 하나였다고 말한다. "누구보다 빠르게, 남들과는 다르게" 그의 무대나 강연에 가보면 이 말을 엄청난 속도로 계속 반복하며 노래하는 그의 모습을 볼 수 있을 것이다. 누구보다 빠르게 남들과는 다르게. 우리도 아웃사이더처럼 일해야 한다. 당신이 남들과 다르게 할 수 있는 부분을 찾아야 한다.

세계 최고의 부자이자 맥도날드의 창업자 레이 크록은 맥도날드를 창업하기 전에 종이컵 회사의 세일즈맨이었다. 레이는 각 고객의 비즈니스에서, 종이컵을 사용 수 있는 일을 최대한 늘리자는 세일즈 전략을 세웠다. 즉 주어진 시장에서 파이를 더 먹는 것이 아니라, 시장 자체를 키울 생각을 한 것이다. 그리고 당시는 미국 경제가 엄청난 속도로 팽창하던 시기였기에, 레이의 전략은 굉장히 효과적이었다.

시카고에서는 이런 일이 있었다. 오후 시간에 음식을 담는 컵을 구매하는 길거리 식당을 방문한 레이는, 번뜩이는 아이디어가 떠올랐다. 신형 컵을 이용해 이곳을 지나가는 수많은 사람들이 음료를 포장해서 가게에서 들고 나가도록 할 수 있겠다는 생각이 든 것이다. 당시 그 식당은 포장 메뉴 없이 가게에 있는 대여섯 개의 테이블에만 서빙을 하는 상황이었다. 하지만 매장을 운영하는 매니저는 레이의 아이디어에 매우 부정적이었다.

"정신 나간 거 아니야? 그게 아님 내가 정신 나간 사람이라 생각 하는 거야? 소다가 한잔에 15센트인데 당신의 컵을 1.5센트나 주고 쓰라고?"

하지만 레이는 굽히지 않았다.

"매출이 늘어날 겁니다. 들어보세요. 포장 음료 코너를 따로 마련하는 거예요. 음료를 흘리지 않게 뚜껑을 덮고, 크래커와 함께 봉투에 담아주면 사람들이 가지고 나갈 겁니다. 테이블에서만 파는 것보다 음료를 훨씬 많이 팔 수 있을 겁니다."

"이봐, 그렇게 지출이 새는데 어떻게 이익이 남겠어? 게다가 뚜껑을 덮고 봉투에 담고 하면 시간이 오래 걸리잖아. 직원들의 시간이 굉장히 낭비될 거야!"

결국 레이는 자신의 아이디어를 단 하루만 실행해볼 것을 부탁하며 300개의 컵을 공짜로 제공했고, 결과는 대성공이었다. 식당의 테이크아웃 메뉴는 불이 난 듯 팔려나갔고, 매니저는 레이에게 사과하며 역대 최대 규모의 종이컵을 구입하게 되었다.

영업사원과 고객의 가장 이상적인 관계를 보여준 사례다. 영업사원의 아이디어와 제안이 고객의 성공을 함께 만들어낸 것이다. 고객과 시장을 관찰하고, 내가 파는 제품의 수요 자체를 늘리는 것은 우리 영업사원들이 끊임없이 연구해야 할 과제 중 하나이다.

고객의 성공을 이끌어내는 세일즈맨은 반드시 성공한다. 고객이 진급을 앞두고 있다면 진급 가능성이 효용이자 혜택이다. 의사결정자가 오너고, 오너의 가장 큰 목표가 이익을 많이 내는 것이라면 가치는 이익을 많이 내는 것이다. 공공기관 고객이라면 현재 진행 중인 프로젝트를 멋지게 성공시키는 것이 효용일 수 있다. 고객이 비용 절감을 원한다면, 비용 절감안을 제시하라.

나는 병원을 방문하며 직원들의 새로운 교육 방안을 제안한 적도 있다. 고객의 문제를 알게 된다면, 그 해결책을 제안하는 것은 당신이 되어야 한다. 고객은 자신의 문제를 해결해주는 영업사원을 사랑한다. 어떤 분야에서든 마찬가지다. 제약 세일즈에서도, 병원의 경영에 관여하고 도움을 주는 영업사원은 항상 최고의 실적을 보여주게 된다. 그렇기에 우리는 어떻게 하면 내가 고객을 성공하게 만들 수 있을지 계속해서 연구해야만 한다.

일을 열심히 하는 것은 기본이다. 우리는 특별해져야 한다. 특별하게 일하는 사람들이 살아남고, 특별하게 일하는 사람들이 성공하는 세상이다. 그리고 그 누구도 우리가 성공할 수 없다고 말할 수 없다. 세계 최고가 가는 길은 험난하고 고통과 고난으로 가득하지만, 분명한 점은 그 길이 우리 앞에 열려 있다는 것이다.

긍정 - 최고처럼 생각하라
IMAGINE AS YOU ARE THE BEST
IN THE WORLD

우리는 적군에게 완전히 포위되었다. 덕분에 문제가 아주 간단해졌다!
이제 우리는 모든 방향으로 공격할 수 있다!

— 체스티 풀러 Chesty Puller

영화 〈어벤저스 엔드게임 Avengers-Endgame 〉의 한 장면을 기억하는가? 전 세계 생명체의 반이 사라지고, 사람들이 상실의 슬픔을 벗어나지 못하고 있는 상황에서 캡틴 아메리카가 동료에게 말한다.

"오늘 허드슨강에서 고래를 봤어. 배가 적어지니 물이 깨끗해졌나 봐."

그러자 동료는 훌쩍이며 말한다.

"만약 이 상황에서 긍정적인 면을 보라는 말이라면, 이 샌드위치로 널 때릴지도 몰라."

그가 멋쩍게 대답한다.

"미안. 오래된 습관이라."

캡틴 아메리카는 우리에게 가장 잘 알려진 긍정과 의지력의 아이콘 중 하나가 아닐까 한다. 물론 그는 실존하는 사람이 아니다. 하지만 마블의 작가들이 캡틴 아메리카라는 캐릭터를 만들어낸 배경에는 '인류에게는 힘든 시기를 이끌어주는 긍정의 화신과 같은 영웅이 필요하다'는 그들의 철학이 있었을 것이다.

긍정적인 마인드는 영업사원에게 뿐만 아니라 인간이 갖춰야 할 가장 중요한 능력 중 하나라는 사실에 모두 동의할 것이다. 나는 긍정적인 마인드가 인간에게 삶의 무거운 중압감으로부터 숨을 쉴 수 있게 해주는 산소 같은 필수 요소라고 생각한다.

특히 "괜찮습니다. 팜플렛 있으면 두고 가세요"라는 말을 수도 없이 듣는 세일즈의 세계에서, 긍정적으로 생각할 수 있는 능력이 없다면 정신이 버텨내지 못할 것이다. 나를 귀찮게 하지 말라는 눈빛을 받고 잡상인 취급을 당하다 보면 '안 되는 일인 것 같다. 이 일은 할 게 못 된다. 나는 세일즈가 안 맞는구나'라는 생각과 함께 좌절하게 되는 것이 세일즈기 때문이다.

나도 그랬다. 과거에는 참 힘들었다. 신입사원 시절에는 "다음에 다시 오시죠"라는 말을 하루에 5번은 들었던 것 같다. 사실, 지금도 마찬가지다. 나의 세일즈 능력이 신입사원 시절보다 나아졌더라도, 세일즈의 본질은 바뀌지 않았기 때문이다. 관계를 만들지 못한 고객에게 나는 여전히 내 인생을 귀찮게 하는 영업사원에 불과하다.

하지만 나는 더 이상 그러한 말에 개의치 않는다. "그만 오셨으면 좋겠는데요"라는 말에 결코 상처받지 않는다. "오늘은 바쁘다고 하시네요"라는 말은 다른 고객을 찾을 수 있는 감미로운 음악이라고 생각한다. 현재의 상황에 대해 '왜 이렇게 되는게 없지'라는 부정적인 생각은 하지 않는다. 아니면 그만이라는 생각으로 쿨하게 자리를 일어날 수 있게 되었다.

이 사람이 아니면 다른 사람을 찾으면 된다. 세상은 넓다. 나와 맞는 고객은 얼마든지 있다. 그들을 찾기만 하면 된다.

세계 최고의 부자들은 모두 긍정의 화신이다. 그들은 고객으로부터 거절당하고, 쓴소리나 심지어 질타나 욕설을 듣더라도 긍정적이고 밝은 마인드를 유지한다. 그 어떤 코멘트나 상처되는 말, 무시와 질타를 통한 천시와 박대를 받더라도 그런 상황을 개인적으로 받아들이지 않는다. 예컨대 '고객이 지금 나와의 면담을 거부한 것은 그가 당장 너무 바쁘고 정신이 없어서지 내가 싫어서 그런 것은 아니다' 라고 생각하는 것이다. 정말 당신이 싫어서일 수도 있다. 진실은 중요하지 않다. 중요한 것은 우리의 인식이다. 당신이 스스로를 어떻게 인식하느냐가 당신의 하루를 결정하고 당신의 하루가 모여 일 년이 되고, 당신의 삶을 이루게 된다.

세계 최고의 세일즈맨들은 실제로 그들이 최고라고 생각한다. 안 되는 이유보다는 되는 이유를 찾는다. "그건 어렵지" 보다는 "어쩌면 될 것 같은데?"라고 말한다. 당신이 일의 부정적 측면에 집중하면 그 일은 절대로 이루어지지 않을 것이다. 하지만 긍정적으로 바라보기 시작하면, 불가능이라 생각했던 일도 가능성이 보이기 시작한다. 참 신기한 일이다.

일본 전국에 1,400곳이 넘는 츠타야 매장을 운영하는 컬처 컨비니언스 클럽 Culture Convenience Club 의 CEO 마쓰네 무네아키는 "사람의 성장은 회사의 성장과 관계없이 그 사람이 불가능한 일에 도전하고자 하는 각오의 크기와 비례한다"라고 했다. 최고처럼 생각하는 사람이 불가능에 도전할 수 있는 이유는, 그것이 불가능이라고 생각하지 않기 때문이다.

세일즈에서 최고처럼 생각하는 법이 무엇일까? 그건 바로 고객들에게

좋은 것을 먼저 주는 것이다. 초보 영업사원들이 가장 많이 하는 실수 중 하나는, 고객에게 아무것도 주지 않았으면서 이 제품이 당신에게 필요하다는 말만 계속하는 것이다. 생각해보라. 고객이 당신으로부터 제품을 사면 당신에게는 그만큼의 이익이 생긴다. 회사에서 판매수수료를 줄 것 아닌가? 자신이 제품을 구입하면 영업사원이 수수료를 받는다는 사실은 고객도 알고 있다. 그런데 어째서 빈손으로 나타나는가? 나의 선택으로 수수료를 받으면 감사에 대해 성의 표시를 해야 하는 것 아닌가? 당신이 고객에게 아무것도 주지 않으면, 아무 실적도 생기지 않는다는 것을 명심해야 한다.

선물에 대해 말한 내용이 기억나는가? 선물을 주는 것은 아주 좋은 방법이다. 하지만 꼭 선물이라고 부를 만한 것이 아니어도 좋다. 제품에 관련된 서비스이든, 무엇이든 당신이 줄 수 있는 좋은 것을 고객에게 주어라. 당신의 역량 안에서 제공할 수 있는 최고의 것을 먼저 고객에게 주어보아라.

크라이슬러 자동차는 1981년, "자동차를 구입하시고 30일 동안 시승하신 후 어떤 이유에서든 차가 마음에 들지 않는다면, 조건 없이 전액 환불해드리겠습니다"라는 전무후무한 캠페인을 실시했다. 당시 여론은 발칵 뒤집혔다. 모두가 궁금해했다. 고객이 차를 가지고 간 다음 아무 이유도 없이 차가 싫다고 하면 어떻게 할 것인가? 고객의 마음이 바뀌면 어떻게 할 것인가? 고객의 부인이 색깔이 마음에 들지 않는다고 하면 어떻게 할 것인가? 환불로 인해 발생하는 손해는 누가 책임질 것인가?

하지만 놀랍게도, 그런 염려와 다르게 환불은 자주 발생하지 않았다. 물론 환불 절차가 매우 복잡했기 때문도 있지만 기분 좋게 자동차를 가져가고, 30일 동안 고객들은 대부분 만족하고 차를 인수했다. 이 제도를 남용한 사람은 거의 없었다. 크라이슬러는 대략 1퍼센트의 고객이 환불을 요청할 것이라고 예상했지만, 환불 요청고객은 0.2퍼센트밖에 되지 않았다. 그리고 이 캠페인은 당시 매출의 위기를 겪고 있던 크라이슬러에게 한줄기 빛이 되었다.

자동차 회사인 크라이슬러는, 고객에게 자동차를 먼저 주었다. 우리도 그처럼, 우리가 줄 수 있는 것을 고객에게 먼저 주면 된다. 물론 고객에게 제품을 주고 돈을 받기 전에, 무언가를 먼저 준다는 것은 상상하기 어렵다. '내가 줄 수 있는 게 뭐가 있지?'라는 생각이 들기 십상이다. 하지만 곰곰이 생각해보면, 의외로 당신이 줄 수 있는 것들이 많다는 것을 알 수 있다.

도쿄의 한 무역회사에 바이어들을 위한 차표를 구매하는 일을 담당하는 여직원이 있다. 그녀는 종종 독일 기업의 임원을 위해 도쿄와 오사카를 오가는 기차표를 예매해주고는 했다. 얼마의 시간이 지나고, 그 임원은 흥미로운 사실 한 가지를 발견하게 되었다. 그것은 그의 좌석의 방향이었다. 오사카로 갈 때는 언제나 우측 창가, 도쿄로 돌아올 때는 좌측 창가였던 것이다. 어느 날 그가 이유를 물었다. 그러자 여직원은 웃으며 이렇게 대답했다.

"후지산의 위치 때문입니다. 선생님이 오사카로 갈 때는 후지산이 오른쪽에, 도쿄로 돌아올 때에는 왼쪽에 있습니다. 갈 때나 돌아올 때나 아름다운 후지산의 경치를 감상하시면 좋을 것 같아 방향을 다르게 예매해드렸습니다."

직원의 세심한 배려에 감동한 임원은 회사와의 거래액을 크게 늘리게 된다. 직원들이 이렇게 작은 일까지 세심하게 신경 쓰는 회사라면, 다른 일에서도 믿을 수 있다고 생각했던 것이다.

고객과 연결고리가 있다면, 어떻게든 그 접점을 통해 더 좋은 것을 줄 수 있는 방법을 찾으면 된다. 물론 누구나 저렇게 운이 좋게 시작할 수 있는 것은 아니다. 대부분의 세일즈는 고객에 대한 아무 배경지식이나 지인 소개 등 타인의 도움 없이 '맨땅에 헤딩'을 하게 된다. 세일즈를 정말 어려운 일로 만드는 가장 큰 이유 중 하나다.

처음 보는 고객에게 가서 나의 용건을 말하는 상황이다.

"안녕하세요. ○○○담당자입니다. 저희는 ○○○한 제품을 가지고 있습니다. 선생님께서 ○○○하는 데 도움이 될 것입니다. 고려를 부탁드립니다. 어떻게 생각하시나요? 생각해보시겠다고요? 알겠습니다. 시간 내주셔서 감사합니다."

어떤 분야에서든 첫 방문에서는 보통 이러한 시나리오가 연출된다. 반전은 거의 없다. 제약 세일즈에서는 '신규 거래처 발굴'이 그렇다. 처음 보는 의사를 방문해 내 제품을 처방해줄 것을 요청해야 한다. 제약 세일즈는 "대체 내가 왜 당신의 제품을 써야 하는 거죠?"라는 고객의 질문에 대답하기 위해 노력하는 영업사원들의 끊임없는 몸부림이다.

고객에 대해 아는 것이 전혀 없을 때도, 나는 다른 영업사원들과는 다르게 고객에게 드릴 좋은 것을 들고 고객을 방문했다. 우리에게 가장 편리한 좋은 것은 식음료다. 나는 처음 고객을 만나고 나면, 병원 직원들에게 슬쩍 다가가 물어보곤 했다.

"제가 앞으로 종종 원장님께 드릴 다과를 준비하려고 하는데, 혹시 원장님께선 어떤 걸 좋아하시나요? 커피는 어떻게 드시나요? 가끔 선생님들 것도 사올게요."

모든 사람이 똑같이 좋아하는 것은 맛있는 음식과 음료수다. 누구나 주전부리를 좋아한다. 당신이 고객이 좋아하는 식음료를 알게 되는 순간부터 그 고객에 관련된 당신의 일은 굉장히 편해지기 시작할 것이다. 똑같이 커피를 사가더라도 병원 1층에 있는 파리바게트에서 사온 커피와 스타벅스에서 자신이 가장 좋아하는 카라멜 프라프치노는 받아들이는 입장에서 차원이 다르다.

"주위에 여쭤보니, 선생님께서 이 음료를 좋아하신다고 들었습니다. 제가 맞게 가져왔는지 모르겠습니다. 시원하게 한 잔 하시고 하루를 보내시면 좋겠습니다"라고 대화를 시작하면 어떻겠는가? 적어도 "팜플렛이나 두고 가세요"라고 하진 않을 것이다. 일단 앉으라고 권하고 대화가 시작될 것이다. 그러면 이제 내가 궁금한 것을 물어보기 시작하면 된다.

고객의 기호와 취향을 파악하라. 사람에 대해 사소한 것을 기억하는 것이 얼마나 그 사람에게 큰 감동을 주는지 당신도 알고 있을 것이다. 나는 '시럽을 빼고 딸기를 크게 넣은 스타벅스 딸기 요거트 벤티 사이즈'를 잊지 못한다. 나를 참 아껴주시고, 높은 실적은 물론 많은 가르침을 준 한 고객이 가장 좋아하는 음료였기 때문이다. 고객이 가장 좋아하는 식음료가 무엇인지, 가장 좋아하는 점심 메뉴는 무엇인지, 가장 좋아하는 후식은 무엇인지 아는 영업사원은 절대 실패하지 않는다. 그렇게 고객별로 좋아하는 것들에 대한 당신의 데이터베이스가 길어질수록, 당신의 실적 역시 수직상승하게 될 것이다.

당신이 처음 만나는 어떤 사람의 마음을 얻어야 한다면, 그의 기호와 선호를 파악하는 것은 세일즈의 기본이자 가장 빠르게 가는 길이다. 직접 물어보기도 하고, 주위에도 물어봐라. 사람들은 생각보다 친절하다. 당신의 솔직하게 도움을 요청하면, 도와줄 것이다. "저 분과 면담을 해야 하는데, 제가 어떤 걸 준비해가면 좋아하실까요?"라는 질문은 결코 어려운 것이 아니다. 결코 비싼 것을 준비해야 한다고 생각할 필요도 없다.

'만 원의 행복'이라고 생각하고 만 원 또는 이만 원 내에서 최대한 상대가 좋아할 만한 것을 생각해보자. 성별과 연령대만 알아도 어느 정도 짐작은 되지 않는가! 그리고 이왕 하는 일, 누가 보아도 아름답고 모두가 원할 것 같은 것을 찾아보아라. 인생은 짧고 예술은 길다는 말이 있다. 우리는 모두 '아름다운 것'을 원한다. 당신이 할 수 있는 선에서 최대한 아름다운 것을 찾아보아라. 아무 생각 없이 하루에 10명의 고객을 만나는 것보다 고심하고 고심한 끝에 정한 작은 기쁨을 들고 5명을 고객을 만나는 것이 훨씬 실적에 도움이 된다. 우리의 목표는 고객이 '이 영업사원이 나를 위해 많이 알아보고, 노력하고, 고민한 끝에 이걸 가져왔구나!'라는 생각이 들게 만드는 것이다.

케빈 로즈 Kevin Rose 라는 사업가는 스타트업 회사 스퀘어 Square 에 투자하기를 원했으나 스퀘어의 창립자 잭 도시 Jack Dorsey 는 그의 투자를 허락하지 않았다. 그러자 케빈은 스퀘어의 서비스를 설명하고 자신이 갖고 있던 통찰을 제시하는 동영상을 만들었다. 케빈의 흥미로운 동영상이 금방 유튜브에서 10만 조회 수를 돌파하자, 잭은 결국 케빈의 투자를 허용할 방법을 찾아줄 수밖에 없었다. 현재 스퀘어의 가치는 수십억 달러가 되었고, 케빈은 백만장자가 되었다. 케빈은 동영상을 통해, 자신이 스퀘어에 줄 수 있는 것을 '먼저 준 것'이었다.

먼저 주면, 좋은 일이 생긴다. 이 사실을 믿어야만 한다. 그것이 최고처럼 생각하는 길이다. 최고의 영업사원은 고객에게 먼저 준다. '고객에게 어떻게 제품 주문을 받아내지?'라고 생각하기 전에, 자신이 고객에게 무엇을 줄 수 있을지를 생각해라.

이런 사고방식을 자세히 살펴보면, 긍정의 철학이 숨어 있는 것을 알 수 있다. 생각해보라. 내가 고객에게 무언가를 먼저 주었을 때, 고객이 말로만 고맙다고 하고 입을 싹 닦아버린다면? 고객이 나의 노력을 알아줄 것이라고, 고객이 나의 마음을 알아줄 것이라고 믿지 않는다면 결코 먼저 줄 수 없다.

최고가 되기 위한 긍정의 철학은 '뿌린 만큼 거두는 것이다. 내가 주는 만큼 고객도 나에게 줄 것이다' 라는 믿음에 기초한다. 나는 한 해 인센티브를 다 준다고 생각하고, 200만 원 짜리 심장제세동기가 필요하다는 고객의 요청에 "예스!"를 던진 적도 있다. 생각해보면 정신 나간 짓이었지만, 당시에는 그만한 가치가 있는 투자라고 생각했고, 내 판단은 옳았다. 그 고객은 결과적으로 천만 원 이상의 인센티브가 넘는 세일즈 실적으로 나에게 보답했다. 그때 나는 깨달았다. 먼저 주는 것이 답이라는 것을. 당신이 세일즈를 하고 있다면 반드시 해보아야 한다. 먼저 주어라. 주는 대로 받을 것이다.

긍정적으로 생각할 수 있는 능력은 성장 환경에 따라 상당 부분 결정될 것이라 생각한다. 인간이 받을 수 있는 가장 기본적인 것들의 결핍은 겪은 사람은 '나에겐 그렇게 긍정적으로 생각할 힘이 남아있지 않아'라고 말할지도 모른다. 하지만 그 어려움을 딛고 이겨내는 데 이 능력이 매우 중요한 역할을 수행한다는 것은 모두 동의할 것이다. 긍정적인 마인드는 인간의 다른 모든 습관과 마찬가지로 후천적으로 노력함으로써 발전시킬 수 있다. 우리는 우리의 삶을 극단적으로 낙관할 수도 있고 비관할 수도 있다. 삶에서 즐거움을 끄집어내느냐 아니면 괴로움을 끄집어내느냐는 바로 내 자신에게 달려 있다.

경쟁 - 오로지 자기 자신과 경쟁하라
YOU'RE ONLY COMPETING WITH YOUSELF

제가 15살 때 누군가 물었습니다. "네 영웅은 누구니?" 저는 대답했습니다. "제 영웅은 10년 뒤의 저예요." 제가 25살이 되었을 때 그가 돌아와 물었습니다. "그래서 너는 영웅이 되었니?" 저는 대답했습니다. "아뇨 전혀 가깝지 않아요. 이제는 35살의 제가 제 영웅이에요." 매일, 매주, 매월, 매년 저의 영웅은 저로부터 10년이 떨어져 있습니다. 저는 절대로 제 영웅이 되지 못할 거예요. 하지만 괜찮아요. 저는 쫓아갈 사람이 있으니까요.

― 매튜 맥커너히 | Matthew McConaughey

무언가 일이 내가 원하는 대로 풀리지 않을 때, 세상에서 가장 쉬운 것이 무엇일까?

그건 바로 환경 탓하기다. '내 탓이 아니야. 이건 다 ○○○ 때문이야. 그것만 아니었다면 나는 원하는 걸 이루었을 거야. 그것만 아니었으면 실패하지 않았을 거야. 그 사람만 아니었으면 나는 지금 이렇게 되지 않았을 거야.'

유복한 집안에서 태어나지 않아서, 자동차가 없어서, 집이 없어서, 돈이 없어서, 키가 작아서, 못 생겨서, 머리가 커서, 뚱뚱해서, 빈약해서, 머리숱이 없어서, 눈이 작아서. 환경 탓을 시작하면 누구라도 끝이 없다.

게다가 우리나라 사람들은 더 심하다. 결코 넓지 않은 국토에 옹기종기 모여 살다 보니, 남의 시선에 민감하다. 유행에 따르지 않으면, 소외되고 비참해진다. 소셜 미디어의 발달은 서로 만나지 못하는 사람들을 연결해 주기도 했지만, 타인의 관심에 대한 끊임없는 갈망과 함께 '헬조선' '흙수 저'라는 새로운 종류의 박탈감과 소외감을 만들어냈다.

"나는 흙수저니까 어차피 해도 안 된다"라는 의식이 우리 사이에 팽배해진 것은 언제부터일까. 사실 '환경 탓'은 전혀 새로운 현상이 아니다. 먼 과거에도 있었다. 이순신 장군은 부하에게 이렇게 말했다. "집안이 나쁘다고 탓하지 말라. 좋은 직위가 아니라고 불평하지 말라. 윗사람이 자기를 알아주지 않는다고 불만을 갖지 말라. 자본이 없다고 절망하지 말라." 환경 탓을 하는 것은 시대를 불문하고 늘 있던 일인 것이다. 당신이 지금 누구보다 환경 때문에 힘들고, 억울함이 든다고 해 결코 당신이 잘못되지 않았다는 말을 해주고 싶다.

인생의 결과는 태어난 순간이 아닌, 태어난 이후 삶을 살아가는 과정에서 결정된다지만 자신의 환경이 남보다 뒤떨어진다고 생각될 때 신세 한탄을 하지 않기란 거의 불가능에 가까운 일일지도 모른다. 그렇다. 인정할 것은 인정해야 한다. 환경을 넘어서는 것은 어렵다. 하지만 방법은 분명 존재한다.

파나소닉 Panasonic 의 창업자, 마쓰시타 고노스케는 자신의 성공 비결은 어려운 환경에 있었다고 술회한다. 집안이 가난했기 때문에 신문배달부터 힘든 일은 모두 해보며 현실 경험을 쌓을 수 있었고, 허약했던 체질이었기 때문에 꾸준히 운동을 해 건강을 유지했으며, 학교를 다니지 못했기 때문에 자신이 만나는 모든 사람을 스승으로 생각해 언제나 모르는 것을 묻고 배울 수 있었다는 것이다.

현대 정주영 회장 역시 마찬가지였다. 그의 시대는 정말로 헬조선(지옥과 같았던 일제 식민 시대)이었고, 그는 진정한 흙수저를 물고 자란 전형적 빈곤층이었다. 소작인(상상이 되는가? 남의 땅에서 농사를 짓고, 자신이 일군 농작물의 반을 빼앗기는 삶이라니!)의 아들로 태어난 정주영에게 주위 환경이란, 아무리 열심히 해도 바뀌지 않는, 악몽과도 같은 운명이었다. 하지만 그는 더 넓은 세상을 만나기 위해 총 4번의 가출을 시도한 끝에, 주어진 환경을 이겨내는 자신만의 삶을 만들어 나갈 수 있었다.

누구나 자신이 처한 환경 속에 나름의 어려움이 있다. 고노스케와 정주영의 환경은 누가 보아도 힘들어 보인다. 하지만 그들의 이야기에서 우리는 어려운 환경을 이겨내고 성공의 발판을 만들어내는 것은 결국 온전히 우리의 몫이라는 사실을 깨달아야만 한다.

물론 우리는 마쓰시타 고노스케나 정주영이 아니다. 그들은 훌륭한 역사의 위인이자 본보기이지만, 비슷한 정신을 갖기에 우리와 그들 사이에는 너무나 큰 시대적 격차가 있다. 저들에겐 저들의 시대정신이 있었다. 우리에게 같은 정신을 요구하는 것은 무리일뿐더러 어찌 보면 부당하기까지 하다. 그건 그때 이야기고! 지금과는 환경이 너무나도 다르지 않은가! 내가 말하고 싶은 것은 저들을 본받아 환경이 아무리 힘들어도, 이 꽉 깨물고 버텨야 한다는 진부한 이야기가 아니다.

나는 참으로 참담하고 짜증나는 우리의 환경으로부터, 어떻게 하면 우리가 '덜' 영향받을지에 대해 이야기하고 싶다. 환경에서 오는 악영향을 줄이기만 해도, 우리의 마음은 한결 가벼워진다. 그리고 비로소 우리는 좀 더 온전히 우리가 할 수 있는 일이 무엇일까에 집중할 수 있을 것이다.

나에게 있어 환경에 영향받지 않기 위한 가장 좋은 방법은, 오로지 나 자신과 경쟁하는 것이었다. 세일즈에 대해 고맙다고 생각되는 것 중 하나는, 세일즈는 나만 잘하면 되는 일이라는 점이다. 다른 사람을 바라보고 있을 이유도, 필요도, 시간도 없다. 경쟁사 직원이든, 같은 팀원이든, 협력사 직원이든 의식할 필요도 없고, 어떤 기대를 할 필요도 없다. 당신만 잘하면 된다. 그들에게 관심을 완전히 끊어버리라는 말이 아니다.

하지만 그들과의 경쟁에서 이기기 위해 너무 신경 쓰다 보면, 내가 해야 할 일을 하지 못하고 죽도 밥도 되지 않은 채 떠돌게 된다. 물론 경쟁자로부터 배울 점이 있다면 놓치지 말아야 할 것이다. 하지만 나는 경쟁사가 어떤 세일즈 전략을 쓰는지, 또는 이번 달에 회사에서 내가 실적 몇 등인지를 파악하는 데 정신이 팔려, 실상 자신의 일은 거의 하지 못하는 영업사원들을 너무나 많이 보았다.

스포츠에서도 그렇지 않은가? 특히 달리기, 수영, 레이싱 등 정해진 시간에 정해진 거리를 완주해야 하는 스포츠는 '끝없는 자기 자신과의 싸움'이다. 선수들은 마지막 0.1초를 줄이기 위해 인생을 건 노력을 한다. 물론 세계 신기록 등 다른 경쟁자가 만들어낸 목표가 존재하지만, 선수들이 결국 싸워야 하는 건 이전의 자기 자신의 기록이다. 내 일주일 전의 기록, 내 어제의 기록, 내 오늘 아침의 기록을 갱신하다 보면 결국 세계 신기록을 넘어서게 되는 것이다.

비즈니스의 세계에서도 다르지 않다. 마이크로소프트 Microsoft 와 애플 Apple 의 관계를 아주 잘 보여주는 일화가 있다. 마이크로소프트의 임원 미팅에 들어가면 대부분의 이야기는 '어떻게 하면 우리가 애플을 이길 수 있을 것인가?'라고 한다. 반면에 애플의 임원 미팅의 안건은 '어떻게 하면 사람들의 삶을 더 편리하게 만들 것인가?' 이것 하나다.

경쟁자가 무엇을 하고 있느냐 따위의 질문을 애플에서는 찾을 수 없다. 한 번은 어떤 사람이 애플의 부사장 중 한 명에게 다가가 마이크로소프트의 준 'Zune'을 보여주며 말했다. "이것이 마이크로소프트의 신제품인데요, 내 생각에 당신의 아이팟보다 훨씬 나은 것 같아요." 부사장이 대답했다. "그럴 것이라 믿어 의심치 않습니다 I have no doubt." 그리고 대화는 끝났다. 그는 마이크로소프트의 신제품이 자신들의 제품보다 낮다는 사실에 전혀 개의치 않았다. 애플의 경쟁 대상은 마이크로소프트가 아닌, 그들 자신이었기 때문이다. 마이크로소프트를 비하하는 것은 아니다. 그들 역시 엄청나게 성공했고, 인류의 역사를 진보시킨 위대한 기업 중 하나다. 하지만 이러한 이야기를 통해 우리는, 최고는 오로지 자기 자신과 경쟁한다는 사실을 깨달아야 한다.

세계 최고의 세일즈맨들의 경쟁 상대는 바로 지난 달의, 지난 분기의 나의 실적이다. 그들의 목표는 아주 심플하다. 나의 과거보다 세일즈 실적을 더 올리는 것, 지난 달 10% 성장했다면 이번 달은 15% 성장하는 것, 과거의 나보다 고객에게 더 도움이 되는 것, 과거의 나보다 더 많은 고객의 신뢰와 애정을 얻는 것, 이것이 최고의 영업사원들이 일하는 방식이다.

다른 사람들이 얼마나 실적을 올리고 있는지는 전혀 신경 쓸 필요가 없다. 알아서 무엇하겠는가? 다른 사람이 잘하고 있다면 '쳇, 다들 운이 좋아서 실적이 좋구먼. 역시 나는 참 운이 없어'라며 상대적 박탈감에 기분이 나빠질 것이고, 다른 사람이 못하고 있다면 '역시 나만큼 세일즈를 잘하는 사람이 없군. 조금 살살해도 되겠는 걸'이라며 우쭐해져서 오히려 나태해지는 것이 사람이다. 둘 중 어느 방향이든 당신에게 전혀 좋은 영향을 주지 않는다! 그러니 다른 사람들이 잘하고 있는지 어쩐지 알려고 하지도 말라. 우직하게 당신이 스스로 정한 목표를 향해 정진하면 된다. 그러면 결국 1등의 자리는 내 것이 된다. 나는 그랬다. 그리고 당신도 그렇게만 하면 될 수 있다. 그리고 때로는 사업 파트너, 고객 등 비즈니스 관계에서 내 스스로를 더욱 몰아붙일 수 있는 약속을 하고, 도전하는 것은 당신에게 아주 좋은 경험이 될 수 있다. 다음 3가지 사례를 함께 살펴보자.

손태장은 소프트뱅크 손정의 회장의 동생이자 모바일 게임 회사 경호 엔터테인먼트의 회장이다. 사업가의 길을 걷게 된 데는 형의 영향이 컸겠지만, 그 역시 대단한 담력의 소유자였다. 1995년, 도쿄 대학교에서 경영학을 전공한 그는 앞으로 무엇을 하며 살아야 할지 고민 중이었다. 그러던 중, 15살 형인 손정의가 야후 재팬을 만들고자 야후의 창업자 제리 양을 일본에 초대했다는 이야기를 들었다. 그는 형에게 물었다.

"그럼 야후 재팬의 홈페이지는 누가 만들어?"

"사실 그게 아직 결정되지 않아서 문제야."

당시 소프트뱅크는 소프트웨어 유통과 출판이 본업이었기에, 홈페이지를 만들 프로그래머가 많지 않았다. 그렇기에 손태장은 형에게 약간의 뻥을 치게 된다.

"난 문과지만, 주변에 인터넷이라면 척척 해내는 이과 친구들이 많아. 100명은 거뜬하게 모을 수 있어."

"어 정말? 그렇게 많이 모을 수 있어?"

그렇게 손태장은 5명의 친구들을 모아 제리 양과의 야후 재팬 프로젝트 미팅에 참여하게 되었다. 3개월 뒤 야후 재팬은 일본 최초의 웹 포털을 론칭했고, 2003년에 도쿄 증권 거래소에 상장하게 된다. 그날 그 순간, 손 태장이 허풍을 부리지 않았다면, 그는 야후 재팬의 팀원이 되지 못했을 것 이고, 지금과 같은 엄청난 성공을 이루지 못했을지도 모른다.

영국 Virgin Group 의 창립자 리처드 브랜슨 역시 허풍의 귀재였다. 그는 스 토우 Stowe 라는 기숙학교에 다니던 시절 학교의 교육 방식이 마음에 들지 않았고, '모든 공립학교 학생들이 정치에 더 관심을 갖게 하자'라는 생각 으로 스튜던트 Student 라는 잡지를 창간했다.

학생들 용돈으로 만든 잡지 회사는 금방 돈이 떨어졌다. 그래서 그는 동기와 함께 공중전화와 우편을 이용해 잡지의 광고 지면을 팔기 시작했 다. 전화를 걸 돈이 없어 교환원에게 전화기가 돈을 삼켜서 연결이 되지 않는다고 말하고 공짜 통화를 하고, 부모님께 돈을 빌린 돈으로 우표를 사서 수백 통의 편지를 쓰는 방식이었다.

그는 아무 광고도 받지 못한 상태에서, 로이드 Lloyd 은행 담당자에게 "바클레이즈 Barclays 은행이 우리 잡지 맨 뒤 안쪽에 광고를 게재하고 있는 데, 효과가 더 좋은 가장 뒷면에 광고하지 않으시겠습니까? 만약 원치 않 으시면 냇웨스트 Natwest 은행에 넘기도록 하겠습니다"라고 뻥을 쳤다. 광 고 담당자들에게 자신의 잡지가 이미 수천 명의 구독자를 가지고 있다고 말하는 것은 기본이었다. 그리고 그들의 허풍은 놀랍게도 효과가 있었다. 두 명의 허풍쟁이 고등학생은 잡지 첫 발행에 2,500파운드에 달하는 광 고 수익을 내게 된다. 당시 신형 재규어 자동차가 2,000파운드가 되지 않 았다는 것을 생각해보면, 고급 외제차 한 대 값을 두 고등학생이 벌어냈다는 것이다.

미국 월마트의 역사상, 가장 유명한 프로모션은 아칸소 핫스프링스에 있는 월마트 52호점의 책임자 필 그린 Phil Green 의 작품이었다. 제품은 합성 세제였다. 필은 공급자로부터, 터무니없이 많은 양인 3,500개의 특대형 박스를 팔 수 있다면, 박스당 1달러를 할인받는다는 거래를 성사시켰고 이 내용으로 광고를 했다.

당시 월마트 본사 사무실에 있던 사람들은 모두 그가 사들인 세제의 분량을 보고는 필이 이번에는 스스로 함정에 빠졌다고 생각했다. 그것은 믿을 수 없을 정도로 많은 양의 세제였기 때문이다. 세제 박스는 거대한 피라미드를 이루며 12박스 이상 쌓여 있었다. 창고형 매장의 천장에 닿을 정도로 높이는 15미터, 폭은 30미터에 달했다. 창업자 샘 월튼조차 필에게 "도대체 왜 이렇게 많이 산거야 필? 당신은 이걸 다 팔 수 없을 거야"라고 말했다.

하지만 사태가 너무나 대단했으므로 그것은 뉴스가 되었고, 모든 사람들이 그것을 보러 와서 일주일 만에 그 많은 양이 다 팔려버렸다! 필은 그런 사람이었다. 그는 자신이 그것을 할 수 있다는 것을 보여주기 위해서라도 책임감을 가지고 스스로를 채찍질하기를 즐겼다.

비즈니스의 세상 속에서, 당신은 종종 당신이 몰랐던 스스로의 능력이 발휘되는 순간을 발견하게 된다. 우리 삶의 의미는 자신의 능력을 발견하는 것이며, 삶의 목적은 그것을 나눠주는 것이라는 말이 있다. 우리는 모두 각자의 능력을 발견하고 나눠주는 사람이 되어야 한다. 이처럼 스스로를 동기부여하고, 극단의 상황에서 최고의 노력을 이끌어내는 데에는 사람들의 기대만한 것이 없다. 당신은 누구의 기대를 받고, 인정을 원하고 있는가?

나는 세일즈를 하며 스스로를 몰아붙이기 위해 큰 노력이 필요한 일들을 고객에게 먼저 약속하는 습관을 만들었다. 매주 1회 점심 식사, 매월 마지막 주 저녁 식사, 매주 수요일 야간 방문 등 고정적인 '약속 방문'을 선언하는 것이다. 처음 만난 사람에게 "앞으로 매주 목요일 점심에 인사드리도록 하겠습니다. 제가 도움을 드릴 수 있는 일이 있다면 얼마든지 편하게 말씀해주십시오"라고 말하는 것은 고객의 신뢰를 얻는 아주 좋은 첫 발걸음이 된다. 이 습관은 나에게 아주 효과적이었다. 고객이 나를 보는 시선이 달라짐은 물론, 타인과의 약속을 지키기 위해 힘들어도 한 번 더 움직이는 내 모습을 볼 수 있었다. 아무리 피곤하고 힘든 날에도 고객과의 약속이 있었기에 지친 몸을 이끌고 나가야만 했다.

비즈니스의 세계에서는 때로는 지르는 것도 필요하다. 질러버리면 이루기 위해 더욱 노력하게 된다. 그리고 당신이 할 수 있는 일에 당신이 놀라게 될 것이다. 우리의 능력은 우리 생각보다 훨씬 대단하다. 나는 당신이 무엇이든 할 수 있다는 자신감으로 고객을 만나, "원하는 것은 뭐든지 이루어드리겠습니다. 기회를 주십시오"라고 말할 배짱이 있는 캐릭터가 되었으면 좋겠다. 고객의 램프의 요정, 지니가 되어라. 다른 사람이 뭘 하든 상관없다. 당신이 원하는 것을 가진 사람의 지니는 그 누구도 아닌 당신이다.

자신감 - 자신을 사랑하면
세상을 사랑하게 될 것이다
IF YOU LOVE YOURSELF,
YOU SHALL LOVE THE WOLRD

내가 부자가 된 비결은 다음과 같다.
나는 매일 스스로에게 두 가지 말을 반복한다.
하나는 "왠지 오늘은 나에게 큰 행운이 생길 것 같다"이고,
또 다른 하나는 "나는 무엇이든 할 수 있다"라는 것이다.

– 빌 게이츠 Bill Gates

"아 네 저는 제약회사에서 세일즈를 하고 있습니다."

"아 정말요? 엄청 힘들다고 들었는데 대단하시네요."

"와 그러면 술 엄청 많이 드시겠네요. 힘들지 않으세요?"

내가 자기소개를 하면 사람들로부터 흔히 듣던 말이다. 세일즈를 하고 있다, 그것도 제약 세일즈를 하고 있다는 말을 들으면 대단하다고 보는 사람이 반이고, 나머지는 '참 힘든 일을 하고 있는 사람이네. 측은하다' 는 눈빛을 보내는 사람이 반이다. 세일즈직에 대해 이런 사회적 편견이 생긴 이유는 무엇일까? 사람들은 왜 세일즈직을 힘든 일, 술 많이 먹는 일, 어려운 일이라고 생각하게 되었을까? 왜 우리는 세일즈직을 기피하게 되었을까?

지금도 구인구직 사이트를 보면 코로나19 사태에도 불구하고, 수천 개

의 세일즈직이 구인 중이다. 업종별 구인정보를 보면, 단일 카테고리 중 가장 많은 것이 '일반 세일즈직'이다. 물론 근무조건이 너무 열악하고, 직원에 대한 기본적인 존중이 부족한 회사도 많을 것이다. 하지만 분명히 세일즈직에 눈을 돌리면 돈을 벌 수 있는 기회가 많다는 것 역시 사실이다.

통계청 보도에 따르면, 한국의 청년 실업률은 10.3%로 대략 100만 명의 청년들이 실업자라고 한다. 혹자들은 말한다. 일자리가 저렇게나 많은데 다들 배가 불러서 눈만 높아져서 대기업만 가고 싶어 하는 것이 문제라고. 하지만 청년들을 탓해선 안 된다. 문제는 개인에 있는 것이 아니라 사회적 구조에서 찾아야 한다. 질이 낮은 일자리에서 생존할 수 없는 사회적 구조를 만들어 놓고, 아래로 내려가라고 이야기해서는 안 되는 것이다.

인터넷, 구글, 네이버, 페이스북, 인스타그램으로 연결되어 있는 우리는 절대로 남들의 시선으로부터 자유로울 수 없어졌다. 나도 내가 '외국계 회사'를 다닌다는 사실에 은근한 자부심을 갖고 말한 적이 있다. 소속된 회사가 당신을 규정하기 때문이다. 나는 미국계 회사를 다니는 사람이고, 내 친구 중에는 '은행 다니는 사람', '삼성전자 다니는 사람', '로봇 회사 다니는 사람'도 있다. "뭐하는 사람이야?"라는 질문에 어떤 대답을 하느냐가 나의 위상을 결정하기에, 우리는 자신의 소속을 정하는 데 더욱 많은 시간을 들일 수밖에 없게 된다. 의사, 변호사 등 전문직의 인기는 사람들이 그를 어떻게 바라보냐는 시선이 만들어낸 것이다. 그리고 이러한 높은 벽을 뛰어넘는 것이 너무나 고통스러워 좌절하는 청년들을 결코 비난하기만 해서는 안 된다.

이런 사회 속에서 자신감을 가지는 일은 쉽지 않다. 나의 위치를 끊임없이 남과 비교하기 때문이다. 그리고 소셜미디어 시대에 살고 있는 우리는 무언가에 '필터'를 씌우는 것에 익숙하다. 필터를 씌우면 모든 것이 대단해 보인다. 나를 뺀 모든 사람들은 외제차를 타고, 비싼 음식을 먹으며 최고급 호텔에서 휴일을 보내며 이탈리아에서 멋진 사진을 찍고, 꾸준히 운동을 하며 자기관리도 철저하다. 페이스북과 인스타그램은 '내 자랑'의 향연이다. 나만 뒤떨어지고 있는 것 같다. 다들 엄청 멋지고 아름다운 삶을 살고 있는데 나는 그저 그렇고 큰 발전도 없는 것처럼 느껴진다. 그러다 보니 자신감이 생길 수가 없다.

하지만 나는 방법을 찾았다. 자신감을 갖기에 참으로 어려운 이 세상에서 우리가 자신감을 찾을 수 있는 방법을 발견했다. 그리고 그로 인해 나는 지금 누구보다도 자신감으로 충만하다. 세상에 나보다 잘난 사람은 수도 없이 많다. 하지만 나는 자신감을 갖기 위한 방법을 발견했고, 이제 당신과 함께 나누고 싶다.

자신감을 갖고, 나 자신을 좋아하기 위해서는 두 가지 강력한 근본 믿음이 필요하다. 하나는 나는 무엇이든지 할 수 있다는 믿음, 또 하나는 나는 점점 더 나아질 것이라는 믿음이다. 반드시 기억하라. 나는 무엇이든지 할 수 있다. 나는 점점 더 나아질 것이다.

영업사원은 물론 모든 분야에 있는 사람들이 시간이 지나도 늘 제자리 걸음을 하는 이유는 이 두 근본 믿음이 없기 때문이다. 그리고 그들과 대화를 나누어보면, 내 생각이 옳다는 걸 깨닫게 된다. "어 그건 안 돼. 내가 할 수 없는 일이야", "그런 일은 특별한 사람들이나 하는 거지. 나와는 거리가 멀어." 들리는가? 패배자들의 메아리이다.

자신감의 근거는 나는 무엇이든 할 수 있다고 믿는 데서 시작한다. 자기 최면을 걸어도 좋다. 뭐든지 할 수 있다고 생각하고, 부딪혀봐라. 모두가 두 손, 두 발 다 든 까다로운 고객이 있는가? 그 고객이 두 손 두 발 들 때까지 만나봐라. 올해 실적 목표가 너무 높은 것 같은가? 110%를 달성해서 모두를 깜짝 놀래켜봐라. 벤치 프레스 100킬로그램이 나오는 거리가 멀다고 생각하는가? 들 수 있을 때까지 헬스장에 나가보라.

무엇이든 할 수 있다고 생각하면, 되든 안 되든 일단 해보게 된다. 일단 해보는 것. 남들이 뭐라고 하든, 할 수 있을 것이라고 생각하고 해보아야 한다. 할 수 있는 데까지 해보고, 안 되면 그때 마음을 편히 내려놓으면 된다. 할 수 있다고 마음먹어라. 할 수 있다고 생각하면, 자신감이 생길 것이다. 하루를 보내는 방법이 완전히 달라질 것이다.

회사에 10년, 15년을 다녔지만 더 발전할 수 있다는 생각을 하지 않는 수많은 사람들이 지금도 출퇴근 지하철에 몸을 싣고 있다. 그들은 스스로 더 나아질 수 있다고 믿지 않는다. 이렇게 안타까운 일이 있는가? 이 책을 읽고 한 명이라도 '나는 나아질 수 있다'고 생각한다면 나는 더 이상 바랄 일이 없을 것이다.

스스로 더 나아질 수 없다고 생각하면 어떻게 될까? 지금 현재 투입하고 있는 이상의 '노력'을 하지 않게 된다! 자리에 앉아 시계만 바라보게 되는 것이다. 일에서는 오로지 안전만을 좇는다. 리스크가 큰 프로젝트에는 자신의 시간과 노력을 투자하지 않는다. 항상 만나는 고객만 만난다. 새로운 고객을 찾는 일은 시간 낭비라고 생각한다. 모험이 없으니 발전도 없다. 늘 하던 대로만 하니, 실적도 늘 하던 대로만 나온다. 아인슈타인은 "미친 짓이란, 같은 행동을 반복하면서 다른 결과를 기대하는 것을 말한다"라고 했다. 당신이 다른 결과를 기대한다면 다르게 행동하기를 시작해야 한다. 그리고 행동을 바꾸기 위해서는 '나는 점점 나아질 것이다' 라는 믿음이 필요하다. 나아질 것이라는 믿음이 없다면 늘 해오던 행동을 굳이 바꾸려는 노력을 하지 않을 것이기 때문이다.

수많은 사람들이 지금도 자신이 더 나아질 수 있다는 사실을 거부하며 살아가고 있다. 엄청난 잠재력을 가지고 있으면서, 지금이 가장 좋다며 안주한다. 안타까운 현실이다. 자기의 능력은 여기까지라고, 지금보다 더 나아질 수는 없다고 말하며 아무도 긋지 않은 선을 스스로 긋는다. 하지만 세계 최고의 세일즈맨이 되고자 하는 우리는 다르다. 우리는 두 가지 근본 믿음을 갖고 앞으로 나아갈 것이다. 반복해서 외쳐라. 나는 무엇이든 할 수 있다! 그리고 나는 매일매일 더 나아질 것이다! 이 두 가지 믿음이 있고 없음이 당신의 미래를 결정한다. 이 근본 믿음 속에서 자신감이라는 꽃이 필 것이다. 지금 당장 부족해도 괜찮다. 우리는 무엇이든 할 수 있고 점점 나아지고 있으니까. 이것이 우리의 자신감이다.

마지막으로, 당신을 자신감으로 채워줄 수 있는 가장 쉬우면서도 어려운 행동이 있다. 그것은 바로 근면과 성실이다. 아카데미상을 4번 수상한 미국의 영화감독 우디 앨런 Woody Allen 은 "성공의 80퍼센트는 모임에 꾸준히 참석하는 것에 달려 있다"라고 했다. 세계 최고의 성공학 코치 브라이언 트레이시 역시 "나타나야 할 시간과 장소에 맞춰 자신을 드러내는 것. 그것만으로도 세일즈의 80%는 이미 보증받은 것이다 다름 없다"라고 했다.

무슨 뜻일까? 집에만 처박혀 있지 말고 나와서 당신이 있어야 할 곳을 찾으라는 것이다! 밖에서 사람을 만나다 보면 결국 좋은 일이 생긴다. 당신이 하루종일 당신의 컴퓨터 앞에만 앉아 있는다면 그 어떤 좋은 일도 생기지 않는다.

근면은 기쁨을 낳고, 신용을 쌓게 해주고, 부를 거머쥐게 해준다. 그만큼 인간에게 중요한 덕목이기에, 근면한 습관을 가지기 위해서는 큰 노력이 필요하다. 플라톤이 한번은 어리석은 게임을 하고 있는 소년을 꾸짖자 소년이 말했다. "사소한 일로 저를 나무라시는군요." 그러자 플라톤은 대답했다. "습관은 결코 사소한 것이 아니다!"

근면이라는 습관은 쉽게 만들 수 있는 것이 아니기에 우리에게는 매일 근면하게 노력하는 훈련이 필요하다. 노력이 쌓여 근면한 습관을 가지게 되면, 세일즈에서의 성공은 물론 그를 넘어 당신의 삶에 수많은 가치를 만들어낼 수 있을 것이다. 그러면 돈은 자연스럽게 따라온다. 우리가 세상에게 받는 보상은 언제나 우리가 세상에 제공한 가치와 완벽하게 일치하기 때문이다. 그렇기에 근면과 성실은 아무리 강조해도 지나치지 않다. 우리는 자신의 땀과 노력만이 진정한 성공과 부를 가져다준다는 사실을 결코 잊지 말아야 한다.

나는 신입사원 시절 누구보다 근면하게 일했다고 자신한다. 아침 6시에 일어나 7시에 카페에 도착했다. 그리고 커피와 샌드위치를 사고 8시 15분까지 병원에 가서 고객을 기다렸다. 고객이 진료를 시작하기 전에 아침 인사를 드리고 간단히 제품에 대한 메시지를 주고 싶었기 때문이다. 그렇게 하루를 시작하고는 밤 7시까지 누구보다 빡빡한 일정으로 고객을 많이 만났다. 이렇게 3년을 일하니, 세계 최고의 세일즈 성장을 만들 수 있었다. 누구보다 많은 고객을, 누구보다 더 많이 만났고 누구보다 고객을 잘 알게 되었다. 나의 고객들은 모두 나의 일에 대한 열정과 노력을 인정해주었다. 영업사원이라면 고객과 얼마나 친한 사이인가의 정도가 자신감을 만든다는 사실을 알 것이다. 근면하게 일하니 누구보다 고객과 친해졌고, 이는 곧 엄청난 자신감으로 돌아왔다.

나는 당신이 스스로의 일을 통해 자신감을 만들어내기를 바란다. 2년까진 아니어도 좋다. 딱 6개월만 아침 일찍 나가봐라. "탁월한 사람에게 규칙적인 습관이란 야망의 또 다른 표현이다"라고 했다. 당신이 가진 멋지고 거대한 야망은 그걸 주위 사람들에게 자랑하면서 보여주는 것이 아니고 얼마나 근면성실하게 삶을 살고 있는지로 보여주는 것이다.

배달의 민족 김봉진 대표는 과거 디자인 능력을 키우기 위해 네이버 오픈캐스트에 디자인 관련 콘텐츠를 매일 8개씩, 하루도 빼놓지 않고 2년 동안 올렸다. 정확히는 755일이었다고 한다. 그는 그 과정 속에서 자신의 삶이 정말 달라지는 걸 느꼈다고 말했다.

당신의 자신감을 만들어주는 것은 오로지 당신의 믿음과 노력뿐이다. 그 어떤 다른 것도 없다. 당신 스스로를 믿고 좋아해야 한다. 생각보다 간단하지 않은가?

5장

세일즈 능력으로
당신이 원하는 것을 성취하라

ACHIEVE WHAT YOU WANT
WITH SALES CAPABILITY

작은 성공이 모여 큰 성공이 된다
MAKE YOUR SUCCESS BIGGER EVERYDAY

추구할 수 있는 용기가 있다면 우리의 모든 꿈은 이뤄질 수 있다.

- 월트 디즈니 Walt Disney

이제 세일즈가 어떤 것인지 느낌이 좀 오는가? 그렇다면 세일즈를 할 줄 안다는 것은 무엇을 뜻할까? 누가 "그 사람은 세일즈 좀 할 줄 알지"라는 말을 들을까? 세일즈 능력이란 어디에서 시작되는 것일까?

나는 '상대방의 입장에서 생각할 줄 아는 능력'이라고 본다. 자기 입장만을 생각하지 않고, 상대방의 입장에서 생각하고 행동하면 세일즈는 생각보다 쉽게 이루어진다는 사실을 깨닫게 된다. 상대방이 지금 어떤 상황인지, 무엇을 필요로 하는지, 무엇을 원하지 않는지, 무엇이 마음속에 가장 크게 차지하고 있는지 생각해내면 세일즈는 성공할 수 있다. 그리고 이렇게 우리가 개발한 '상대방의 입장에서 생각할 줄 아는 능력'은 세일즈에서 뿐만 아니라 언제 어디서든 우리의 삶을 성공을 위한 추월차선 위에 올려놓아줄 것이다.

내가 꼭 들어가고 싶은 원하는 회사가 있다고 하자. 세일즈의 능력은 여기에도 해결책이 될 수 있다. 취업의 어려움을 '세일즈의 힘'으로 이겨낸 사람들의 이야기를 들어보자. 당신에게 새로운 아이디어를 줄 수 있을 것이다.

메홀 트리베디 Mehul Trivedi 는 미국 아이비리그 대학교 중 하나인 펜실베이니아 대학교의 상경대학인 와튼 스쿨 출신이다. 워런 버핏, 일론 머스크, 도널드 트럼프와 같은 쟁쟁한 동문을 둔 학교를 나왔다는 큰 자부심이 있었다. 하지만 졸업 후 직장을 구하며 1차 면접에서 18번, 2차 면접에서 12번을 떨어지며 큰 문제 의식을 갖게 된다. 그는 지금까지 자신이 이력서를 너무 평범하게 썼다는 사실을 깨달았다. 각 기업은 서로 다른 니즈를 갖고 있었고, 그에 따라 구직자들에게 다른 기술과 경험을 요구했다. 또 한 기업 내에서도 부서마다 필요로 하는 니즈가 달랐다.

그는 먼저 와튼스쿨 동창생의 인맥을 활용해 지원한 회사에 다녔던 이들을 찾아냈다. 그리고 그들로부터 지원하는 회사와 부서의 니즈, 의사 결정자, 면접관에 대한 정보를 세밀하게 파악했다. 정보를 수집한 뒤, 그는 지금까지 썼던 이력서를 모두 과감히 삭제했다. 그리고 각 기업과 부서에 적합한 맞춤형 이력서를 새로 작성했다. 그리고 아내와 함께 역할 전환 연습을 했다. 그는 면접 보는 모습을 찍어 분석한 다음, 어색하고 부족한 부분을 적어가며 바로잡기 위해 노력했다. 이 과정을 통해 그는 각 기업 면접에서 나올 질문에 대한 자신만의 완벽에 가까운 답변을 준비할 수 있었다. 그 이후 그는 면접관들에게 자신이야 말로 해당 포지션에 맞는 최고의 인재라는 확신을 주었으며, 회사에 대해 훨씬 편하게 면접관들과 대화를 나눌 수 있게 되었고, 결국 그가 원하는 주식 애널리스트가 되어 열정적으로 일하고 있다.

당신은 당신이 원하는 회사에 들어가기 위해 얼마나 노력했는가? 그게 정말 당신이 할 수 있는 최선이었는가? 당신이 "저 사람은 아는 사람이 여기저기 많지 않습니까. 저는 그런 인맥이 없습니다"라고 말할지도 모르겠다. 하지만 의지가 있는 곳에 길이 있는 법이다. 당신이 삼성전자에 들어가고 싶다고 생각해보자. 메홀처럼 삼성전자에 다니고 있는 사람에게서 취업에 관련된 조언을 얻고 싶다. 하지만 주위에 눈을 씻고 찾아봐도, 건너고 건너서도 삼성전자에 다니는 사람은 보이지 않는다. 그렇다고 해 삼성전자가 있는 수원 영통구청 사거리 앞에서 삼성전자 명찰을 달고 있는 사람들에게 직접 말을 거는 것은 두려운 일이다. 그렇다고 해 내부 정보 없이 지금까지 '하던 대로' 내 머릿속에 있는 내용으로만 계속 이력서를 넣을 것인가? 그러면 '하던 대로' 계속 떨어지기만 할 확률이 높지 않을까?

우리는 인터넷이라는 너무나 큰 선물을 받은 세대이다. 이용하자. 모든 사람은 온라인으로 연결되어 있다. 특히 현직자 멘토링 서비스로 유명한 잇다(itdaa)는 취업준비생이 자신이 원하는 회사에 다니는 사람을 찾아볼 수 있는 아주 좋은 서비스이다. 거기서도 어렵다면 페이스북, 인스타그램 등 소셜미디어에서 삼성전자를 다니는 사람을 찾아라. 네이버 쪽지이든, DM이든 이메일이든, 마음을 담아 도움을 요청하는 사람만이 도움을 받을 것이다.

모르는 사람에게도 선물을 보내기가 너무 쉬워진 세상이다. 카카오톡 선물하기로 아이스 아메리카노 한 잔을 보내며 조언을 구해라. 그 5,000원조차 부담스럽다면 당신의 간절한 마음을 담아 편지를 써라. 구글의 김현유 이사는 과거 대학생 시절 30개가 넘는 외국계 회사의 임원에게 인턴을 시켜달라는 편지를 써서 팩스로 보냈다고 한다! 우리가 못할 이유가 있는가? 우리가 잃을 것이 무엇이 있는가? 도움을 구하면, 도움을 받을 것이다. 사람들이 얼마나 자신의 능력으로 다른 사람들을 도와주고 싶어 하는지 알게 된다면 당신은 크게 놀랄 것이다. 이 정도의 세일즈를 못하겠다면 미안하지만 지금까지 하던 대로 살 뿐이다. 3년 전에 나의 모습을 떠올려봐라. 어디에서 무얼 하고 있었는가? 그리고 지금의 나를 봐라. 어떤 것이 얼마만큼 달라졌는가? 3년 뒤에는 어떨 것 같은가? 지금 당장 바뀌지 않는다면 3년 뒤에도 정확히 그만큼만 달라질 것이다.

면접장 역시 살아 있는 세일즈의 현장이다. 당신의 멘트는 항상 면접관의 입장에서 무슨 이야기가 듣고 싶을까에 집중해야 한다. 내가 추천하는 멘트는 다음과 같다.

"저는 ○○○의 훌륭한 직원이 되는 데 도움이 되는 경험을 쌓아왔습니다. 모든 일을 하는데 신뢰와 정직이 얼마나 중요한지를 배웠습니다. 또한 다른 사람들과의 협업이 중요하다는 것을 배웠고 융화가 업무 성과를 높일 수 있다는 것을 경험을 통해 알게 되었습니다.

저를 고용할 때는 회사가 기대하는 일들이 있다는 것을 압니다. 긍정적인 태도와 책임감을 갖고 맡겨진 일을 해야 하겠지요. 또 더 나은 결과를 만들기 위해 일찍 출근하고 더 열심히 일하며 필요하면 야근도 기꺼이 해야 한다는 사실을 잘 알고 있습니다.

저는 일자리가 필요하고 절실합니다. 제게 기회를 주시면 한 가지 약속을 하겠습니다. 누구보다 열심히 일할 것이고 빠르게 배워 절대 저를 고용하신 걸 후회하지 않도록 할 것입니다. 오히려 제게 직장을 주고 훈련을 시켜준 회사라는 것에 평생 감사한 마음을 가질 것입니다. 지금 당장 일을 시작할 수 있습니다. 언제부터 시작할까요?"

이런 메시지를 면접장에서 진심을 담아 전달한다면, 감명받지 않을 면접관은 없을 것이다.

세일즈를 잘하면, 당신의 오랜 원수(?)인 팀장과도 잘 지낼 수 있다. 어떤 회사에서든 나의 일을 관리 감독하는 팀장과의 관계란 결코 쉬울 수가 없다. 팀장의 일은 내가 일을 잘하는지 확인하는 것인데, 서로의 사고방식이 다르다면 마찰이 생길 수밖에 없다. 하지만 회사에서 사람들을 자세히 관찰하면, 세일즈 능력이 뛰어난 사람들은 절대 팀장과 문제가 생기지 않는다는 사실을 알 수 있다. 그들은 오히려 팀원 중에서 팀장과 가장 가깝게 지내고, 팀장은 물론 그 위에 있는 사람들에게 도움이 되는 실적과 정보를 제공해, 누구보다 빠르게 팀장의 자리에 올라가게 된다.

팀장과 잘 지내기 위해 우리가 반드시 이해해야 하는 점이 있다. 그것은 팀장은 사람을 잘 다루어서 팀장이 된 것이 아니라는 사실이다. 팀장이 그 자리에 오른 것은 팀장이 우리가 지금 하고 있는 일을 잘해내었기 때문이다. 세일즈팀장이라면 세일즈 실적이 좋았기 때문에 된 것이다. 인사팀장이라면 인사 관련 업무를 잘 기획하고, 높은 성과를 거두었기 때문이다. 그들은 자기 일을 잘해서 리더가 되었지만, 리더가 되기 위한 교육과 훈련은 받지 못했다. 고객을 대하는 방법에는 전문적일지는 몰라도, 부하 직원을 다루는 법에 대해서는 잘 모른다. 태생이 리더인 사람이 아니라면, 과거에 팀원이었을 때보다 팀장으로 일하는 것에 더 큰 어려움을 겪고 있을 수도 있다.

세일즈가 어떤 일이라고 했는지 기억하는가? 상대방의 입장에서 생각하는 것이라고 하지 않았는가? 팀장과 좋은 관계를 만들기 위해서는 팀장의 입장에서 생각해보아야 한다.

직장 생활을 10년 정도 했다. 이 업무에 있어서는 스스로 전문가라고 생각한다. 회사에서 상도 받고 임원들로부터 인정도 받았다. 팀장 면접에서 멋진 모습으로 통과해 드디어 원하던 팀장이 되었다. 팀원들이 일하는 모습을 본다. 마음에 들지 않는다. '저렇게 일하는 것이 아닌데, 나는 저렇게 하지 않았는데, 일을 잘하려면 저렇게 하면 안 되는데'라고 말하고 싶지만 꼰대라는 이야기를 들을까 두렵다. 입 안에서 맴돌 뿐이다. 내가 보기엔 엄청 쉽고 간단한 일인데 낑낑대고 있는 모습이 답답하다.

이렇게 그의 입장에서 생각해보면 팀장이 나에게 뭐라고 하는 것을 조금은 더 이해할 수 있다. 진솔한 대화는 그다음이다. 팀장이 당신을 못살게 군다면 이렇게 말하라.

"팀장님께서 제게 그렇게 말씀하시는 데에는 충분한 이유가 있을 거라 생각합니다. 제가 ○○○가 부족했기 때문에 그러셨을 거예요. 잘 가르쳐주셔서 감사합니다 팀장님."

상대방의 입장이 되어 그가 왜 그렇게 행동하는지에 대해 함께 대화를 나누는 것이 시작이다. 당신이 지금 회사에서 팀장과의 불화로 큰 스트레스를 느끼고 있다면 세일즈로 헤쳐 나가라. 다른 팀이나 다른 회사로 옮기는 것은 훌륭한 방법이 아니다. 도망치는 곳에 낙원은 없다고 하지 않았는가.

세일즈를 잘하면 무엇이든 잘할 수 있다. 당신이 무슨 일을 하고자 하든, 상대방의 입장에서 생각할 줄 아는 세일즈 능력은 당신을 원하는 곳에 가장 가깝게 데려다 줄 것이다. 세일즈 능력을 키워라. 세일즈 능력을 가진 사람은 모두에게 사랑받는다. 세일즈 능력을 가진 사람들은 "당신은 무엇을 해도 성공할 것 같습니다"라는 말을 듣는다. 그리고 실제로 세일즈 능력을 가진 사람들은 어디에서든 성공한다.

당신 스스로를 위해 일하기 시작해라
START TO WORK FOR YOURSELF

> 모든 고통에는 반드시 한계가 있고, 상상으로 과장하지 않으면
> 결코 참을 수 없는 것도 아니며, 영원히 계속되는 것도 아니다.
> 고통이 닥쳤을 때 불평하고 싶은 마음이 드는 것은,
> 당신이 그 고통에 굴복당했다는 것이다.
> — 마르쿠스 아우렐리우스 Marcus Aurelius

당신은 어떤 인생을 살고 싶은가? 아름다운 배우자를 만나, 행복한 가정을 만들어 좋아하는 일을 하며 사람들에게 사랑받으며 살고 싶다고? 정답이다. 99%의 사람들은 똑같은 답을 내놓을 것이다. 나도 그렇다. 누구나 근심, 걱정, 번뇌, 고민 없이 행복하게 살기를 원한다. 꿈속에 그리던 연인과 황홀한 사랑을 나누기를 원한다. 멋진 스포츠카를 타고 인기를 누리며 존경받는 사람이 되기를 원한다. 어디에 가든, 사람들이 나를 최고로 대접해주기를 원한다. 우리는 모두 다른 사람으로부터 사랑받기를 원하고, 존중받기를 원하고, 다른 사람보다 더 멋진 모습이 되길 원한다.

나도 고등학교 시절, 학교 축제에서 봤던 가수가 너무 멋져 보였다. 대학가요제에 올라가 자신의 장기를 뽐내는 사람들도 보았다. 너무나 멋져

보였고 그들처럼 되고 싶었다. 대학 시절에는 종종, 잠들기 전에 화려한 무대에 올라가 멋지게 노래를 부르고, 사람들이 환호하는 상상을 하고는 했다. 다들 해본 적 있지 않은가? 훨씬 더 멋진 존재가 되는 상상을? 모든 사람들의 나의 존재를 환호하는 상상을? 하지만 나는 노래를 부르기 위해 노력하지 않았다. 무대에 서기 위해 노력하지 않았다. '이런 모습이 되면 진짜 멋질 거야' 하고 상상만 하고 나서 끝이었다. 당연히 아무 일도 생기지 않았고, 아무것도 이루어지지 않았다.

우리는 많은 것을 바라고 꿈꾸지만, 스스로에게 결코 묻지 않는 질문이 있다. 그건 "내가 원하는 것을 위해 얼마나 큰 고통을 감내할 수 있는가?"라는 질문이다.

우리는 모두 멋진 몸매를 원한다. 하지만 숨이 가빠르고, 온몸이 부서질 듯한 근육통을 견디지 않는 한, 식단을 세심하게 짜고 조심스레 먹지 않는 한, 밤 10시의 치맥의 유혹을 이겨내지 않는 한 모두가 부러워하는 멋진 몸매를 만들 수 없다. 우리는 모두 회사에서 승승장구해 나만을 위한 멋진 사무실을 얻고, 친구들에게 승진 사실을 자랑스럽게 이야기할 수 있기를 원한다. 하지만 끝없이 펼쳐진 파티션의 지옥을 탈출하기 위해 일주일에 60시간씩 일하고, 수많은 야근과 승진을 위한 사내 정치를 감내하는 사람은 많지 않다.

우리는 모두 멋진 애인과 배우자를 원한다. 하지만 거절을 견뎌낼 때 느끼는 괴로움, 쌓여만 가는 외로움, 아무에게도 연락이 오지 않는 전화기의 야속함을 받아들이지 못한다면, 누군가의 마음을 결코 사로잡을 수 없다. 이런 고통은 사랑의 일부이다. 견디지 못하면, 사랑을 얻을 수 없다.

우리는 모두 서울에 있는 깨끗한 아파트를 가지기를 원한다. 하지만 지금 수입으로 아파트를 사는 일이 요원하다는 것을 알고 나서, 더 많은 돈을 벌기 위해 새로운 도전을 하는 사람은 많지 않다. 부동산 정책의 수혜자가 되기 위해 서울 부동산의 전문가가 되기 위해 밤낮으로 정보를 찾고, 경매 사이트를 뒤져가며 부동산에 대해 연구하는 사람은 많지 않다.

"내가 원하는 것을 위해 얼마나 큰 고통을 감내할 수 있는가?"가 당신을 만들어낸다. 체육관에서의 투쟁을 즐기는 사람은 보디빌딩 대회에 나가 사람들의 환호를 받는다. '무슨 부귀영화를 누리겠다고 저렇게까지 열심히 일할까?'라는 생각이 들게 만들던 회사의 워커홀릭 차장은 초고속으로 승진해 40대에 임원이 된다. 십수 년을 주린 배를 곯아가며 작품 만들기에 열중한 사람은 대중예술가로서 인정받는다. 작가 조정래는 《태백산맥》을 쓰며 오른쪽 어깨가 마비되고, 엉덩이에 종기가 생기며 탈장수술까지 받으면서도 글쓰기를 놓지 않았다고 한다. 우리가 TV에서 볼 수 있는 모든 '스스로 힘으로 성공한 사람들'은 엄청난 고통을 이겨내고 그 자리에 올라온 사람들이다.

세일즈를 하다 보면 정말 힘든 순간들이 찾아온다. 하지만 그 고통을 기꺼이 감내하는 영업사원만이 압도적인 실적과 1등이라는 달콤한 열매를 맛볼 수 있다. 고객을 위한 제품설명회가 있었다. 프레젠테이션을 잘 진행하고, 식사를 시작했다. 일식집에서 맛있는 코스 요리와 소주를 마셨다. 이야기가 길어지다 보니 2차로 이어졌다. 새벽 2시까지 고객과 분위기 좋게 술을 마셨다. 술을 좋아하고 또 잘 먹는 고객이기에, 템포를 맞추다 보니 난 거의 만취 상태이다. 고객을 배웅하고 집에 들어오니 세시 반이다. 여기까지 참을만 하다고? 미안하지만 한 발자국 더 나아가야 한다.

다음 날 아침, 고객이 출근하는 시간에 맞춰 스타벅스와 편의점을 들러 커피 한 잔, 바나나 하나, 컨디션 한 캔을 건네는 데서 비로소 완벽한 세일즈가 완성된다. "어제 제품설명회를 빛내주시고 즐거운 추억을 만들어주셔서 정말 감사드립니다. 오늘 하루도 저희 제품을 잘 부탁드리겠습니다. 좋은 하루 되십시오"라는 말과 함께 미소를 지어주고 나온다. 당신이 고객이라면 어떤 기분이겠는가? 이 영업사원에게 애정이 가지 않겠는가? 그를 도와주고 싶지 않겠는가?

고객을 위해서라면 아무리 피곤한 몸이라도 뛰쳐 나가고. 인생 최악의 숙취와의 싸움을 이겨내고 고객에게 줄 커피를 사러 가고, 고객에게 내가 줄 수 있는 모든 것을 주기 위한 과정의 고통을 참아내는 것, 그것이 세계 최고의 세일즈맨이 되기 위한 당신의 감내다. 원하는 것을 얻고 싶다면 그를 위해 기꺼이 포기할 줄 알아야 하고 희생할 줄 알아야 한다.

현대 정주영 회장은 한국전쟁 휴전 직후, 현대건설 초기에 이루어진 '고령교 공사'를 그가 겪은 가장 큰 고통 중 하나로 기억한다. 당시에 너무나 힘들었던 나머지, 그 고통이 잠재의식에 각인되어 수십 년이 지난 뒤에도 수중에 돈이 없어서 쩔쩔매는 꿈을 꾸었다고 한다. 고령교는 대구와 거창을 잇는 다리로, 총 공사비 5,478만 환의 26개월에 걸친 프로젝트였다. 대한민국 역사상 최대 규모의 정부 발주 공사였다. 하지만 막상 낙동강에 가보니 변동이 극심한 수심과 공사에 용이하지 않은 토질, 부족한 장비로 비용은 늘어나기 시작했다.

그리고 가장 결정적이었던 것은 전쟁 직후 생긴, 물가의 폭등이었다. 계약 당시와 비교해 공사 후기까지 유가는 7배, 쌀 한 가마니는 100배가 올랐다. 사람이 먹는 쌀과 기계가 먹는 기름이 모두 비싸지니 당연히 다른 모든 자재값이나 노임도 뛰어올랐다. 하지만 공사비는 물가에 따라 올라가게 계약을 하지 못한 것이었다.

정주영 회장은 빚더미에 오르게 되었다. 동생 정순영, 매제 김영주, 동료 최기호의 집을 팔고 초동 자동차 수리공장도 팔았다. 그러고도 부족해 월 18%(년 단위가 아니다)의 사채를 썼다. 노임을 주지 못해 공사장 인부들은 파업을 하고, 빚쟁이들은 집에 찾아와 도끼로 마루를 찍어댔다. 하지만 정주영 회장은 "사업가는 신용이 제일이다. 신용을 잃으면 끝이다. 대한민국에서 제일가는 건설업체를 만들려는 것이 내 꿈인데, 나더러 그걸 포기하라는 거냐? 무슨 일이 있어도 공사는 끝낼 것이다"라며 주위 사람들을 다그치며 이를 악물고 버텼다.

결국 고령교 공사는 공사 금액보다 더 큰 6,500만 환의 적자를 남겼다. 하지만 놀랍게도 정주영 회장의 판단은 옳았다. 막대한 적자를 감수하면서도 끝까지 공사를 마무리했던 현대 건설의 신용을 내무부(당시 행정안전부)가 높이 평가해, 차후 정부 공사의 수주에 큰 영향을 끼치게 된다. 이후로 현대 건설은 가창댐, 강구교, 부산항 부두 신축, 한강 인도교 복구 등 큼직한 공사를 맡으며 당시 1천여 개의 건설업체 중에서 명실공히 선두를 차지하게 된다.

당신이 겪는 고통의 크기만큼 보상이 있을 것이다. 세일즈를 하다 보면, 고통은 자연스레 따라온다. 여름에는 덥고, 겨울에는 추운 일이 세일즈다. 고객을 찾아다니다 보면 셔츠가 땀에 흠뻑 젖기도 하고, 추위에 덜

덜 떠는 일도 생긴다. 허나 이런 고통이 당신을 찾아왔을 때 '나는 여기까지인 것 같아. 더는 못하겠어. 집에 그만 가야겠어'라는 생각을 이겨내야만 한다. 왜? 그것만이 세일즈 실적을 성장시키고, 회사에서 1등을 차지하고, 세계 최고의 세일즈를 만들어내고, 더 많은 돈을 벌고, 당신이 꿈꾸는 모든 것을 이루는 데 가까워지는 유일한 길이기 때문이다. 그 외에 다른 길은 없다.

당신을 위해 일하라. '고통스럽다. 힘들다. 그만 두고 싶다'는 생각이 들 때마다 '이것이 오로지 나만을 위한 길이다. 이것이 나를 위해 일하는 방법이다'라고 되뇌어라. 사람이 지치는 것은 부지런히 움직일 때가 아니라 아무것도 하지 않을 때다. 오로지 나를 위해 일할 때 우리는 생명력과 건강 그리고 기쁨을 얻는다. 희망적인 일은 건강에 이롭다. 뜻 있고 희망적인 일에 종사하는 것은 행복의 비결이다. 반면에 게으름은 정신적 황폐의 원인이자 인간에게 내려진 가장 큰 저주이다. 내가 지금 하고 있는 일에 희망을 갖고 스스로에게 힘을 부여할 때, 비로소 결실을 하나둘 거두기 시작할 것이다.

나만의 위대함을 꿈꾸어라
DREAM OF YOUR OWN GREATNESS

좋은 책을 읽는 것은 과거 몇 세기의 가장 훌륭한 사람들과
이야기를 나누는 것과 같다.
— 르네 데카르트 René Descartes

"나도 책을 많이 읽어야 하는데…" 마음의 양식이라는 이름으로 익숙한 독서는 지식 생성력, 교육관, 평생 학습능력, 가치관 형성, 지적 몰입, 문화와 문명의 전승이라는 측면에서 다양한 장점이 있음에도 불구하고 현대인에게 자리 잡기 쉬운 취미 활동은 아닌 것은 분명하다. 나도 원래 독서를 좋아하지 않았다. 정말 어쩔 수 없을 때만, 반드시 책을 읽어야 할 때만 독서를 하며 살아왔다. 다들 그러지 않았는가? 독서란, 학창시절 독후감을 쓸 때나, 대학교에서 과제를 할 때나 하는 것이었다.

특히 우리는 스마트폰과 함께하는 세대이다. 침대에 누워서 화면을 이리저리 만지는 것만으로도 무한한 정보를 얻을 수 있는 스마트폰에 비하면, 책이라는 매체는 어떻게 보면 고리타분하기까지 하다. 세상에 재미있는 것이 얼마나 많은데, 책이나 보면서 앉아 있으라고?

그렇기에 현대인이 독서하는 습관을 만드는 일은 참 쉽지 않다. 독서는 학교생활을 마친 우리들에게 계속해서 '배움'을 제공하는 아주 좋은 수단이라는 것은 모두 인정할 것이다. 100세까지 사는 것이 놀랍지 않은 세상이다. 조금 양보해서 80세까지만 산다고 쳐보자. 국가의 정규 교육 과정은 20세까지고, 대학교를 마치면 24세가 된다. 그러면 남은 56년 동안, 24년의 어린 시절에 배운 내용으로만 살아가야 하는 것인가? 그걸로 충분한 것인가? 그 지식으로만 살아도 괜찮을까? 더 이상의 배움은 필요 없는 걸까?

이 질문에 "그렇다"라고 자신 있게 대답할 사람은 없을 것이다. 24년의 지식으로만 살아간다면, 당신은 24세 수준에 영원히 머무르게 된다. 물론 사회생활을 하면서, 일을 빠르게 처리하는 기술과 몇 가지 트릭, 그리고 윗사람들에게 잘 보이는 방법 정도는 배울 것이다. 하지만 그것을 진정한 배움이라고 할 수 있을까?

'일본의 피터 드러커'로 통하는 일본 최고의 경제학자인 노다 가즈오^{野田一夫}는 "꿈이란 소년소녀 시절에 품는 희미한 기대다. 하지만 뜻은 단단한 결의다. 꿈으로는 안 된다. 뜻을 세워야 한다"라고 했다. 24세의 교육 수준으로는 결코 뜻을 세우지 못한다. 계속해서 배워야 한다. 배움만이 살 길이다. 지금처럼만 살고 싶다면 괜찮다. 하지만 지금보다 더 멋진 삶을 원하지 않는가? 앞으로 50년 넘게 살아야 하는데 더 이상 배우지 않는다는 것은 무한한 지식의 창고인 우주에서 태어난 나의 존재에 대한 배신이다. 세상에는 배울 것이 얼마나 많은가? 24년으로는 턱 없이 부족하다는 것을 당신도 알지 않는가?

중국의 대표적 지식인으로 노벨문학상 후보로 4번이나 거명되었던 왕

멍王蒙은 1958년 중국에서 우파로 낙인 찍혀 16년간 유배 생활을 했다. 후에 16년이라는 세월을 어떻게 혼자 농촌 지역에서 보냈냐는 질문에 오로지 배움만이 자신을 미치거나 자살하지 않도록 해주었다고 답했다. 그는 자신의 저서《나는 학생이다》에서 이렇게 말했다.

"내게 배움은 가장 명랑한 것이며, 가장 홀가분하고 상쾌한 것이다. 또한 가장 즐거운 것이며, 가장 건강한 것이다. 그리고 가장 티 없이 깨끗하고 떳떳한 것이며, 가장 진실한 것이다. 아무 일도 할 수 없는 역경에 처했을 때, 배움은 내가 파도에 휩쓸리지 않도록 매달릴 수 있는 유일한 의탁처이자 암흑 속의 횃불, 나의 양식이자 병을 막아주는 백신이었다. 배움을 지속함으로써 나는 하늘을 원망하며 눈물을 흘리거나, 무위도식하며 세월을 허송하지 않을 수 있었다. 나에게 배움은 타인에 의해 결코 박탈당하지 않는 유일한 권리였다."

우리가 속한 분야에서 최고가 되기 위해서, 성공이라는 값비싼 열매를 얻기 위해서, 부자가 되기 위해서는 끊임없이 배워야 한다. 그리고 나는 독서야말로 무언가를 배우는 데 가장 좋은 수단이라고 생각한다. 인터넷에는 수많은 정보가 있다. 특히 유튜브가 활성화되면서, 스마트폰이 있는 사람이라면 누구나 자신의 견해와 노하우를 세상에 말할 수 있게 되었다. 좋은 현상이다. 세상의 구석에 숨겨져 있던 다양한 이야기들이 퍼지고 우리의 궁금증을 빠르게 채워주게 되었다. 하지만 '누구나' 정보를 올릴 수 있게 되면서 생긴 문제점도 있다. 정보 제공자들의 전문성의 부족, 짧은 시야, 검증 자료의 부실, 경험 부족 등에서 생기는 질문 '이 사람의 이야기를 믿을 것이냐?'는 온전히 우리의 판단이 되는 것이다. 쉽지 않다. 시간이 낭비된다. '사기꾼이 아닌가?'라는 생각이 들게 하는 사람들도 종종 보인다. 그런 사람들이 인터넷에서 충분히 자체검증되고 있는지 불안해진다.

그에 비해 책의 정보는 안전하다. 책의 정보들은, 출판사에 의해서 검증되고, 여과되고, 검열되었다. 저자의 경험과 견해, 노하우의 진수만 남은 것이 책이다. 해당 분야에서 엄청난 노력을 했고 결국 성공한 사람들의 경험담, 다양한 과학적·사회적 실험을 통해 검증된 논리, 마치 소설처럼 생생하게 묘사한 역사 속 실화 등 책 속에서 우리는 '진정 믿을 수 있는 이야기들'을 보게 된다. 그렇다. 책은 '진실'이다. 책에는 거짓이 없다. 거짓으로 책을 쓰는 것을 시도한 사람들도 있었지만, 진실은 결국 드러나기 마련이다.

그렇기에 진실을 읽을 수 있는 독서가 자기발전에 좋다는 것은 누구나 아는 명백한 사실이다. 그런데 우리는 왜 독서를 싫어할까? 왜 독서보다 다른 것이 훨씬 재미있을까? 왜 독서는 재미가 없을까? 재미있게 독서할 수 있는 방법은 없을까?

그건 바로 우리가 각자가 재미있게 읽을 수 있는 책을 아직 찾지 못했기 때문이다. 많은 책들이 우리를 따분하게 만든다. 책을 읽으면서, 상상의 나래가 펼쳐지지 않는 책은 따분하다. 데카르트의 말처럼 과거의 가장 훌륭한 사람들과 대화를 나누는 생생함이 들지 않는다면, 그 책은 당신을 위한 것이 아니다.

수많은 사람들이 왜 '해리 포터 시리즈'에 열광했을까? 어린시절로 돌아가 학교에 입학하는 듯한 생생한 묘사 덕분이다. 해리 포터의 이야기는 마치 내가 호그와트에 다니며 마법사가 된 것과 같은 상상의 나래가 펼치게 해준다. 훌륭한 책은 우리를 그 안으로 빨아 당기고 책 속의 시대를 살 수 있게 만들어준다.

나는 이 책을 쓰면서 내가 구할 수 있는 최대한 많은 기업 창업가들의 책을 읽었다. 창업가들이야말로 자신의 꿈과 비전을 세상을 무대로 판매한, 최고의 세일즈맨들이었다고 생각했기 때문이다. 그리고 나는 그 책을 읽는 것이 하나도 따분하지 않았다. 한 페이지, 한 페이지를 너무나 재미있게 읽었다. 그 목록을 정리해보면 다음과 같다.

나이키 – 필 나이트, 《슈독》

소프트뱅크 – 손정의, 《손정의 300년 왕국의 야망》

마쓰시타 전기 – 마쓰시타 고노스케, 《길을 열다》

버진 그룹 – 리처드 브랜슨, 《내가 상상하면 현실이 된다》

스타벅스 – 하워드 슐츠, 《온 워드》

삼성 – 이병철, 이건희, 《호암자전》, 《이건희 스토리》

맥도날드 – 레이 크룩, 《사업을 한다는 것》

크라이슬러 – 리 아이아코카, 《리 아이아코카》

월마트 – 샘 월튼, 《최고의 상인, 최고의 부호 샘 월튼》

가천대 길병원 – 이길여, 《간절히 꿈꾸고 뜨겁게 도전해라》

현대 – 정주영, 《이 땅에 태어나서 – 나의 살아온 이야기》

암웨이 – 제이 밴 엔델, 《영원한 자유기업인》

테슬라 – 일론 머스크, 《일론 머스크, 미래의 설계자》

브리지워터 투자회사 – 레이 달리오, 《원칙》

디즈니 – 로버트 아이거, 《디즈니만이 하는 것》

다이슨 – 제임스 다이슨, 《제임스 다이슨 자서전》

아마존 – 제프베조스, 《베조스 레터》

대우 – 김우중, 《세계는 넓고 할 일은 많다》

앤드류 카네기, 《카네기 자서전》

넷플릭스 – 마크 랜돌프, 《절대 성공하지 못할 거야》

에어비앤비 – 존 게비야, 《에어비앤비 스토리》

CNN – 테드 터너, 《위대한 전진》

버크셔해서웨이 – 워런 버핏, 《스노우볼》

샤넬 – 코코 샤넬, 《세기의 아이콘 코코 샤넬》

에스티로더 – 에스티로더, 《향기를 담은 여자》

그리고 나는 너무나 자신 있게 이 책들을 추천한다. 창업가들의 살아 있는 경험이 쓰여 있는 이 책들은 당신을 그 격동의 시간으로 고스란히 데려가줄 것이기 때문이다. 필 나이트의 《슈독》을 읽으면 오니츠카의 신발을 미국에 독점 판매하기 위해 일본을 방문하는 나이키 CEO의 모습을 느낄 수 있다. 나이키가 블루리본 Blue Ribbon 이라는 이름으로 오니츠카의 신발을 수입해서 판매하던 회사라는 사실을 아는가? 미국 시장이 거대해져 오니츠카가 계약을 변경하려 하자, 필 나이트가 멕시코의 공장에 찾아가 신발을 주문하고, 직접 브랜드를 만들게 된 것이 나이키다. 나이키의 스토리는 나에게 있어 이 세상의 그 어떤 스토리보다 흥미진진했다.

창업가들의 책이 흥미롭고 재미있게 읽히는 것은 그들의 스토리가 진실이기 때문이다. 나는 창업가들의 책을 읽는 것을 강력하게 추천한다. 결코 실망할 일이 없을 것이다. 책을 사고 나서 '에이 뭐야 내용이 이것뿐이야? 이 책은 괜히 샀네'라는 생각을 해본 적이 있다면 말이다. 그런 책들의 공통점은 경험은 없고 전부 이론만 가득하다는 것이다. 이론만 나열한 책은 진부하고 지루하다. 자신의 경험이나 스토리 없이 원칙만 잔뜩 써 놓은 책을 누가 좋아하겠는가? '정직하라'는 말과 정직해야 하는 진부한 이유에 대해서는 누구나 3페이지씩 쓸 수 있다.

중요한 것은 정직하게 행동했을 때 어떤 결과가 있었는지에 대한 스토리이다. 스토리만이 우리에게 감동을 주고 '그래 나도 정직해야겠어'라는 교훈을 진정으로 느끼게 해준다. 인류 태초의 책, 성경에도 등장인물과 스토리가 있다. 경험이 없는 책은 죽은 책이나 다름없다. 그렇기에 창업가들의 책은 재미있게 술술 읽힌다. 그들의 살아 있는 경험을 생생히 느낄수 있기 때문이다. 창업가들은 모두 말보다 행동이 앞서는 사람들이었기에, 책도 그와 같이 집필했다. 당시의 어떤 행동을 어떤 이유로 하게 되었는지, 당시 어떤 심정이었는지 알 수 있다. 그가 지금 이순간 내 옆에 있는 것처럼 느낄 수 있고, 그의 입장이 되어볼 수 있고, 그처럼 생각하고 그처럼 행동하게 된다. 그와 함께 과거 속에 잠시 살아볼 수 있으며 그들의 장점을 사랑하게 되고, 결점은 힐난하게 된다. 그들의 희망과 두려움을 함께 하고, 그들의 깨달음을 깊게 공감하게 된다. 이것이 스토리의 힘이다.

우리 모두 멋진 스토리를 좋아한다. 1분짜리 광고는 스킵^{Skip} 하면서 2시간짜리 영화를 재미있게 보는 이유는 그 안의 스토리가 재미있기 때문이다. 독서 역시 마찬가지다. 책을 열심히, 재미있게 읽기 위해서는 독서속에서 재미있는 스토리를 찾아야 한다.

스토리가 꼭 기업의 창업이어야 할 필요는 없을 것이다. 인간이 만든모든 창조물에는 어떻게 그것이 만들어졌느냐에 대한 스토리가 있고 자연 안에도 우리가 알지 못하는 크고 작은 수많은 스토리가 있다. 그중에서 내가 가장 관심이 가는 스토리를 찾고 나의 지식으로 만들어라. 지금 이 순간부터 스토리를 통한 독서를 시작하라.

독서는 당신의 성공을 위해 필수불가결한 습관이다. 좋은 책은 인생을 담고 있는 최고의 상자라고 했다. 그 속에는 인류의 역사와 함께 삶을 살아간 사람이 떠올릴 수 있는 최고의 생각들이 담겨 있다. 그러한 책은 또한 불멸의 속성을 가지고 있다. 책은 인간이 만들어낸 산물 가운데 가장 오랫동안 우리 곁을 지키고 있다. 신전이 무너져 내리고 그림과 조각상이 파괴어도 책은 남아 있다. 시간의 흐름으로 달라진 것이 있다면 좋지 못한 책들이 사라져갔다는 사실 뿐이다. 그렇기에 오랫동안 남겨진 책들을 우리는 고전 Classic 이라고 부르게 되었고 인류의 가장 중요한 문화유산으로 자리 잡아 시대를 뛰어넘어 보존되고 있다.

당신의 시간은 그 무엇과도 바꿀 수 없는 가장 소중한 자원이다. 그 자원을 낭비하지 않기 위해서는 어떤 책을 읽을지에 대한 철학과 관점을 반드시 생각해보기를 바란다. 종교학자 로버트슨 Robertson 은 "두서없이 잡다한 책을 읽는 독서 습관은 마치 흡연처럼 정신을 약화시켜 휴면 상태로 만들어버린다. 그러한 상태는 최악의 게으름이자 무기력 상태이다"라고 말했다. 내가 진정으로 좋아하는 스토리가 무엇인지 찾아보아라. 그리고 그 안에 있는 위대함을 좇다 보면 비로소 스스로의 위대함을 창조해낼 준비가 될 것이다.

자신의 행복을 중요하게 생각하라
YOUR HAPPINESSS IS ALL THAT MATTERS

> 사람들이 모여 우스꽝스러운 일을 할 때 그들의 사기가
> 얼마나 충전되는지를 측정하기란 정말로 불가능하다.
>
> — 샘 월튼 Sam Walton

정精 으로 우리나라 스낵의 대표 명사가 된 초코파이가 미국 월마트의 문파이MoonPie 에서 유래되었다는 사실을 알고 있는가? 문파이는 1917년, 테네시의 한 베이커리에서 판매되기 시작한 둥근 크래커 사이에 마시멜로를 끼우고 초콜릿에 담근 간식이었다. 전국을 돌며 자신의 소매점에 팔 상품을 찾던 샘 월튼은 이 간식의 가능성을 보았다. 그렇게 월마트에서 판매되기 시작한 문파이는 그해 무려 600만 달러의 매출을 기록하게 된다. 이와 관련된 재미있는 일화가 있다.

미국 앨라배마주 한 월마트 지점의 보조 책임자였던 존 로브는 순전한 '실수'로 생각했던 것보다 정확히 5배가 많은 문파이를 주문하게 된다. 그는 필사적이 되어 그 문파이들이 자기 옆에서 상해버리기 전에 그것들을 팔아치울 방법을 고민하게 되었다. 그리고 그는 문파이 시식 대회라는 아

이디어를 생각해냈다. 시간을 정해놓고, 누가 더 많은 문파이를 먹을 수 있는지 콘테스트를 여는 것이었다! 당시에는 아무도 그것이 그렇게 인기를 얻으리라고는 생각하지 못했다.

문파이 시식 대회를 구경하기 위해 다른 주에서 사람들이 몰려들었다. 기가 막힌 일이었다. 지역 신문에 기사가 실렸으며, 텔레비전에 의해 전 세계에 대회에 대한 소식이 퍼지게 되었다. 문파이를 하나도 남김없이 팔아치운 것은 말할 필요도 없었다. 모트 허스트라는 사람은, 10분간 16개의 문파이를 먹어치우며 세계 기록을 세웠고 그는 자신을 폭식의 고질라라고 이야기하고 다녔다. 재미있지 않은가?

즐거운 일터라는 것이 과연 가능할까? 지금 당신은 회사 생활이 즐거운가? 아쉽게도 내 주위에는 직장 생활을 즐겁게 하는 친구는 거의 없다. 다들 아들로서, 남편으로서, 가장으로서 해야만 하는 일이기에 회사를 다니고 월급을 받고 있다. 참으로 아쉬운 현실이다. 하지만 영업사원은 마음먹기에 따라 얼마든지 행복하게 일하는 것이 가능하다. 내가 발견한 방법을 이야기해보겠다.

행복하게 일하는 첫 번째 방법은, 나 스스로를 '행복을 주는 사람'이라고 정의하는 것이다.

"수천 년 동안 우리는 생선이나 쫓아다니며 살아왔습니다. 하지만 이제는 삶의 의미를 찾아야 할 때입니다. 배우고, 알아내고, 자유로워지기 위해서 말입니다."《갈매기의 꿈》의 주인공 조나단이 한 말이다. 모든 갈매기들이 단지 먹기 위해, 그리고 될 수 있는 한 오래 살아남기 위해 살아갈 때 조나단은 더 나은 삶을 상상했다.

사실 우리들의 모습은 생존에만 집중하는 갈매기들과 크게 다르지 않다. 지금보다 더 높이 날아오를 수 있고, 신선한 물고기를 잡을 수 있는 능력을 갖추고 있으나 그저 생존과 일상의 업무에 갇혀 더 나은 미래를 꿈꾸지 못한다. 그렇기에 어제와 같은 오늘을 보내고 "인생이 아무런 재미가 없다"고 말하면서 살아간다.

하지만 생존을 넘어서 우리 '삶의 의미'가 무엇인지 조금만 고민을 해 보면 세일즈를 하며 살아가는 일에 대한 우리의 태도를 180도 바꿀 수 있다. 영업사원에게 있어 삶의 의미는 고객에게 행복을 주는 것이라고 생각한다. 왜냐하면, 우리에게 그럴만한 능력이 있기 때문이다. 우리는 비록 회사에서 시킨 일이지만 고객을 만나고, 대화한다. 그들과 밥을 먹고 커피를 마신다. 그들과 술을 마시고 놀러가기도 한다. 그렇게 그들과 삶을 나눈다.

이렇게 그들과 함께 하는 삶이라면 우리의 능력을 다해 그들에게 행복을 주는 것이 좋지 않을까? 내가 행복하면 그들도 행복하고, 그들이 행복하면 나도 행복하지 않을까? 이러한 생각에 나는 세일즈 2년차부터 나를 '고객에게 행복을 주는 사람'이라고 정의했다. 내가 하는 일은 고객에게 행복을 주는 일이다. 나는 고객에게 행복을 주기 위해 존재한다고 생각하며 일했다. 내가 지난 8년간 한 일은 모두 고객을 행복하게 만들기 위해 한 일이었다. 커피 한 잔을 사도, 밥 한 끼를 사도, 제품에 대한 이야기를 할 때에도 고객의 행복을 최우선으로 생각하고 행동했다.

그리고 나의 생각과 철학은 고스란히 행동으로 옮겨졌고, 고객은 행동을 통해 내 생각을 느꼈다. 행복을 주려고 노력하니 고객은 행복해했고, 나도 따라서 행복해졌다. 너무나 놀랍고 신기한 일이었다.

고객에게 당신의 제품이나 서비스를 팔기 위해 애쓰지 말고, 그를 행복하게 만들 방법을 찾아라. 제품과 서비스는 자연스럽게 팔릴 것이다. 그리고 그 과정에서 고객을 행복하게 만든다면 당신이 지금 이 순간 행복하게 일할 수 있게 된다. 사실 그보다 중요한 건 없다. 아침에 일어났을 때 일하러 나가기 싫은 것처럼 괴로운 것이 또 있을까?

나는 인천에서 세일즈를 할 당시 누구보다 행복하게 일하는 영업사원이었다. 고객을 만나러 가는 길이 매일같이 즐겁고 가슴이 뛰었다. 오늘 어떻게 고객을 행복하게 만들어주고 그 행복이 세일즈 실적으로 이어질지 너무나 기대가 되었다. 고객에게 어떤 좋은 선물을 주고, 어떤 좋은 이야기를 전달하고, 어떤 좋은 정보를 주어 행복하게 만들어줄 수 있을지에 대한 생각으로 결코 불행하지 않게 일할 수 있었다. 그리고 당신도 나와 같은 경험을 해보았으면 좋겠다. 행복이라는 감정은 아주 강력한 전염성을 가지고 있다.

행복하게 일하는 방법 두 번째는 자신의 일에 '자부심'을 가지는 것이다. 모든 영업사원들은 자기 직업에 자부심을 느껴야 한다. 어떻게? 이런 생각을 해보라. 내가 판 제품들이 얼마나 많은 사람들을 도왔을까? 내가 제품을 판매함으로써 생산직부터 물류, 유통, 사무직 등 얼마나 많은 사람들에게 경제적 이익을 주었을까?

당신이 종이를 판매하는 영업사원이라고 생각해보자. 종이는 나무에서 시작된다. 누군가 숲속에 들어가서 나무를 베어야 한다. 당신이 종이를 판매한 순간, 당신은 그 사람들이 숲속에 가서 나무를 베도록 돈을 지불한 셈이다. 나무를 베고 나면, 옮겨야 할 것 아닌가? 제지공장으로 가는 것도 사람과 돈이 필요하다. 공장에서는 또 수백 명의 사람들이 나무를 종이로 만드는 작업을 하고 있다. 그 사람들의 일자리는 종이를 판매하지 못하면 생기지 않는다. 곰곰이 생각해보면, 당신의 판매에 기대고 있는 사람들이 많다는 걸 알 수 있다.

이렇게 우리 영업사원들은 사회의 톱니바퀴를 움직이는 존재다. 우리가 끊임없이 공장이나 창고, 도매상의 선반에서 제품을 끌어내리지 않는다면 자본주의의 시스템은 결국 정지해버릴 것이다. 영업사원이 없으면 자유기업제도 아래 물질적 풍요는 이루어지지 않는다. 그 어떤 제품이라도 소비자에게 연결되지 않으면 아무런 효용이 없다. 우리는 연결의 주체이자 주인공이다.

북한을 생각해보자. 북한에 영업사원이 있겠는가? 자급자족을 하는 배급사회에서는 영업사원이 필요 없다. 왜냐고? 잉여 자원이 없으니까! 잉여 자원이 있어야 그것을 팔기위한 영업사원이 등장하고 제품의 소비를 통해 한 나라의 경제라는 생물의 피가 돌기 시작한다. 공산 국가나 후진국에는 그러한 시스템이 없다. 그렇기에 지금 우리로서는 도저히 이해하기 힘든, 굶어죽는 사람이 생겨나며 물질적 풍요와는 거리가 먼 사회가 만들어진 것이다.

감사하게도 우리는 잉여 자원이 넘치는 대한민국에서 태어났다. 지금 당장 집 앞에 있는 시장, 마트는 물론 인터넷에 들어가면, 말 그대로 무한히 펼쳐진 잉여자원들을 볼 수 있다. 이 제품들이 버려지지 않도록 온전히 그 가치를 전달하는 것이 우리의 역할이다.

'산업의 역군'이라는 말이 있다. 다른 사람의 이야기가 아니다. 우리가 산업의 역군이다. 영업사원들은 내가 이 나라의 경제에, 그리고 국민의 삶의 질을 높이는 데 이바지하고 있다는 사실을 깨달아야 한다. 우리는 산업을 키우고, 부를 창출한다. 토론토 대학 심리학 교수 조던 피터슨 ^{Jordan} Peterson 은 "세상은 약탈해야 할 보물 창고가 아니라, 공유하고 교환하는 광장이다"라고 했다. 광장을 더욱 활기차게, 다채롭게 만드는 사람은 다름 아닌 우리 영업사원들이다.

세일즈가 위대한 일임을 깨달아야 한다. 그리고 세일즈를 하며 살아가고 있는 당신은 위대하다. 사람들이 무엇이라 하든 상관 없다. 우리는 이 사회라는 생물에 산소를 나르는 적혈구이며 경제라는 거대한 톱니바퀴를 돌리는 작은 엔진이다.

AI 시대와 함께 영업사원은 없어질 것이라는 견해가 있다. 하지만 그런 이야기는 과거에도 있었고 앞으로도 있을 것이다. 하지만 나의 예상은 다르다. 무한경쟁시대에서 소비자의 선택은 더욱 다양해질 것이고 제품을 선택하는 주체가 결국 사람인 이상, 사람을 상대하는 영업사원은 없어지지 않을 것이다. 2000년 초반 인터넷이 생기고 닷컴 ^{Dotcom} 붐이 일었을 당시에도 인터넷으로 인해 영업사원이 필요 없어질 것이란 이야기가 있었다. 하지만 그와 같은 일은 전혀 발생하지 않았다. 정보화 혁명과 인터넷 시대가 시작된 이후 영업사원의 숫자를 줄인 기업은 단 하나도 없었다.

오히려 그 이후 20년 동안 전 세계에서 인류의 부가 수십 배로 늘어난 만큼 영업사원의 숫자는 수십 배로 증가했다. 기업들은 영업사원의 필요성을 전혀 격하시키지 않았다. 인터넷과 디지털이라는 기술이 매출을 늘려주고 영업사원의 수를 줄일 수 있을 거라고 생각했던 회사들도 있었지만 매출을 최대로 극대화하는 방법은 영업사원들이 그 기술들을 잘 활용하는 것임을 깨닫게 되었다.

당신이 전화나 이메일, 문자, 카카오톡을 세일즈에 잘 활용하더라도 명심해야 할 점이 있다. 디지털 소통은 고객과의 커뮤니케이션에서 친근감을 뺏어갈 수 있다. 고객과의 양방향 소통은 오로지 만남에서만 이루어진다는 것을 명심하자. 고객을 만나러 가면, 일단 찾아온 노력에 대한 신용이 주어진다. 전화, 문자, 카톡, 이메일은 그 노력의 크기가 너무나 작기에 고객이 당신에게 부여할 신용이 없다. 당신이 일을 쉽게 하려고 한다면 작은 신용에서 비롯된 응분의 대가를 감수해야 할 것이다. 세일즈는 인풋과 아웃풋이 세상에서 가장 정직하게 결과가 도출되는 일 중 하나이기 때문이다.

그렇기에 고객이 무언가를 요청한다면, 반드시 찾아가서 응답하라. 예를 들자면 다음과 같다. 고객이 나에게 문자로 우리 고지혈증 약제의 최근 임상 데이터에 대해 궁금한 점에 대해 물어보았다. 와우! 이것은 나의 적극성을 알릴 수 있는 기회이다! 질문에 대해 간단히 대답한 뒤에 "보충 자료를 찾아서 방문하도록 하겠습니다"라고 말한다. 그리고 2시간 정도를 그 고객이 요청한 자료를 제작하는 데 투자한다. 고객이 궁금해 하는 자료뿐 아니라 최신 질환 가이드라인 및 임상 자료까지 요청하지도 않은 내용을 모두 인쇄한다. 진부하지 않은, 나만의 깔끔한 양식으로 만들어 분류하고, 찾아보기 쉽게 각각의 파일철에 꽂는다. 그리고 파일철의 첫 페이지에 자료의 제목과 고객명과 병원명까지 인쇄해서 붙이면 완성이다.

고객은 크게 중요한 일이 아니라고 생각해 문자로 물어보았지만 나는 그 고객만을 위해 완벽하게 제작된 '맞춤 자료'로 대답했다. 이렇게 했을 때 놀라지 않은 고객은 없었고, 이런 자료를 받고 나서 나의 세일즈를 올려주지 않은 고객도 없었다.

디지털은 우리가 고객과 더 자주 소통하기 위한 아주 좋은 수단이다. 하지만 디지털은 고객에게 진지한 느낌을 주지 못한다. 디지털에서 무언가를 해결하거나 일을 진행시킬 수는 없다. 디지털에서 고객과 커뮤니케이션을 하겠다는 것은 그저 영업사원이 '귀찮아서' 일처리를 적당히 마무리한다는 뜻이다. 아직까지는 그렇다. 모든 고객은 영업사원을 만나서 사람 대 사람으로 충분히 인정받고 싶어 하기 때문이다. 그러한 고객의 근본적인 심리가 없어지지 않는 한, 영업사원은 늘 존재할 것이다.

의사 결정을 내리는 것이 사람이라면, 사람을 만나는 영업사원이 없어질 일은 없을 것이다. 기술의 발전과 함께 산업의 패러다임의 변화가 오더라도 당신이 세일즈 능력을 갖추고 있다면 결코 두려워할 이유는 없다. 다만 끊임없이 배우려고 노력하는 자세를 결코 잊지 말아야 한다. 현재 어떤 일에 종사하든, 우리는 모두 새로운 기술과 디지털 테크닉을 통해 끊임없이 진화하는 존재가 되어야 한다.

올바른 사람이 되어 선한 영향력을 만들어라
BE UPRIGHT AND CREATE A GOOD INFLUNCE

가슴이 바르면 눈동자가 명료하고, 바르지 못하면 눈동자가 흐리게 된다.
눈동자를 보라. 사람이 어찌 숨길 수 있겠는가?

— 맹자 孟子

당신이 생각하는 올바른 사람은 어떤 사람인가? 당신은 어떤 사람을 만나면 선한 영향력을 얻는가? 주위를 둘러보면, 말 그대로 그 어떤 힘들고 고통스럽고 어둠만이 가득한 상황에서도 한 줄기의 빛을 찾아내는 사람들이 있다. 그들에게 위로나 위안은 전혀 찾을 수 없는 극심한 불행이란 없다. 사방을 둘러보아도 한 줄기 빛을 찾을 수 없는 완벽한 어둠은 존재하지 않는다고 믿는다. 이러한 성격은 우리 모두의 부러움의 대상이다. 그들의 눈에는 빛이 있다. 기쁨의 빛, 만족의 빛, 의무를 다한 즐거움의 빛, 봉사의 빛, 깨달음의 빛이 있다. 그들의 성격은 태양과도 같다. 보이는 모든 것을 황금빛으로 물들인다. 짊어져야 할 짐이 있을 때 누구보다 즐거운 마음으로 짐을 등 위에 올린다. 불평하거나 초조해하거나 쓸데없이 한탄하며 체력을 낭비하지 않는다.

그렇다고 그들이 나약하거나 무분별한 것은 아니다. 너그럽고 호탕한 사람들은 항상 기분이 좋고 애정이 넘치며 가장 희망적이고 가장 믿을 수 있는 사람들이기도 하다. 그들은 현존하는 불행과 위기 속에서 나중에 이익이 될 것을 찾아내며 고통 속에서 건강을 회복할 방법을 찾아낸다. 시련 속에서 잘못된 것을 바로잡고 올바른 버릇을 들일 방법을 찾으며 슬픔과 괴로움 속에서 용기와 희망을 북돋운다.

우리는 모두 이런 올바른 사람을 좋아한다. 천재성은 감탄을 자아내지만 바른 인격은 존경을 불러일으킨다는 말이 있듯 올바른 사람은 사람들에게 긍정적인 감정을 퍼뜨리기 때문이다. 당신 주위에 올바른 사람이 있는가? 내가 만난 세계 최고의 세일즈맨들 중에는 이러한 올바른 사람들이 있었다. 나는 이들과 대화하며 많은 것을 배울 수 있었다.

이들은 누구든지 기쁜 마음으로 도와준다. 자신에게 아쉬운 이야기를 하는 팀장과 본부장 등 조직의 사람들에게는 물론 자신의 삶을 둘러싼 모든 사람들을 진심으로 좋아한다. 이들은 번거로운 상황에서도 불평하지 않고 타인에게 모범이 되는 행동을 보여준다. 아무도 하고 싶지 않은 번거로운 일에는 언제나 "그건 제가 해보겠습니다"라고 이야기하며 아무런 보상이 없는 일에도 앞장서서 나선다. 이들을 관찰하며 나는 이들이 이와 같이 행동하는 근본적 원인을 발견할 수 있었다. 그것은 바로 '감사하는 마음'이었다.

'감사 일기'에 대해 들어본 적 있는가? 자기계발서의 한 축이 된 팀 페리스 ^{Tim Ferris}의 베스트셀러 《타이탄의 도구들》에서 유명해진 기술이다. 《타이탄의 도구들》은 세계를 이끄는 리더, 부자, 기업가들을 '타이탄'이라고 부르며 그들의 철학과 습관, 자주 사용하는 도구에 대해 정리한 책이다. 책에 등장하는 '타이탄'들 중 많은 사람들이 매일 아침, 자리에 앉아 10분 동안 자신이 감사하는 것에 대해 쓰는 시간을 가진다고 한다. 그것이 감사 일기이다. 일상에서 원하는 대로 이루어진 일, 운이 좋았던 일, 다른 사람들에게 감사한 일, 심지어는 더 나쁘지 않아서 다행인 일에 대해 생각해보고 써내려가며 충만함을 느낄 때, 우리가 그 하루를 더 활기차고 생산적으로 보낼 수 있다는 아이디어이다.

호기심이 생겨, 나도 감사 일기를 써보았다.

우리 가족이 건강한 것에 감사하다.
월급이 밀리지 않고 나오는 직장에 다니는 것에 감사하다.
큰 걱정 없이 오늘 하루를 살 수 있음에 감사하다.
아침에 맛있는 것을 먹을 수 있음에 감사하다.

이런 내용으로 시작해서 며칠 동안 감사 일기를 쓰다 보면 대부분 비슷한 내용이 반복된다. 물론 처음에는 아주 신선했다. '와 내가 살면서 감사한 일이 참 많았구나'라는 생각이 들기도 했다. 감사 일기는 우리가 아무리 어려운 상황에 처해 있을지라도, 생각해보면 감사할 일은 얼마든지 있다는 걸 깨달을 수 있는 훌륭한 도구이다.

나는 비록 한 달 정도 감사 일기를 쓰다가 그만두었지만, 이를 통해 배운 점이 있었다. 그건 바로 그 어떤 것도 당연하게 여기지 않고 감사함을 느낄 줄 아는 능력이 그 사람을 특별하게 만든다는 것이었다. 이 능력을 갖추게 되면 우리는 예의 범절과 형식을 넘어서 "진심으로 사람들에게 감사할 줄" 알게 된다. 평생 셀 수 없이 많이 하는 말인 "감사합니다"라는 말을 할 때, 진심을 담을 줄 알게 된다.

고객에게 "감사합니다"라고 말하지만 실제로 감사함을 가지고 그 말을 하는 사람이 얼마나 될까? 지금 당장 어디든 전화를 걸면 "감사합니다 고객님"으로 통화가 시작된다. 하지만 그 사람들이 진정 당신에게 감사해서 그런 말을 할까? 그렇게 말하는 사람도 없고 그렇게 듣는 사람도 없다. 모두가 그렇게 느낀다. 그렇기에 아무 의미가 없다.

우리는 세계 최고의 세일즈맨이자 세계 최고로 성공하는 사람이 될 사람들인데, 의미 없는 말을 해서 되겠는가? 그래서 우리는 고객에게 늘상 하는 "감사합니다"에 진정성을 넣는 방법을 찾아야 한다. 그 방법 중 하나가 감사 일기인 것이다. 감사 일기는 우리에게 진정으로 감사할 줄 아는 마음을 일깨워 준다. 그렇다면 왜 일기까지 써가며 감사할 줄 아는 방법을 찾아야 할까? 그것은 감사할 줄 아는 것이 정말 어렵기 때문이다.

생각해보라. 진정으로 누구에게 감사해본 적이 있는가? 자본주의 사회 속에서 우리는 항상 돈을 주고 무언가를 산다. 식당에서 밥을 먹고 의례 "감사합니다"라고 말하고 나오지만 실제로 식당 주인에게 당신이 감사한가? 아니다. 왜냐고? 내가 공짜로 밥을 먹었는가? 난 내가 먹은 밥에 대해 응당한 대가를 지불했고 식당 주인과 나는 거래를 했을 뿐이다. 돈을 냈는데 내가 왜 감사해야 하지?

JYP 엔터테인먼트의 총괄프로듀서인 박진영이 가장 높게 평가받는 부분 중 하나는 소속사 연예인의 인성 교육이다. 그는 후배들에게 이렇게 충고한다.

"너희 차 운전해주시는 분, 너희 옷 들어주는 언니, 이런 분들한테 행동으로 잘하라는 게 아니라 마음속으로 고마워해야 해, 진짜. 왜? 너희가 부족하다는 걸 알면 알수록 그분들에게 더 고맙잖아."

그의 이야기를 통해 감사에 대한 인식은 사람이 사는 모든 분야에서 동일하다는 걸 알 수 있다. 직종과 산업을 불문하고 나를 도와주는 사람에게, 비록 그것이 계약이나 거래에 의한 것이라도 진정으로 감사함을 느낄 줄 아는 것이 올바른 사람이 될 수 있는 방법이다.

한 고객이 있었다. 당시에 내가 세일즈 활동을 집중해야 할 고객으로 선정했고, 그를 행복하게 만들기 위해 많은 노력을 했다. 한 달에 한 번 정도 저녁식사를 함께 했고, 개인적인 심부름도 도맡아서 했다. 병원에 방문하면 사무 업무나 배달 등으로 고객을 도왔다.

자연스럽게 고객과 개인적으로도 자주 연락을 하게 되었고, 항상 잘 챙겨줘서 고맙다며 말도 살갑게 해줘서 이 병원의 세일즈 실적이 금방 늘어날 것 같았다. 그런데 몇 달 뒤 실적을 보니 숫자가 전혀 바뀌지 않았다. 세일즈가 전혀 성장하지 않은 것이다. 내가 쓴 돈과 시간은 어떻게 되어버린 걸까? 바보가 된 기분이 들었다. 세일즈를 하다 보면 수없이 이런 상황이 생긴다. 이때 우리가 실망하고 또 좌절하는 이유는 마음 깊숙이 '내가 이만큼 했으니까 저 사람이 내 제품을 이만큼 도와주겠지'라는 생각이 있었기 때문이다. 이렇게 '내가 해준 것'에 집중하면 감사는커녕 오히려 서운하기까지 하다. 내가 해준 것은 100인데 80밖에 돌려주지 않는 것 같다. 나쁜 사람! 나쁜 고객! 다시는 이 병원에 오나 보자!

이러한 해프닝은 세일즈의 현장에 자주 있는 일이다. 하지만 올바른 마음을 가진 착한, 세계 최고의 세일즈맨들은 이러한 상황이 생기더라도 낙

심하지 않는다. 그리고 그들은 고객에게 서운한 점을 생각하지 않고 자신이 고객을 도울 수 있다는 사실에 진정으로 감사할 줄 안다. 그리고 고객을 믿고 계속해서 노력한다면, 언젠가 정말 자신이 어려울 때 고객이 나를 저버리지 않을 것이라고 믿는다.

우리도 그와 같이 행동해야 하지 않겠는가? 그러기 위해서 감사할 줄 아는 방법을 배워야 하는 것이다. 감사 일기를 쓰지 않아도 된다. 대신 생각해보자. 지금까지 내 삶에 어떤 사람이 가장 큰 좋은 영향을 미쳤는지, 나를 성공의 길로 이끌어주기 위해 노력한 사람은 누구였는지, 지금 내 주위 사람들과 나의 고객들 중에서 날 좋아해주고 도와주려고 애쓰는 사람은 누가 있는지 생각해보자.

감사할 사람들에 대해 생각하기 시작하면 그 생각은 자연스레 행동으로 이어진다. 편지를 쓰든지, 빵을 사다주든지, 생일을 챙겨주든지 모두 '감사한 마음'에서 시작되는 것이다. 그냥 진심을 담아 그 사람의 눈을 보고 "저를 생각해주셔서 정말 감사드립니다"라고 말해도 좋다.

이러한 감사함이 더 무서운 것은 당신이 고객에 대해 갖고 있는 생각 하나하나가 무의식적인 행동으로 나오기 때문이다. 당신의 평소 인격과 영업사원으로서의 모습은 별개가 아니다. 세일즈 실적을 만들어가면서 최상의 결과를 얻으려면 삶의 모든 면에서 일관되게 행동해야 한다. 이것이 바로 영업사원으로서 뿐만 아니라 한 인격체로서의 완성이 중요한 이유이다.

당신이 고객에게 감사하지 않고, 가볍게 여기거나 너무 편하게 생각한다면 당신의 생각은 행동으로 나올 것이다. 고객과 함께 있는 자리에서 다리를 꼬고 앉을 수도 있고, 한 번쯤은 괜찮겠지 라는 생각으로 넥타이를 매지 않고 고객을 만나러 갈 수 도 있다. 함께 식사하는 자리에서 고객이 밥을 잘 먹는지, 불편한 점은 없는지 확인하지 않고 당신의 배만 불리고 올 수도 있다. 감사한 마음이 없는 사람의 행동은 언제 어디서나 명확하게 보인다. 그리고 당신의 행동을 고객이 모를 거라고 생각하는 것은 절대로 해서는 안 될 착각이다.

감사의 표현은 "감사합니다"라는 짧은 말에서 시작해 수많은 방식으로 가능하다. 손정의 회장은 매년 5월 2일을 '대 은인의 날'로 정해 창업 초기 자신을 도와준 은인들을 초대하는 감사 파티를 열고 있다. 우리의 스승의 날과 비슷하다. 스승의 날에 스승을 찾아가 감사함을 표시한 적이 언제가 마지막인가? 결코 미루지 말아야 할 것이 있다면, 감사의 표현이다.

세계 최고의 부자 중 한 명인 미국의 사업가 데이비드 차오 David Chao 는 콘티넨탈 항공기가 기체 결함으로 연착되는 바람에 환승하는 비행기를 놓치게 되었다. 그와 함께 열 명의 다른 승객들도 공항에 발이 묶였는데, 데이비드는 소리를 지르거나 항공사를 비난하지 않고, 직원에게 차분한 목소리로 문제를 잘 해결해주면 회사에 감사 편지를 보내겠다고 약속했다. 덕분에 그는 공항 인근의 호텔 숙박권과 식권, 그리고 목적지까지의 탑승권을 받을 수 있었다.

우리는 대부분 감사 편지를 쓰는 법을 잘 모른다. 더구나 감사 편지를 써서 원하는 것을 얻을 수 있다는 것은 더더욱 생각하기 어렵다. 감사 편지는 사람의 마음과 정성이 보이는 최고의 세일즈 도구이다. 감사 편지는 회사의 브로셔와 달리 결코 쓰레기통에 들어가지 않는다. 당신이 진정으로 감사한 사람이 있다면 꼭 편지를 써라. 어렵지 않다. 집 앞에 보이는 다이소에 들어가서 2,000원만 쓰면 된다.

이 세상에 자기 혼자 할 수 있는 일은 아무것도 없다. 모두가 어떠한 방식으로든 다른 사람들의 도움을 받으며 살아간다. 그 도움이 보이는 경우도, 보이지 않는 경우도 있다. 그렇기 때문에 항상 모든 것에 감사하는 마음가짐으로 세상에 도움이 되는 삶을 살아야 한다.

아직 말을 배우지 못한 어린아이도 선물을 받으면 감사 인사를 한다. 이 세상에 등을 돌린 사람일지라도 진심 어린 마음에는 반응하고 무의식적으로 손을 잡기 마련이다. 이는 세상을 움직이는 진솔한 이치다. 감사하는 마음은 사람이 가진 아주 자연스러운 마음이고, 이에 따르는 것 역시 아주 자연스러운 행동이다. 그 표현 방법은 각자 다를 수 있고, 자신이 배운 대로 행하겠지만 감사하게 여기는 마음속의 느낌은 배우지 않더라도 모두가 잘 알고 있다.

부담스럽게 생각할 필요 없다. 감사의 마음을 있는 그대로 순수하게 표현하면 된다. 감사의 마음을 표현하는 행위는 오로지 인간만이 할 수 있는 특권이다. 그 특권을 소중히 여기고, 다른 사람에게 기쁨을 주는 삶을 살아간다면 성공으로 가는 길이 누구보다 충만해질 것이다.

끊임없이 성장하는 존재가 되어라

BECOME AN EVER-GROWING PERSON

당신이 20살이든, 80살이든 배우기를 멈추었다면 당신은 노인이다.
누구든 배움을 멈추지 않는 자는 젊음을 유지하게 된다.
그리고 정신을 젊게 유지하는 것은 삶에서 가장 위대한 일이다.

— 헨리 포드 Henry Ford

최고가 되고 싶은가? 어떤 자리에든 자신 있게 나가서 스스로를 소개하고 싶은가? "저는 이 분야의 최고입니다"라고 말하고 싶은가? 내가 배우고 찾아낸 최고가 되기 위한 원칙들을 이야기해보겠다. 당신이 듣고 공감했으면 좋겠다.

첫 번째, 당신의 분야에서 최고가 된 사람들을 찾아 가르침을 청해라. 만약 당신이 부자가 되고 싶다면, 의식적으로든 무의식적으로든, 부자의 사고방식, 심상, 자세, 호흡방식, 철학은 물론 사소한 습관까지도 모델로 삼아야 한다. 당신의 분야에서 성공하고 싶은가? 그 분야의 최고가 된 사람들을 찾아가서 미팅을 청하라. 그를 당신의 스승이자 멘토로 삼고 남들보다 빠르게 도약하는 방법을 배워라. 그것이 성공하는 가장 빠른 지름길이다.

앤드류 카네기를 만난 나폴레온 힐은 성공학의 대가가 되어 수많은 저서를 썼다. 성공 동기 연구소의 창설자 폴 마이어를 만난 존 맥스웰은 세계적인 동기부여가가 되었다. 가치 투자의 창시자인 벤자민 그레이엄을 만난 워런 버핏은 세계 최고의 투자가가 되었다. 인생의 변곡점에는 늘 중요한 만남이 있고, 그 만남을 통해 사람의 인생이 바뀐다.

당신의 인생을 바꾸고 싶다면 중요한 만남을 만들어라. 나는 실적을 올리지 못하던 신입사원 시절, 우리 회사에서 최고의 성장 기록을 세우는 선배 영업사원들을 찾아 다녔다. 그들에게 멘토링을 신청하고, 담당 지역에 찾아가 하루 종일 따라다니며 그들이 일하는 방식과 철학을 배웠다. 그리고 그로부터 발견한 법칙들을 정리해 지금 이렇게 책을 쓰게 되었다. 내가 만약 그렇게 최고의 세일즈맨들과 만나지 않았더라면, 나는 그들과 같은 압도적인 실적을 만들지 못했을 것이고, 지금 당신과 이렇게 이야기하고 있지도 못할 것이다. 타인과의 만남, 교류, 깊은 대화를 통한 깨달음만이 당신을 최고로 만들 수 있다. 내가 했으니 당신도 할 수 있을 것이다. 당신도 무언가를 배우겠다고 결정했다면, 반드시 그 분야의 최고를 찾아갈 것을 강력하게 권한다. 최고가 최고의 자리에 오른 것은 그만한 이유가 있다. 최고를 만나면 그 이유를 알게 된다.

두 번째, 언제 어디에서 누구에게든 배움의 자세를 견지해라. 내가 가장 좋아하는 호칭은 '선생님'이다. 나는 어디서 만나는 사람이든 일단 기본적으로 선생님이라고 부른다. 조금 어색하기도 하고, 웃기기도 하다. 식당에서 밥을 먹는데 종업원분에게 "선생님 여기 물 좀 주세요"라고 말하면 내 일행들은 다들 웃음을 터뜨리고는 한다. 하지만 괜찮다. 그 어떤 사람에게도 배울 점이 있다고 생각하기 때문이다.

아무리 작고 낡은 것일지라도 그 안에는 우주와 자연의 섭리가 굳건히 흐르고 있다. 또한 인간의 귀중한 지혜와 경험이 스며들어 있다. 이 모든 것들에서 배워야 한다. 어떤 것에서건 어떤 사람에게나 겸허한 자세로 열심히 배우자. 배우겠다는 마음이 있으면 비로소 새롭고 좋은 지혜가 생겨난다. 그렇기에 당신이 세계 최고의 세일즈맨이 되어 세일즈에서 성공을 거두고 더 나아가 성공한 인생을 살아가고 싶다면, 이러한 '배움의 자세'를 반드시 갖추어야 한다.

세 번째, 근묵자흑 近墨者黑 **이라고 했다. 좋은 성과를 내는 사람들과 어울려라.** 훌륭한 수영선수가 되는 가장 현실적인 방법이 무엇일까? 수영선수이자 사회학자인 댄 챔블리스 Dan Chambliss 는 이렇게 말했다. "다른 것은 중요하지 않습니다. 훌륭한 선수가 되기 위해서는 훌륭한 팀에 들어가야 합니다." 무언가 이상한 논리로 들린다. 먼저 뛰어난 선수가 되어야 뛰어난 팀에 들어갈 수 있을 것 아닌가?

아니다. 선수가 먼저가 아니라 팀이 먼저다. 뛰어난 팀에 들어가는 선수는 자연스럽게 기량이 뛰어나게 발전한다. 뛰어난 팀은 아무나 받아주지 않는다. 그들의 기준을 넘어야 한다. 그리고 최고의 팀일수록 팀의 수준을 최고로 유지하려는 선수들의 열망이 있다. 챔블리스는 팀의 문화와 거기에 합류하는 사람의 상호작용이 중요하다고 했다. 누구보다 열심히 하는 팀에서는 선수도 열심히 하게 된다. 모든 사람이 새벽 4시에 일어나서 연습을 하러 가는 곳에 들어가면 어쩔 수 없이 새벽 4시에 일어나 연습을 하게 된다. 그것이 별다른 일이 되지 않고, 일상이자 습관이 된다. 한 집단의 일원이 되고자 하는 인간의 동조 욕구는 매우 강력하다. 우리는 우리가 속해 있는 집단에 금방 동조하게 되며 이는 대체로 무의식적으로 이루어진다.

마이클 조던이 있던 시절 시카고 불스는 조던의 무시무시한 승부욕과 연습량으로 실제 경기보다 팀 연습이 더 힘들었다고 한다. 그런 문화가 시카고 불스를 강하게 만들었고, 6회의 NBA 파이널 우승을 하는 등 황금기를 누리게 된다.

항상 최고를 차지하는 팀에 들어가라. 훌륭한 팀은 당신에게 좋은 습관과 정신을 심어줄 것이다. 우리가 마이클 조던과 같은 득점왕이 되지 못하더라도, 데니스 로드맨처럼 리바운드왕은 될 수 있을지 누가 아는가? 우리도 할 수 있다. 내 주위를 삶에 열정이 넘치고, 지식을 갈구하며 도전을 두려워하지 않는 사람들로 채워보자.

네 번째, 당신이 맡은 일을 끝까지 완벽하게 해내는 사람이 되어라. 똑같은 일을 맡겼는데, 결과가 다르다. 지금 이 순간에도 수없이 생기고 있는 일이다. 그리고 그러한 일이 발생하는 근본적인 원인은 '이 정도 하면 되겠지. 나는 할 만큼 했어'라고 생각하며 일을 완벽하게 마무리하지 않는 '적당주의'에 있다.

대우 김우중 회장은 해외 시장에서 대우의 성공은 '적당주의 타파'에 있었다고 회상한다. 1960년대 당시, 대부분의 제품들은 배편으로 수출되었다. 그런데 당시는 배가 많던 시기가 아니었고, 제품을 선적하는 일은 경쟁이 심해 전쟁을 방불케 하는 일이었다고 한다. 그래서 대부분의 회사는 부산항에 상주원을 두고 있었다.

상주원 간의 경쟁은 상상을 초월했다. 주의를 기울이지 않으면 새치기를 당하기 일쑤였고, 심한 경우에는 배에 실린 다른 회사 물건을 끌어내린 다음 자기 물건을 싣기도 했다. 자기 목숨이 걸린 일이니 그럴 만도 했다.

여기서 상주원이 일하는 방식이 세 가지 부류로 나뉘었다. 첫째는 자기 물건이 부두에 도착한 것을 확인하고 퇴근하는 사람, 둘째는 배에 실리는 것까지 확인하는 사람, 셋째는 배가 떠나는 것까지 확인하는 사람이다. 첫 번째 사람은 대부분 자기 물건을 싣지 못했다. 서류상에 실으라고 적혀 있어도, 상주원 간의 경쟁으로 뒤로 밀렸기 때문이다. 두 번째 사람도 열 번에 한두 번은 선적에 실패했다. 하지만 세 번째 사람은 자기가 맡은 선적을 100% 완수했다.

김우중 회장은 대우의 직원들에게 물건이 배에 실리고, 배가 항구를 떠나 시야에서 사라질 때까지 지켜볼 것을 지시했다. 그렇기에 대우의 물건은 납기를 어기지 않게 되었고, 해외 시장에서의 신용을 쌓을 수 있었다. 과거 대우의 신화를 만들었던 원동력에는 이러한 '적당주의 타파'가 있었다.

우리가 하는 일은 우리가 누구인지를 그대로 반영해서 보여준다. 우리가 엉성하게 일한다면, 그건 우리 내면이 엉성하기 때문이다. 우리가 일에 늦는다면 그건 우리 내면이 게으르기 때문이다. 그리고 일에서 따분함을 느낀다면 우리의 내면이 따분하기 때문이다. 우리가 일을 하는 모습은 우리의 내면을 비추는 거울이 된다. '적당함'의 정도는 사람마다 다를 것이다. 하지만 지금 이 순간부터 결심하라. 나에게 '적당함' 따위는 없다고 결심하라. 맡은 일은 끝까지 완벽하게 해내는 것이 기본이다. 기본에 충실할 때 비로소 우리는 다음 단계로 올라갈 수 있다.

다섯 번째, 이제 스스로를 관리하기 시작하라. 서러브레드 Thoroughbred 라는 경주마를 아는가? 영국의 재래 암말과 아라비아의 수말을 교배해서 탄생시킨 품종으로 동작이 경쾌하고 속력이 빨라 경마용으로 많이 쓰인다. 갑자기 왜 말 이야기냐고? 이 경주마는 좋은 성적을 낼 수 있도록 운동량과 칼로리를 계산하고, 단백질과 전해질, 칼슘과 인, 비타민 등 사료의 성분을 따져가며 식사를 준다고 한다.

말도 이렇게 관리를 하는데, 당신은 왜 관리하지 않는가? 설마 말이 당신보다 가치 있다고 말하지는 않기를 바란다. 서러브레드가 수천만 원의 가치가 있다지만, 당신은 수억 원의 가치가 있을 수 있다. 아직 가치가 발현하지 않았을 뿐이다! 우리의 가치는 우리가 스스로 평가하는 것이다. 더 멋진 삶을 만들어 나가려면 말보다 더 열심히 나 스스로를 대접해야 하지 않겠는가? 몸을 잘 관리해야 마음이 맑아지고 좋은 생각을 하게 되며 생산성이 높아진다. 피로는 사람을 소심하게 만들고, 의욕을 없애며 때로는 우울하게 만들기도 한다. 활기차게 하루를 시작하지 못한다면 그날 하루는 아무것도 성취하지 못할 가능성이 높다.

담배는 과감히 끊고, 하루 30분 운동을 시작하라. 나는 20대부터 10년 동안 펴왔던 담배를 5년 전에 끊게 되었다. 이것은 순전히 한 고객 덕분이었다. 당시 나는 담배를 언젠가 끊어야지라는 생각은 있었지만 막상 행동에 옮기고 있지 않았다. 그러한 어느 날, 고객과의 점심 식사자리에서 말했다.

"원장님. 제가 담배를 끊어야겠다는 생각은 있는데 이게 참 생각보다 어려운 것 같습니다."

별 생각 없이 한 말이었다. 그냥 지나가는 말로 한 것이었고 도움이나 조언을 구하는 마음이 크지 않았다. 고객이 말했다. 해당 고객과 나는 서로 4년을 만나 굉장히 편한 사이였음을 미리 말한다.

"야, 임마. 네가 담배 하나 끊지 못하면서 도대체 무슨 큰일을 해낼 수 있겠냐."

나는 이 말에 너무나 큰 충격을 받았다. 그리고 다음 날부터 바로 담배를 끊었다. 그 고객에게는 평생 감사한 마음을 가지게 되었고, 지금도 종종 찾아뵙고 인사를 드리고 있다. 만약 금연하지 못하고 있다면, 나와 비슷한 당신만의 놀라운 해프닝으로 금연할 수 있게 되기를 바란다. 최고가 되기 위해서는, 누구보다 건강해야 한다는 사실을 잊지 말자.

여섯 번째, 원칙을 지키는 우직한 사람이 되어라. 로버트 맥나마라Robert McNamara 는 일반 회사원에서 미국 국무장관까지 올라간 전설적인 인물이다. 그는 포드 자동차의 마케팅 부사장으로 있을 당시, 회사의 임원직에 있는 사람이라면 모름지기 '가톨릭 교황보다' 청렴해야 된다고 말하곤 했다. 부하 직원들에게 현실세계와는 동떨어진 듯한 높은 이상을 강조하는 사람은 자주 보지만, 그와 같이 자신이 직접 실천에 옮긴 사람은 좀처럼 보기 힘들었다.

맥나마라는 휴가로 스키 여행을 계획하면서 비서에게 스키 캐리어가 딸린 자동차를 알아봐달라고 부탁했다. 비서가 말했다.

"알겠습니다. 덴버에 있는 회사 소유 차량에 캐리어를 달아놓도록 조치하겠습니다."

그러나 그는 말을 들으려 하지 않았다. 굳이 허츠(Hertz)에서 차를 빌려야겠다고 고집하는 것이었다. 그는 허츠에서 차를 대여해 스키 운반 장비를 장착한 다음 모든 비용이 적힌 영수증을 자신에게 보내달라고 했다. 개인적인 여행에 회사 차량을 이용하지 않겠다는 것이었다. 당시 포드는 고위직급에 있는 사람들에게 매주 수백 대의 초호화 자동차를 무상대여 해줄 정도로 정책이 관대했지만 맥나마라는 결코 고집을 꺾지 않았다.

교육수준이 높아진 요즘 배우고, 똑똑한 사람은 어디에나 넘쳐난다. 오히려 세태의 흐름에 휩쓸리지 않고, 우직하게 원칙을 지키는 정직한 사람들을 찾아보기 힘들어졌다. 이런 사람들은 진정 가치가 있는 이들이다. 이런 사람들이 주위의 존경과 지지를 받는다. 순간적인 편법을 써서 단기적인 이익을 취하려고 한다면, 그 어떤 가치도 만들어낼 수 없고, 그 누구의 마음도 얻지 못한다.

될 일은 방도를 찾지 않아도 되게 마련이다. 너무 무리할 필요도 없고 고민할 필요도 없다. 특별한 방법도 필요 없다. 그저 정직하고 바른 태도로 앞으로 나아가면 된다. 정성과 진심을 담아 원리를 거스르지 않으며 정진하면 일은 성사된다. 그리고 이렇게 해 일을 이루어냈을 때라야 결과로 인해 인상을 찌푸리는 사람 없이, 모두가 행복해진다. 시도하지 말라는 것이 아니다. 도리에 어긋나는 일, 사리사욕을 채우기 위한 시도를 경계하라는 말이다. 막무가내로 순리를 거슬러서는 안 된다.

일곱 번째, 나의 능력을 이용해 사람들을 돕는 일을 찾아라. 저널리스트이자 로비스트인 미국인 스튜어트 다이아몬드 Stuart Diamond 는 1990년, 3,000명의 볼리비아 농부들에게 그들이 평생 해오던 일인 코카인 재배 대신 바나나 재배를 할 수 있게 만들어주었다. 볼리비아 주재 미국 대사 도나 흐리낙 Donna Hrinak 의 요청으로 시작된 프로젝트였다.

이 일은 평생 코카인을 재배하며 살아온 100명의 농부들을 설득하는 일에서 시작되었다. 스튜어트는 "코카인보다 수입이 처음에는 적겠지만, 장기적으로 도움이 될 것이며 무엇보다 여러분은 마약 카르텔로부터 안전해질 것입니다"라고 그들을 하나씩 설득해나갔다.

그는 뉴욕주의 법(어떤 법을 따라야 할지가 큰 고민이었다고 한다)에 따라 계약서를 작성했다. 농기구, 운송, 마케팅, 기술, 농약에 대한 투자를 진행했고, 마약 경제에 따라 현금에만 의존하던 그들에게 처음으로 시티뱅크의 기업용 계좌를 만들어 주었다.

가장 큰 문제는 바나나에 농약을 뿌리는 일이었다. 진균류에 약한 바나나를 보존하기 위해서 매일 농약을 뿌려야 했지만 현지에 있는 공항은 350킬로미터나 떨어져 있어 지속적인 비용을 감당할 수 없었다. 이에 스튜어트는 마을 근처에 있는 작은 군사용 공항을 이용하기 위해 미국 국무부, 법무부, 재무부에 편지를 썼다.

"농부들이 공항을 이용하는 것에 협조하지 않는 것은 미국 정부가 그들의 마약 거래를 지원하는 것과 같습니다. 우리가 마약 퇴치를 위해 노력한다는 것을 말이 아닌 행동으로 보여주려면 지금 농부들을 도와야 합니다."

그와 함께 볼리비아 정부, 정치계, 언론계에서 다각적인 노력이 이루어졌고, 미국과 볼리비아 정부는 공항을 개방해주며 농부들을 위한 전용 활주로까지 마련해주게 되었다. 스튜어트는 다음과 같이 회상한다.

"우리의 계약은 시간과 거리의 한계를 이겨내며 지켜졌다. 서로의 차이를 인정하고 충분히 논의해 협력할 방법을 찾은 덕분이었다. 농부들과 우리는 서로 완전히 달랐지만, 같은 목표를 갖고 있었다."

사람들은 서로를 돕는 일이라면 인종과 환경, 국가를 초월해 돕는다는 것을 알 수 있다. 결국 우리가 찾아야 하는 일은 각자의 능력을 이용해 나의 이웃, 동네, 도시, 더 나아가 나라까지 포함하는 '커뮤니티'를 돕는 일이다. 때로는 참 보잘 것 없어 보이는 내가 어떻게 하면 사람들을 도울 수 있을지 찾아보자. 평생에 걸친 탐구가 되리라고 믿는다.

마지막으로, 어떤 일을 하더라도 나의 경험과 노하우를 통해 사람들의 시행착오를 줄이고, 나와 같은 실수를 하지 않길 바라며, 나보다 성공하기를 바라는 진정성 있는 마음이 중요함을 잊지 말자.

인간이 '수명'이라는 이름으로 자연으로부터 부여받은 한정된 시간을 행복하고 충만하게 보내기 위해서는 '삶의 목적'을 위한 시간을 더 많이 보내야 하는 것이 분명하다. 나의 일을 삶의 도구가 아닌 목적으로 만들 방법을 찾아보자. 가장 간단한 방법은 자신에게 '내 일이 어떻게 다른 이들에게 도움을 주는가?'라고 묻는 것이다. 당신이 무슨 일을 하고 있든, 아무리 사소한 일처럼 느껴질지라도, 당신은 사람들을 돕고 있다는 사실을 기억하자.

당신도 세계 최고의 자리에 설 수 있다
YOU CAN AND WILL BE
THE BEST IN THE WORLD

나는 평생 하루도 거르지 않고 세일즈를 했다.
진실로 믿는 것이 있으면 나는 그것을 열심히 판다.

— 에스티 로더 Estée Lauder

남들과 똑같이 일하고 있다. 아침 8시까지 사무실에 나와서 저녁 7시까지 회사에 머문다. 회사 메일 리스트에 있는, 만나야 하는 사람들을 만나고 밥을 먹는다. 가끔씩 고객과의 저녁 식사가 있어 준비를 하고 별다른 문제없이 진행한다. 실적은 가끔 안 좋을 때도 있지만 평균은 되는 것 같다. 큰 실수를 하지 않는 한 팀장은 나에게 뭐라 하지 않는다. 쳇바퀴를 도는 것 같다는 기분도 들지만 이게 직장 생활인 걸 어떻게 하겠는가. 일을 잘하는 사람들이 어떻게 하는지도 보인다. 하지만 저렇게까지 꼭 해야하는 건가 싶다. 잘하는 사람들은 이상하다. 자기 삶도 없는 것 같다. 더 일찍 나오고 더 늦게 퇴근한다. 무엇이 저들을 저렇게 열정적으로 만드는 것인지 의아하다.

지금 이러한 생각을 갖고 있다면, 당신의 인생은 아마 실망으로 가득할 것이다. 원하는 만큼 돈도 벌지 못했고, 어느 꿈 하나 이루지 못했으며, 당신의 가족을 빼면 당신은 누구에게도 정말 중요한 사람이 아니다. 당신은 회사 사람들에게 호감을 살 수는 있겠지만 결국 즉시 대체될 수 있는 직원 하나에 불과하다. 당신은 더 많은 돈을 벌기 위해 필요한 교육도 훈련도 받지 않았다. 당신은 당신에게 기회가 한 번도 찾아온 적이 없고, 세상은 그저 불공평하기만 하다고 생각한다.

익숙하게 들리는가? 하지만 나는 나무라거나 탓할 생각은 없다. 인간은 환경의 지배를 받는 생물이다. 지금까지 당신의 환경이 당신을 그럴 수밖에 없게 만들었다. 괜찮다. 당신만 그런 것이 아니다. 중요한 것은 힘든 환경을 딛고 일어나 당당히 승리자가 되어 인생의 황금기를 새롭게 만들겠다는 강력한 의지이다. 의지가 있다면 그 어떤 실망과 무기력함도 당신을 바닥에 붙잡아 두지 못한다. 의지를 가져라. 세일즈 능력을 갖추고 당신의 환경을 완벽하게 바꾸어보아라.

"세일즈 능력은 평생의 자산이다"라는 말이 있다. 나는 진심으로 내가 운이 좋다고 생각한다. 세일즈를 하며 사람의 마음을 얻는 법을 배워서 다행이라고 생각한다. 어디서든, 무엇이든 팔 수 있는 능력이 있다면 내가 원하는 것을 얻는 건 어렵지 않을 것이기 때문이다. 세일즈직이 아니더라도, 사람과 소통하고 협업하는 일이라면 세일즈 능력이 꼭 필요하다. 그렇기에 모두가 세일즈 능력을 배우려 하고, 세일즈직이 아닌 사람들이 세일즈에 대한 책을 사서 읽는 것이다.

당신이 어떤 분야에 있든, 당신이 만들어낸 세일즈 능력과 세일즈에서 만난 사람들은 당신의 '평생 자산'이 되어 당신의 삶에 도움을 줄 것이다. 지금 회사뿐 아니라 다른 회사에서도 멋진 실적과 경력을 만들어낼 수 있도록 준비를 게을리하지 말자. 세일즈 능력은 말 그대로 끊임없이 무한정 진해야 한다.

비스마르크의 독일 제국 시절, 프로이센군 무패의 전설을 만들어낸 몰트케 Moltke 원수는 이렇게 말했다.

"나는 항상 청년의 실패를 흥미롭게 지켜본다. 청년의 실패야말로 그 자신의 성공의 척도다. 그는 실패를 어떻게 생각했는가, 그리고 어떻게 거기에 대처했는가, 낙담했는가, 물러섰는가, 아니면 더욱 용기를 북돋아 전진했는가. 이것으로 그의 생애는 결정되는 것이다."

당신은 지금 실패를 겪고 있는가? 잘 되었다. 일어나서 될 때까지 부딪쳐라. 당신이 생각할 수 있는 모든 시도를 해본 뒤에 더 이상 할 수 있는 것이 없다고 생각되면, 그땐 마음을 편하게 내려놓고 다른 기회를 찾으면 된다.

지금 회사에서 당신의 실적이 바닥을 기고 있는가? 잘 되었다. 더 이상 내려갈 데가 없으니 올라갈 일만 남은 것 아닌가? 당신의 모든 에너지를 어떻게 하면 판매를 만들어낼지에 집중하면 된다. 배수진을 치고 퇴로를 끊어라. 다른 길은 없다. 갈 길은 오로지 판매하고, 성취하고, 달성하고, 승리하는 것뿐이다.

아무리 보아도 당신이 판매하는 제품이 경쟁제품보다 나은 점이 없는 것 같은가? 잘되었다. 제품이 같으면 오히려 쉬운 것 아닌가? 나만 잘하면 된다. 차별화된 영업사원은 마치 물이 위에서 아래로 흐르듯이 너무나 자연스럽게 고객으로부터 선택을 받게 된다. 그 어떤 제품이든 괜찮다. 당신을 파는데 성공한다면 당신과 함께 팔릴 것이다.

"모든 것은 생각하는 대로 이루어진다"라는 말을 들어보았을 것이다. 이제 우리는 이 말은 진심으로 동의하고, 진실로 받아야 들여야 한다. 그럴 때가 되었다. 원하는 것을 이룬 사람들이 하나도 빠짐없이 그와 같이 말하기 때문이다. 그들은 생각하는 대로 이루어진다는 논리를 믿기로 선택했다. 우리도 같은 선택을 내리면 된다. 믿어야 한다. 믿으면 이루어질 것이다.

나의 생각이 곧 나의 자아와 존재를 결정한다는 이 놀라운 현상을 설명하고자 수많은 책과 이론이 나왔지만 진정 왜 그러한지는 아직 밝혀지지 않았다. 그렇지만 우리는 상상의 힘이 우리에게 굉장히 강력하게 작용한다는 사실을 받아들여야 한다.

성공할 수 있다고 생각해라. 생각만 하면 성공할 것이라고 수많은 사람들이 이야기하는데, 왜 생각하지 않는가? 생각부터 시작하자. 당신의 세일즈에 굉장한 일이 일어날 것이라 생각하면 정말 굉장한 일이 일어날 것이다. 올해 실적 1등을 차지하고 말겠다고 생각한다면 1등에 당신 이름이 보일 것이다. 스스로 최고의 세일즈맨이라고 생각하면 세계 최고의 세일즈맨이 되어 그처럼 생각하고 행동할 것이다. 메르세데스-벤츠를 가질 것이라 생각하면 벤츠가 올 것이고 서울의 멋진 아파트를 생각하면 아파트가 당신에게 올 것이다. 자 이제 다시 한 번 묻겠다. 당신은 스스로를 어떻게 생각하는가?

시간은 한순간도 멈추지 않는다. 굉장히 야속한 사실이다. 당신이 피곤하다며 침대에 누워 있는 순간에도 시간은 쉼 없이 흘러가고, 다른 사람들은 스스로를 발전시키고 있다. 일 초가 모여 일 분이 되고, 일 분이 모여 한 시간이, 한 시간이 모여 하루가 된다. 시간은 지나가버리면 그만이다. 잡을 수도 되돌릴 수도 없다. 누구나 적당히 게으른 재미를 보고 싶고 편한 즐거움을 누리고 싶다. 나태의 욕구를 이겨내는 사람만이 세상에 있는 수많은 아름다움을 누릴 자격을 얻게 된다.

더 이상 자리에만 앉아 있지 말자. 돈을 벌기 위해 나가자. 세상은 돈을 버는 자의 것이다. 대한항공 1등석으로 뉴욕까지 가보고 싶은가? 모두가 부러워할만한 외제차를 타고 모임에 나가 사람들을 놀라게 하고 싶은가? 아침에 눈을 떴을 때 푸른 호수가 보이는 펜트하우스 아파트에 살며 친구들을 초대하고 싶은가? 이 세상에 누릴 수 있는 즐거움은 무한하다. 그리고 모든 즐거움에는 가격표가 달려 있다. 돈을 벌어야 한다. 스마트폰으로 웹툰은 그만 보고 당장 일을 시작하라. 당신이 시간을 죽이길 좋아하는 카페는 당신에게 돈을 벌어주지 못한다. 당신이 돈을 벌 수 있는 방법은 열심히 일하는 것 뿐이다.

내가 인천에 있을 당시 주위의 존경을 받는 현명한 고객이 있었다. 그 고객은 내가 평생 잊지 못할 말을 나에게 남겼다.

"젊은이들은 자신의 젊음이 영원할 것이라고 생각하지. 하지만 젊음이 얼마나 빨리 지나가는지 알게 되면 참 서운할 거야."

우리는 우리가 몇 살이든, 지금 이 순간이 가장 젊은 순간이다. 하루하루 우리의 소중한 젊음이 스러지고 있다는 사실을 깨닫자. 젊음이라는 자원이 얼마나 소중한 것인지 잊지 말자. 아무 생각 없이, 흘러가는 대로 살아가는 건 이제 그만 두자. 영혼 없이 가방을 들고 있는 허수아비 인형이 되지 말자. 우리는 자유의지를 가진 인간이 아닌가. 말과 행동에 영혼을 싣고 사람들을 대하자. 내가 사람들을 대하는 방식 그대로 사람들이 나를 대할 것이다.

용기를 가지고 일하지 않으면 어떤 일도 가치 있게 해낼 수 없다. 인간은 의지를 행동으로 옮기고 어려움에 맞서 노력할 때 비로소 성장할 수 있다. 불가능해 보였던 일들을 이루어낸 사람들은 분명히 존재했고, 그들은 그 일을 해내겠다는 결단을 내리고 새로운 현실을 창조했다. 위대한 행위는 더 많은 놀라운 일들을 낳아내는 위대한 유산이다. 우리는 인류가 이제까지 이루어온 것들을 통해 앞으로 우리가 무엇을 할 수 있는지 알게 되었다.

인간의 정신력이라는 것은 계량할 수 없는 무한한 힘을 가졌다고 했다. 모두가 불가능이라 말하는 것을 이루어내는 것은 결국 한 사람의 의지이다. 모든 사람에게 주어지는 시간은 동일하게 유한하다. 당신의 인생을 어떻게 만들어나갈 것인가는 온전히 당신의 몫이다. 당신의 정신이 당신을 올바른 길로 인도하기를 바란다. 이 세상 모든 사람들이 각자의 성공을 이루고, 행복해지길 소망하며 책을 마친다.

세계 최고의 부자들은 어떻게 원하는 것을 이루었는가
HOW THE RICHEST IN THE WORLD ACHIEVED
WHAT THEY WANTED

제1판 1쇄 2023년 7월 26일

지은이　다니엘 킴
펴낸이　한성주
펴낸곳　㈜두드림미디어
책임편집　우민정
디자인　얼앤똘비악(earl_tolbiac@naver.com)

㈜두드림미디어
등록　2015년 3월 25일(제2022-000009호)
주소　서울시 강서구 공항대로 219, 620호, 621호
전화　02)333-3577
팩스　02)6455-3477
이메일　dodreamedia@naver.com(원고 투고 및 출판 관련 문의)
카페　https://cafe.naver.com/dodreamedia

ISBN　979-11-93210-03-1(03320)

책 내용에 관한 궁금증은 표지 앞날개에 있는 저자의 이메일이나
저자의 각종 SNS 연락처로 문의해주시길 바랍니다.

책값은 뒤표지에 있습니다.
파본은 구입하신 서점에서 교환해드립니다.